中国书籍编纂史稿

韩仲民 著

商务印书馆
The Commercial Press
2013年·北京

图书在版编目(CIP)数据

中国书籍编纂史稿/韩仲民著. —北京:商务印书馆,2013
ISBN 978-7-100-09514-3

Ⅰ.①中… Ⅱ.①韩… Ⅲ.①古籍—图书史—中国 Ⅳ.①G256.1

中国版本图书馆 CIP 数据核字(2012)第 229739 号

所有权利保留。
未经许可,不得以任何方式使用。

中国书籍编纂史稿
韩仲民 著

商 务 印 书 馆 出 版
(北京王府井大街36号 邮政编码 100710)
商 务 印 书 馆 发 行
北京瑞古冠中印刷厂印刷
ISBN 978-7-100-09514-3

2013 年 6 月第 1 版　　开本 880×1230　1/32
2013 年 6 月北京第 1 次印刷　印张 10¾　插页 4
定价:32.00 元

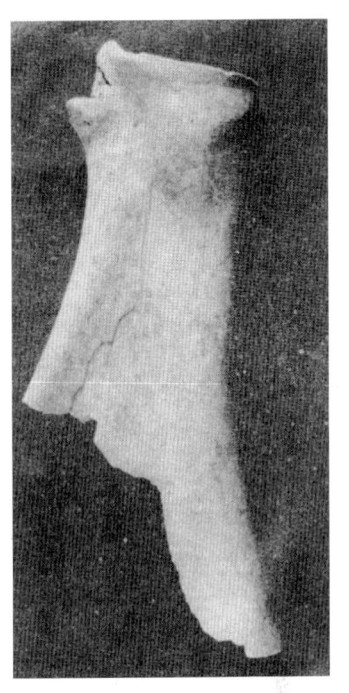

甲骨卜辞和铜器铭文

商周时期的文字记载,已经有了相当丰富的积累,但是它本身没有经过编纂,还不能称之为书籍。

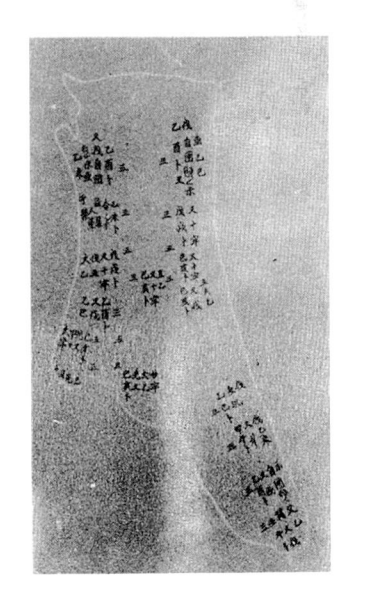

竹简 和 帛书

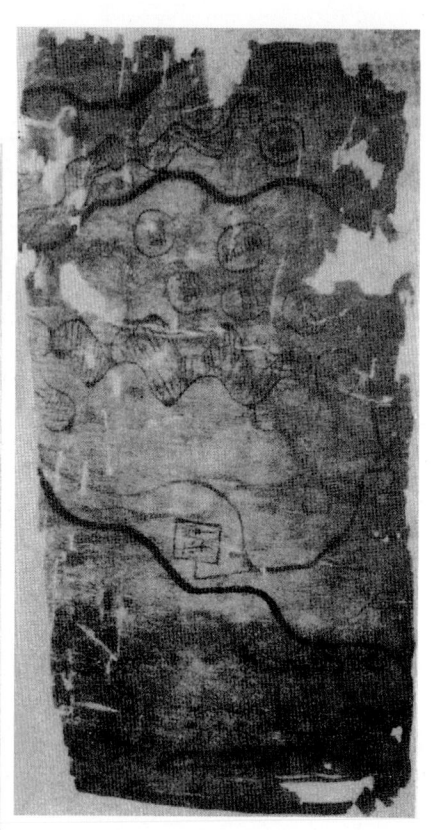

最早的书籍形式是简册，重要的书则写在缣帛上。图为云梦睡虎地秦墓出土的《语书》竹简和长沙马王堆汉墓出土的帛书古地图残片。

魏石经《春秋·左氏传》文公元年经文（局部），及砖刻《春秋·公羊传》隐公元年传文。

曲阜孔子故宅汉代出土古文经传的"鲁壁"。

新疆出土的
《论语》郑氏注及
《诗经》毛氏传写
本残片。

司马光《资治通鉴》手稿（局部）。

欧阳修《谱图序》手稿

类书

  欧阳询辑《艺文类聚》（宋代刻本）

韵书

  宋代重修《广韵》，书前附景德四年敕牒。

总集

《全唐诗》清代康熙四十六年扬州书局刻本。

丛书

收罗中国古代书籍最为丰富、规模最大的丛书——《四库全书》，共缮写七份收藏。北京图书馆（现国家图书馆）所藏为文津阁本。图为文渊阁本，现藏台北。

再 版 序

书籍编纂在我国有古老的历史,而对于这一积累文化,使文明薪火相传的课题的研究,直到 20 世纪 80 年代末才出现一部著作,这就是韩仲民先生著的《中国书籍编纂史稿》。

作者在从事出版工作后,专注研究我国的书籍编纂历史,以后调入文物部门,接触到新发现和新发掘的考古成果,将出土文物资料和文献资料的记载结合研究,历经十年,几易其稿,写成这本书。出版前,送请中国出版工作者协会原主席、国务院古籍整理出版规划小组副组长王子野先生审读此稿,王子野先生称许这是一部"开拓性的作品",是上世纪最后 20 年中的学术研究成果,并为此书写了序言。王子野先生在序言中说:"作者根据考古出土的文物资料追溯最早的文字记载甲骨卜辞来探索书籍的起源,走这条路是对的。"

本书侧重古代史料,较详细地介绍了从远古传说时代到清末期间,我国各种书籍的编纂过程及编辑者,同时也介绍了各种学术流派、思想观点和重大事件,在编纂史研究上有开创之功,1989 年底在新闻出版署举办的第一届全国编辑出版理论图书评奖中被评为优秀著作。2002 年《出版史料》第二辑中赞本书为"研究书籍编纂史的第一部著作"。

目前,本书被北京师范大学古典文献学建议书目中列为硕士选读,也被很多院校作为编辑出版专业教学参考书。这本著作,为编辑学学科建设做出了拓荒性的贡献。商务印书馆原总经理杨德炎先生生前建议,作为文化现象和历史现象,为弘扬中国传统文化,应该重新出版此书。

为保持原书原貌,本书再版时,只根据作者生前留下的校正本改正了初版时的一些差错,没有做其他改动。有些问题在本序中作如下说明。

1."雕板",汉时在木板上雕刻图文,作为印刷的底版,所以本书中的"雕板"不按现今的"雕版"印刷改。

2. 有些史料受当时局限,没有确认的数据,如现已经确认的,再版时未作补充。如"身世不详"。

3. 有些地名,介于当时写作年代,再版时不作改动,只在后面用括号加注。如"绪论"中的"南朝鲜",以及图注中的"北京图书馆"。

4. 有些词汇,保持原文不改。如第 158 页注文中"琅邪"亦作"琅琊",第 271 页正文中"蕴籍"亦作"蕴藉"。

5. 文中未加书名号的篇章名,不再补加书名号。

韩聪

2013 年 3 月

目 录

再版序

绪论 …………………………………………………… （1）

简册篇 ………………………………………………… （1）

    传说时代的追溯 ……………………………………（3）

    商周典册 ……………………………………………（7）

    《周易》探原 ………………………………………（13）

    《尚书》崖略 ………………………………………（19）

    《诗》与《楚辞》 …………………………………（23）

    《礼》书由来 ………………………………………（27）

    《春秋》编年 ………………………………………（31）

    孔子与六经 …………………………………………（37）

    先秦诸子书 …………………………………………（42）

    从《吕氏春秋》到《淮南子》 ……………………（49）

    官方经学与纬书 ……………………………………（55）

    古文经传与《说文解字》 …………………………（61）

    司马迁与《史记》 …………………………………（68）

    刘向校理群书 ………………………………………（73）

    从扬雄到王充 ………………………………………（79）

    《汉书》与《汉纪》 ………………………………（82）

    东观校书与修史 ……………………………………（86）

数术方技之书……………………………………（89）
　　黄老之学与道教…………………………………（92）
　　郑玄遍注诸经……………………………………（94）
写本篇……………………………………………（99）
　　经籍注疏与南北之学……………………………（101）
　　汲冢竹书整理始末………………………………（107）
　　魏晋南北朝时期史籍撰述………………………（112）
　　图经与地记………………………………………（119）
　　杂传及其他………………………………………（124）
　　佛经的翻译………………………………………（128）
　　《内经》和《本草》………………………………（132）
　　总集与别集………………………………………（137）
　　类书流别…………………………………………（142）
　　经籍注疏的统一…………………………………（147）
　　律令法典的编纂…………………………………（152）
　　隋唐官修史书……………………………………（157）
　　刘知几与史馆修撰………………………………（164）
　　谱牒之学…………………………………………（167）
　　唐人选唐诗………………………………………（170）
　　五代时期书籍编纂述略…………………………（173）
刊本篇……………………………………………（177）
　　从《宋刑统》到《元典章》………………………（179）
　　《大藏经》与《道藏》……………………………（182）
　　宋代"四大书"……………………………………（185）
　　崇文校书修史……………………………………（190）
　　欧阳修与《新唐书》………………………………（197）

司马光与《资治通鉴》……………………………（202）
方志之书……………………………………………（209）
《通志》与《文献通考》…………………………（212）
理学思想与书籍编纂………………………………（216）
诗文词曲与话本小说………………………………（221）
元代官修诸书………………………………………（229）
辽、金、宋史与《元史》…………………………（233）
明代史书编撰………………………………………（237）
《永乐大典》………………………………………（241）
丛书一瞥……………………………………………（244）
《农政全书》及其他………………………………（247）
经世致用之书………………………………………（250）
清代官修类书………………………………………（255）
所谓"钦定"、"御纂"诸书………………………（260）
《明史》编纂………………………………………（264）
《全唐诗》与唐诗选本……………………………（268）
古文选本……………………………………………（272）
毕沅与阮元…………………………………………（275）
《四库全书》………………………………………（280）

大事年表………………………………………………（286）
人名索引………………………………………………（299）
书名索引………………………………………………（306）
后记……………………………………………………（314）

绪 论

中国书籍编纂的历史，在目前来说，还是一个有待于探讨的问题，还没有一个专门的学科来对它进行研究。所以，首先要对这个题目的范畴作一些必要的说明。

什么叫作书籍？狭义的理解是指印刷术发明以后刊刻印行的书，当然某些写本书也应该包括在内，研究它的有所谓版本之学、目录之学、校勘之学，今天的古籍整理工作、图书馆工作都是以此为对象的。广义的理解则是所有的文字记载都可以称之为书，包括甲骨卜辞、铜器铭文、碑石篆刻，就是被叫作骨头的书、青铜的书、石头的书等等，研究它的有所谓金石之学，这是史学工作者、古文字学者、书法艺术爱好者十分注意的资料。对于书籍含义的这两种理解，彼此既有联系又互有区别，其实有了文字记载并不等于就有了书，文字记载必须经过积累和编纂，才能成其为书。书籍编纂史所要研究的对象，正是书籍从产生到发展的整个过程，这就需要把书籍的形式和内容结合起来，把考古发掘出土的实物资料和文献资料中有关的记载结合起来，加以具体的分析和系统的考察。这是一个新课题的尝试。

书籍，作为一种传播信息、普及知识、积累文化的工具，在人类文化发展的历史上曾经起了十分重要的作用。从文字的发明到书籍的产生和发展，有一个长期积累的过程，经历了几十个世纪的漫长岁月。它好比一条源远流长的大河，既汇集了千百细流，又夹带了大量泥沙；它有时穿过高山峡谷，形成了激流急湍，有时又聚为湖泊，点缀着波光帆影；它有甘泉也有伏流，有的支流和湖泊逐渐淤塞，甚至干涸消失了，但是它的主流却浩浩荡荡，一泻千里，滋润着沿岸的土地，涌向浩瀚的大海。

流传至今的古代书籍，正是这样的滔滔巨流，浩如烟海。如果说，人类有史以来所掌握的全部知识和经验，在很大程度上要靠书籍的形式记录和保存下来，这话并不过分。凡是作为书籍保存和流传下来的东西，在各个不同的历史时代，又无不经过编纂者之手，加以选择、编纂和整理，打上了一定的时代烙印，才得以流传到今天。从这个意义上看，历代的书籍编纂者在积累文化方面，有着不可磨灭的功劳，尽管他们的名字往往湮没不闻，他们编书的事迹很少为人所知。

许多古代的书籍在流传过程中消失了，有的是时过境迁无人过问而自然亡佚，有的则是受到人为的摧残而化为灰烬。在新的历史条件下产生的新的书籍，既有时代的风貌，受到它那个时代政治经济、社会习尚、学术思想的影响，却又是在前人留下的思想资料基础上的继承和发展，有它的渊源所自。研究书籍编纂的历史，不能忽略那些已经亡佚了的书籍，需要在绵延起伏的历代社会思潮中寻求这些书籍产生的历史背景，以及它的来龙去脉。流传到今天的古代书籍，也往往并非其本来面目，原因很多，前人对此做过许多考证。其实，从书籍编纂的角度看，这种现象的出现并不奇怪，更不能一概斥之为伪书，予以否定。值得人们思考的是，为什么有些所谓的伪书能够长期流传，而没有因为产生它的那个时代已经过去而销声匿迹了呢？

古代书籍编纂有着悠久的历史传统，有许多值得总结的经验。从编辑体例的发展和变化中，也许可以发现一些问题，找到一些线索,从而摸索出它本身带有规律性的东西来。只是书籍门类众多,各有特色,头绪纷繁,情况复杂,这样做势必会有很多困难。笔者试图提供一个粗略的轮廓,从文字的发明和书籍的产生讲起,以造纸技术和雕板印刷术的发明和推广使用作为分水岭,按照古代书籍的形式划分为简册、写本、刊本三个阶段。这样划分的目的,主要是为了提供一个线索,说明各类书籍是在什么样的历史背景下编纂起来的,以及和一定物质基础相适应的书籍形式对于各种编纂体例所产生的影响。

(一) 从文字的发明到书籍的产生

究竟从什么时候开始才有了书籍?最古的书是个什么样子?这是一个难以确切回答的问题。因为,古代书籍的实物能够完整地保存到今天的,可以说是极少,而文献资料中关于古代书籍情况的记载,往往传闻异辞,互有出入,不能作为依据。特别是越往前追溯,线索就逐渐消失在神话传说之中,茫茫然难以稽考。

书籍的起源,必须从文字的发明讲起。有了文字记载,这是人类进入文明社会的主要标志之一。在这以前,只能称之为神话和传说的时代,那时,人们对于自然现象和社会现象的认识和解释,都只能在口头流传。

文字最初只是一种记事的工具。有一种说法是,人类最初用绳子打结的方法记事,后来有聪明人发明了书写或者刻划符号的办法来代替它,于是有了文字。《周易·系辞》就是这样说的:"上古结绳而治,后世圣人易之以书契。"汉代郑玄为"书契"这个名词作注解,说:"书之于木,刻其侧为契,各持其一,后以相考合。"其实,在文字发明以前,原始人记事的方法绝不止结绳一种,它的作用也不仅是为了作为互相考核的凭证。

根据新石器时代的考古资料来看,原始人类记事所用的工具很多,有记数用的骨筹,有象形的图画,有在器物上刻划的符号等等。各种记事方法同时存在,很难确定哪一种在前,哪一种在后,以及它们之间有什么关系。从现已发现的考古资料中,大体上可以看出如下的发展线索。

在西安半坡、临潼姜寨发掘的仰韶文化遗址,距今约六千年左右。出土的陶钵口沿上刻划有若干符号。这些符号很容易辨认和释读,与甲骨文近似。这类符号在青海乐都柳湾遗址也有发现。山东莒县凌阳河和诸城前寨发掘的大汶口文化遗址,出土的陶缸上刻有石斧、木锄,以及日、月、山组成的形象化图案。这些刻划符号和形象图案,可以说是文字的萌芽状态。

郑州二里冈商代遗址出土的两块有字的甲骨,所刻的文字还没有构成句子。河北藁城台西遗址出土的陶片上所刻的文字,能够辨认的有"止"、"刀"、"臣"、"矢"等,比二里冈出土的陶器文字进了一步,但和安阳商代晚期的陶文比较,则又显得原始。从字形结构和刻划部位来看,这些刻划符号存在着一定的延续性。江西清江吴城商代遗址出土的陶器,以及浇铸斧、刀、镞使用的石范上,也有刻划的文字和符号,少则一二字,多达十二字,和中原地区商代的文字相同。

记事用的符号,摹写事物形象的图画,虽然都是人们用来帮助记忆、交流思想、传播信息的工具,但是,它还需要经过长期的积累,使这些符号所表达的抽象概念,在一定范围内逐渐固定下来,才能成其为文字。文字的形成不仅是象形,而且要有比较固定的意义;不仅记录个别的词语,而且要能够组成为句子;不仅能够辨识,而且要能够用一定的声音表达出来,使它能够成为记录语言工具。人类对于客观事物认识的规律是，客观事物在人的头脑中的反映形成了概念，构成能够表达这一概念的语言，然后才能产生表达这一语言的文字。这是必须在人类文化发展到一定的阶段才能出现的事。从这一点出发，文字的发明也才有迹可寻。

苍颉造字的传说，流传很久。究竟有无苍颉其人，他造的字是什么形状，当然都是无从考证的了。战国时期的文献资料，如《荀子·解蔽》指出："好书者众矣，而苍颉独传者，一也。"认为并不是一个人创造的，苍颉不过做了收集整理而已，也没有肯定苍颉是什么时代的人。汉代许慎在《说文解字》序言中说他是黄帝的史官。许慎总结的"六书"，即指事、象形、形声、会意、转注、假借，是从文字结构中探寻文字形成的几个方面。汉字的特点是每个字都有独立的形体、音节和含义，有时还要借用某个字的字音来表达与这个音相同的其他事物，形成了新字，产生了表示新义的形符和表示声音的声符组成的复合字，这就为文字的形成开辟了途径，形成了汉字发展的体系。

文字的形成经历了漫长的发展过程。从半坡、姜寨的刻划符号，发展到具有相当完备的体系的商代甲骨文，经历了一两千年的时间。商代青铜器铭文中保存了许多图画文字，卜辞中则有了大批形声文字，体系相当完备，但是，它绝不是原始形态的文字。没有长期的积累，不可能出现甲骨卜辞那样丰富的词汇，灵活多变的文法，以及精湛的刻字艺术。尽管如此，目前所知有文字可考的历史，还只能追溯到三四千年前的商代为止。

由此可见，有了作为记事工具的符号和图画，并不等于就有了文字；同样的道理，有了文字记载也不等于就有了书，书籍的产生还要经过一个长期的积累和发展过程。

为什么不能把甲骨文称作最早的书籍呢？甲骨文是商代王室

占卜的记录,是目前发现的最早的文字记载,虽然有了相当的积累,但是只作为档案保存,没有编纂成书流传。文字记载只是为书籍的产生提供了必要的条件,如果把所有的文字记载都称之为书籍,那就混淆了两者之间存在的区别。

唐代编纂的《隋书·经籍志》里有一段话:"是以大道方行,俯龟象而设卦;后圣有作,仰鸟迹而成文;书契已传,绳木弃而不用;史官既立,经籍于是兴焉。"还有一段是:"说者以为书之所起,起自黄帝、苍颉。比类象形谓之文,形声相益谓之字,著于竹帛谓之书。"这个看法最初也是许慎提出来的,是传统的看法,反映了汉唐以来人们对于文字和书籍的产生的一种概括性见解。文字和书籍既有密切的联系,而又有所区别。

文字记载经过了长期的积累,包括积字为句,积句成章,积章成篇的过程,其中最主要的关键是要经过编纂。即为了一定的目的,按照一定的体例,把零散的文字记载编纂起来,使之成为一种固定的形式,而不至于散乱而无头绪,才能成为便于阅读和流传的书籍的雏形。

书籍产生于编纂者之手,最早的书籍编纂者当然也只能是那些掌管文字记载材料的人,即文献资料中那些在古代帝王身边掌管文书,记录大事,占察天象,兼理卜筮和祭祀的所谓祝、卜、巫、史之流。甲骨卜辞和青铜器铭文也大都出于他们之手,这从传世的先秦古籍在文字、词汇、语法等方面都与之近似可以看出,两者之间有着直接的关系。

(二) 最早的书籍形式——简册

在造纸技术发明和推广使用以前,中国古代的书籍都是用墨书写在编连起来的竹简和木牍上面，贵重的则书写在缣帛上面。《墨子·明鬼》讲道："故书之竹帛，传遗后代子孙。"《韩非子·安危》也说："先王寄理于竹帛。"这说明古代书籍的形式是著之于竹帛，其作用则是为了便于流传。

竹帛作为书写材料，使用的范围相当广泛，时间也比较长久。考古发掘中出土的简册，有许多是随葬物品的清单，叫作"遣册"或"遣策"。汉代居延地区烽燧遗址出土的竹木简牍，则用来抄写律令、簿册、信札、文书，不属于我们所要讨论的书籍的范畴，而可以称之为书籍而保存到今天的简册实物却非常之少。简册的开始使用，大致和甲骨文同时，甲骨文中有"册"字，字形象编连起来的简册，史官的任务已经在"作册"。《尚书·多士》记载的"惟殷先人，有册有典，殷革夏命"，也是说商代已经有了编连起来的简册，记载着商代革命推翻夏王朝统治的史实，这些简册到西周初年还存在。目前考古发掘中没有发现商代简册的实物，可能是竹木易朽不易保存的缘故。有一种意见认为，所谓典册，指的是甲骨卜辞，称之为"龟册"。这种说法于文献无征，如果从册、典的字形来看，与其说是甲版兽骨，不如作为竹木简牍更为妥当。

书籍简册的长短大小、篇卷划分、标题编次、书写编连等等，都有一定的规格，只是由于实物材料不足，还难以归纳出简册制度的完整体系。近三十年来出土了大批竹简帛书，在历史上实属罕见，有必要在这里开列一个简单的目录：

1959年，甘肃武威磨嘴子汉墓出土竹木简四百八十枚，其中《仪礼》简四百六十九枚，日忌、杂占简十一枚。

1972年，甘肃武威旱滩坡汉墓出土木简七十八枚，题名《治百病方》。

同年，山东临沂银雀山汉墓出土竹简，共编七千五百余号，大部分是残简,内容有《孙子》、《尉缭子》、《六韬》,以及阴阳、时令、占候等佚书多种,还出土了《元光元年历谱》。

1973年,湖南长沙马王堆三号汉墓出土大批帛书、竹简,内容有《老子》、《周易》及其他佚书共二十余种,以及导引图、古地图等。

同年,河北定县八角廊汉墓出土已经炭化的竹简,有《论语》等残篇。

1975年,湖北云梦睡虎地秦墓出土竹简一千一百五十余枚,内容为律令、日书等。

1977年,安徽阜阳双古堆汉墓出土竹简,破碎情况严重,已经整理出《苍颉篇》、《诗经》、《周易》等十余种书。

1978年,青海大通上孙家寨汉墓出土竹简,共编四百余号,内容为军事律令等。

1984年,湖北江陵张家山汉墓出土竹简一千余枚,包括《二年律令》、《奏谳书》、《算数书》等。以后在附近的其他墓葬中陆续又有新的发现,内容目前尚未发表。

竹简帛书的出土有其偶然性,不能用以概括古书全貌,而且残篇断简的缀连拼接也难免不出现错误。尽管如此,这些竹简帛书作为实物资料,其科学价值是不言而喻的。前辈学者如王国维、马衡、陈梦家诸位先生在简册制度方面已有许多论述,根据新发现的资料,略作补充如下:

第一,简册长度,根据书籍内容而定,大体可以分作长短两种。王充《论衡》一书中讲到"大者为经,小者为传记。"即重要经典用汉尺二尺四寸简,诸子传记则用汉尺一尺或六寸的短简书写。从实物看大致近是,而具体略有出入。银雀山出土的《元光元年历谱》长69厘米,约合汉尺三尺,大约是有特殊用途的关系;武威《仪礼》简长55—56厘米,约合汉尺二尺四寸;武威医简长23厘米,睡虎地秦简长 23—27.8 厘米,银雀山简长 27.5 厘米,约合汉尺一尺到一尺二寸;银雀山汉简中还有一种短简,已全部残断,估计长度约合汉尺八寸。江陵张家山出土的《算数书》中,有多长多粗的竹子能够作出多少枚竹简的算术应用题,可以想见在这方面有一定的规格制度。

第二,编绳,也叫编纶,用丝绳或细麻绳将竹木简编连成册。编几道绳,因简册长度不同而异。如武威《仪礼》简四道或五道编绳,银雀山简两道或三道编绳。两道编绳的,将简册上下及中间分作三个相等的部分,三道、四道、五道编绳的,上下两端留少许天地头,其他各道编绳距离大致相等。有的是先编好简册再书写,编绳处留有空白,有的则是先写好后再编连在一起,编绳的痕迹压在字迹上面。

第三,书写用笔和墨,文献记载中有"漆书"之说,考古实物无凭。书体为篆或隶,写错的字或者校勘出来的错字,用刀削去重写,过去有一种说法,认为古书是用刀刻写在简牍上面,这是误解。竹简每简一般写一行字,也有分栏书写的,如云梦睡虎地秦简中《为吏之道》五十简,分上下五栏,《编年记》分上下两栏,都是由右向左上一栏读完再回到第一简下一栏,由右向左读,这叫作旁行读法,上下栏连读就错了。《日书》简正面背面都有字,正面读完接读背面。

第四,竹简编连成册,以最后一简为轴卷起存放,一册即为一卷。篇与卷不同,篇是根据内容而定,长的一篇可以分作几卷,短的几篇可以合为一卷。《汉书·艺文志》著录古书,往往篇卷并称,引起读者疑惑,如《尔雅》三卷二十篇,其实就是三卷简册包括二十个篇题而已。《仪礼》简下端注明顺序数字,类似今天的页码。

第五,篇题和篇次,篇题有几种形式,规格不一。一种是写在第一简或第一、二两枚简的背面,收卷以后篇题和篇次露在简册外面,篇次在篇名之下,如《仪礼》简"士相见之礼第三";另一种是书写在竹简正面,单独占一枚简,如银雀山竹简中"禽庞涓"等;还有一种是写在篇末,并注明全篇字数,如有小题则小题在上大题在下。也有这种情况,同一种书各篇,有的写在简背,有的写在篇尾,是否可以这样分析,即几篇合为一卷,没有总的书名,则将第一篇篇题写在简背,收卷后作为标识,其他各篇则为尾题。另外,与竹简往往同时出土一些抄列篇题的木牍,如银雀山出土的一方完整的木牍上,抄列了守法、要言、库法等十三个篇题,可能是捆在简册书帙外面的题签,起目录作用。

第六,古书大都篇章单行,传抄者来源不一,同一种书存在着不同的本子,同一篇章也可能分别被抄入几种不同的书内。抄书的人辑同类之书为一书,有时将他个人认为有用的材料抄集在一起,这种情况不止一见。如睡虎地竹简以秦律为主,在《为吏之道》一书后面,却附抄了两条魏律。银雀山竹简中有一些篇章和今本《尉缭子》、《晏子》部分内容相同,但又明显的不是足本;王兵篇内容则散见于今本《管子》中的参患、七法、地图各篇。

第七,标号,竹简篇首顶端往往涂以黑色方块,叫作"墨丁",作为一篇开始的标志。章节之间常以圆点隔开,或画一横道以示区别。此外,《仪礼》简等还有阅读时所作的钩识。

第八,帛书的体例,大体模仿竹简,如上下两端往往留有天地头,行间画有朱丝栏以象征竹简,抄写如有脱漏或错乱之处,所缺或错的字数恰恰是一枚竹简的字数等等。帛书幅宽有单幅和双幅之分,各篇前后有的留有相当于"赘简"的空白,篇首顶端涂以方形墨丁等等,都说明是从竹简传抄而来。马王堆汉墓帛书,折叠存放在漆奁里面,有一部分则卷在一块长方形木片上。这种形式在纸张和装裱技术发明以后,逐渐发展成为卷轴。

考古发掘出土的竹简帛书,主要是战国到秦汉时期的遗存。在纸张发明并推广使用以后一个相当长的时期,简册的历史使命才告一结束,这大体是在公元五世纪初的东晋时期。在研究先秦和两汉时期书籍编纂情况的时候,不能不考虑到简册形式的限制和影响,这也就是本书把论述这一时期的有关章节总之为"简册篇"的原因。

古书靠手写传抄,世代相传。简册所能容纳的字数有限,传抄者根据需要抄录他认为有用的材料,零散的文字记载,性质相近或作用相同的篇章,往往被抄集在一起,编成为一种书籍流传。有的书是按其特殊用途,如占卜用的筮书按六十四卦的顺序排列;帝王的诰令文献,以时代的不同分为虞夏书、商书、周书等几组;诗歌则按地区分编,历史书则按编年顺序,便于查阅。古代学在官府,典籍文献由王官掌守,不得外传,春秋时代后期逐渐流散在外,民间私人讲学兴起。到战国时期,百家争鸣,古代文献资料才陆续编纂成书,后人题名某子,实际上并非某人之作,而是某一学派文献资料的汇编,也不一定成于一时。甚至同一种书,由于传授者不同,解释不同,内容也就互有出入。许多书籍的编纂过程,甚至跨越了几个世纪,这对于考证它的成书年代,无疑会带来很大困难。

许多先秦古籍未能流传下来,其亡佚的原因,过去大抵归罪于秦始皇焚书。事实上,早在战国时期,统治者对于政治上不利于自己的书籍,都采取禁绝的措施,即所谓"诸侯恶其有害于己,皆去其籍"。秦始皇统一中国以后,确实烧掉过一批书籍,封建社会在改朝换代之际以及战祸连绵之时,文化典籍受到严重摧残的,何止一个秦代!大批书籍被查禁、销毁,损失殆尽,前人称之为书籍的"五厄"、"十厄",这是无可讳言的。但是这并不是书籍亡佚的唯一原因。简册靠手写传抄,数量很少,流传不广,一遭损失便难以挽救,这是事实,更重要的原因还是自然淘汰。书籍是一定历史条件下的产物,反映了产生它的那个时代的要求,离不开当时的社会环境、经济发展以及政治因素的影响,一旦时过境迁,无人过问,人们不会再费时费力地去传抄那些过时的无用的东西,它也就自然地归于消亡。

流传下来的文献资料,除了偶然性的因素以外,一般都是经过选择,经过多次的编纂整理,在十分复杂的情况下积累和保存下来的。它们身上本来就有各个不同历史时代的烙印,更何况加上了人为的因素,为古老的亡灵披上了时代的新装,甚至依托古人的名字出现,从而使古书的面貌蒙上了层层迷雾。

汉代初年就开始整理先秦典籍,首先是序次兵书、制定礼仪,以后又广开献书之路,建藏书之策,置写书之官,立经学博士。西汉末年刘向、刘歆父子校理群书,是规模最大的一次整理编纂古代文献资料的活动,对皇家藏书作了综合性记录,先后编为《别录》和《七略》,《汉书·艺文志》就是在《七略》基础上编定的,它可以说是现存的最早的一份文献目录。近年来出土的竹简帛书,则是汉代古籍的实物例证,把两者结合起来,可以探讨出先秦两汉时期,即简册时代书籍编纂情况的一些线索。

(三) 造纸技术发明以后

中国是发明造纸技术最早的国家。公元前一世纪的西汉时代,已经有了纸张出现;公元二世纪初,东汉时代的宦官蔡伦改进了造纸的方法,但是在相当长的一段时间里,简帛的使用并未衰减,直到公元404年,东晋时桓玄还曾下令停止使用简牍而代之以纸。

究竟从什么时候开始有了纸？纸是怎样发明出来的？学术界还有不同的意见。过去传统的说法是蔡伦发明了造纸技术，时间在东汉元兴元年（公元 105 年），其根据是《后汉书·蔡伦传》的有关记载：

"自古书契多编以竹简，其用缣帛者谓之纸。缣贵而简重，并不便于人，伦乃造意用树肤、麻头及敝布、鱼网以为纸，元兴元年奏上之。帝善其能，自是莫不从用焉，故天下咸称蔡侯纸。"

这段记载大体是可信的，只是其中有两个地方，需要加以说明。

首先，关于"用缣帛者谓之纸"的说法。什么叫作纸？先秦文献资料中没有发现过"纸"这个字。东汉许慎《说文解字》一书中最早解释了"纸"的含义，他从文字结构的规律来分析，纸字会意从系，发声从氏，似乎与缣帛等丝质物有关。但是，从科学的意义上讲，纸是将植物纤维离解以后，纤维素分子之间重新紧密结合构成的薄膜物质，而缣帛则是丝质纤维，不能离解和构成这种薄膜物质，两者的区别是明显的。缣帛生产的漂絮过程，可能对造纸技术的发明有所启发，但是丝质纤维，即《说文解字》中所说的"丝渣"，并不能成为造纸原料。

其次，蔡伦"造意用树肤、麻头及敝布、鱼网以为纸"，指的是不是最初发明的造纸技术？由于在考古发掘中已经出土了西汉古纸，如陕西省西安市出土的"灞桥纸"，是用大麻和少量苎麻等麻类植物的纤维作为原料造成的，还有甘肃汉代居延遗址出土的"金关纸"等经化验分析也属于麻纸，而都不是丝质纤维。但是，这终究不过是造纸的萌芽阶段，产量不大，产地不广，大都是用来包裹物品。到目前为止还没有发现过带有字迹的西汉古纸，而带有字迹的东汉古纸近年来屡有出土。应该看到,蔡伦是一位杰出的造纸技术的革新者,他开始使用树皮纤维造纸,不仅开辟了更为广泛的原料来源,也促进了麻纸产量和质量的提高,他在任少府尚方令时监制了一批好纸献给朝廷,使纸张得到了推广和广泛使用。

敦煌石室和新疆吐鲁番出土的写本和文书,是我们所要研究的这个时代书籍编纂的主要实物资料。这些写本和文书始于东晋、十六国,盛于隋唐,而终于北宋,使用的是四至十世纪的古纸。东晋到南北朝时期多半是麻纸,隋唐时代除麻纸外还有楮皮纸、桑皮纸。从出土实物来看,东汉纸比较粗厚,帘纹不显,晋到南北朝纸比较薄,有明显的帘纹,这是已经利用活动帘床纸模抄纸的结果,用圆而细的竹条和丝线、马尾等编成帘子,放在木制帘床上,可以连续操作,提高了劳动生产率。这在造纸技术发展的历史上有着重要的意义,它在以后一千年间通行于全世界。新疆出土的后秦白雀元年(公元384年)衣物券用纸,说明早在晋代就有了施胶技术,将淀粉糊掺入纸浆中或刷在纸面上再加以砑光,施胶剂提高了纸张的强度,而且书写时不至于发生走墨、晕染现象。

六至十世纪是隋唐五代时期,造纸原料的品种进一步扩大,产纸区域遍及全国各地,成本也有所降低,书籍、经卷、历本以及其他纸制品在民间日常生活中得到了广泛的普及,从唐代起,纸张不但用于书写经卷、书籍,也用于绘画。古代画家作画习惯于用绢,这是由于早期的小幅麻纸不能适应作品发挥艺术效果的作用,流传至今的早期纸本画卷,大都是唐代作品。

造纸技术的发明和发展,为印刷术的发明准备了必要的物质条件。唐代的纸大部分用于书写,而宋代的纸大部分则用于印刷。适应这种需要出现了竹纸、麦茎和稻秆纸,标志着中国造纸技术发展的新纪元。唐代以前没有关于竹纸的记载,苏轼《东坡志林》中说:"今人以竹为纸,亦古所无有也。"这是因为,造竹纸不仅取其韧皮部分,而是将整个竹杆腐蚀,捣烂后提取纤维,沤制时间较长,制造工序也较复杂。竹纸的兴起,很快就取代了过去盛行的麻纸,宋元刻本中流传最广的建本,几乎绝大部分是用竹纸印刷。

用纸张来抄写书籍,比简册轻便,比缣帛低廉,可以大量生产,有利于书籍流传,自然也会对于书籍编纂产生深刻影响。魏晋南北朝到隋唐时期,书籍编纂有了很大发展,是和具备了这一物质条件分不开的。敦煌、吐鲁番地区出土的大批古代文献写本,反映了这一时期文化发展的盛况,即使在边陲地区,书籍也有了广泛流传。书籍的形式则由编连的简册过渡到用纸张装裱的卷子和册页。

在中国封建社会发展的历史上,魏晋南北朝是一个承先启后的重要时期。政治上的分裂和统一,民族的融合和经济的发展,儒、佛、道的并存加以外来文化的激荡和交流,促进了文化的繁荣,到隋唐时达到了一个鼎盛阶段。在书籍编纂方面的主要表现和特点,以经学为例,东汉时的今古文之争,那种附会图谶、墨守师说的烦琐章句的学术风气有了很大改变,魏晋玄学盛行,崇尚清谈,摆脱了传统的束缚,而富有独立思考和批判精神。唐代撰修《五经正义》,统一经籍注疏,正式颁行作为科举考试的标准读本。这一时期先是私人撰史盛行,发展到朝廷设馆修史,史部书籍从经部附庸一变而成蔚然大国,内容方面除纪传体正史以外,还有编年、实录、杂史、图经地志、谱牒之学,以及介于历史和文学作品之间的杂传等。梁代昭明太子萧统编选的《文选》,是现存最早的一部文学作品总集,它的出现标志着文章之学从经、史、子中脱离出来而独立发展。至于搜集个人作品编成的所谓别集,数量众多,难以尽述。类书也是一种编纂的新体例,当时社会风气注重典故、辞藻,用分类的办法编纂类书,如《艺文类聚》,写文章时寻检引用很为方便。这种编纂形式以后得到了广泛应用,在典章制度方面,如《通典》;用于启蒙读物则有李翰《蒙求》等。本书有关这一时期书籍编纂情况的章节,概括称之为"写本篇"。

（四）雕板印刷术发明以后

古代书籍靠手写传抄,一次只能抄写一部,流传不广,而且容易散佚。雕板印刷术发明以后,几百部和几千部的书可以一次印成,这对于书籍的流传和普及,科学文化知识的发展和传播无疑地起了巨大的推动作用。中国是最早发明印刷术的国家,印刷术的发明对于书籍编纂史来说,也是一个划时代的标志。

雕板印刷术是在什么时候发明的？学术界有一些不同的看法。把文献资料的记载和考古发现的实物结合起来考察,还是有迹可寻。目前已经发现的保存下来的实物,有明确纪年的是在九世纪中叶印刷的卷子本《金刚经》,文献记载材料中说比这还要早一二百年就有印刷品出现,1966年南朝鲜（韩国）曾出土《无垢净光大陀罗尼经》,据考证可能是这个时代的印刷品。

从广义来说,造纸技术和印刷技术是同一历史时代的产物,前者为后者提供了必要的物质条件,印刷技术是在造纸技术的发明、改进,以及推广使用的基础上,得以发明、改进以及推广使用的。任何事物都有一个发展过程,正如在公元前一世纪的西汉时代已经出现了纸张,但是经过了一二百年才有人用来书写文字一样,印刷术的起源也可以追溯到那个遥远的年代,长沙马王堆西汉墓葬出土的印花绢绸,说明在公元前一个多世纪人们已经掌握了用雕板方法在丝织品上印制精美的纹饰的技术。不过这种印刷品不是印在纸上,当然更不是用来印文字和书籍。

古代的印玺,无疑地也会给予印刷术的发明以有力的启示。印玺不论是铸造的或者是刻凿的,也不论是用于封泥,还是盖在两张纸的连接处作为骑缝,都必须是反写的文字,印出来才能成为正文,石刻文字则不然,一般都是正写,而且是凹入石面的阴文,只有采用摹拓的方法复制,得到的仍旧是阴文,黑底白字。汉代熹平石经建立后,"观视及笔写者,车乘日千余辆,填塞街陌",似乎还没有传拓的技术,所以流传并不广。摹拓技术始于何时?是一个难以考证的问题;但是,必须有较薄、绵软的纸张才能进行摹拓,因而它产生的时代也不可能太早。南北朝时期的石刻,出现了反写反刻以及阳文凸字的情况,如北魏洛阳始平公造像石刻是阳文凸字,南朝萧景墓神道石柱上反写反刻的字体等。印刷术的发明经历了一个漫长的过程,只有具备了纸张和笔墨等物质条件,积累了使用印玺、摹拓石刻的经验,特别是懂得了用反写反刻文字印刷的道理,在一定的社会条件的影响下,逐渐发展到印刷书籍。

这一定的社会条件,在中国封建社会的鼎盛时期唐代得以实现了。生产的发展,造纸技术的改进,科举考试和文化知识的普及,等等,都是印刷术得以发明和推广的社会条件。事实上,雕板印刷品首先是在民间广泛流传起来,其内容主要是佛教经卷、历书等。唐代诗人白居易的作品,即有印本在民间流传。四川、淮南等地民间雕板印制的历书,在政府每年尚未颁布新历之前,就已经在市场上大量销售,以致遭到禁止。现存的唐代民间印制的历本有在敦煌发现的乾符四年(公元877年)、中和二年(公元882年)两种。举世闻名的卷子本《金刚经》,也是在敦煌发现的,全长十六尺,用七张纸粘成一个卷子,卷首扉页画释迦牟尼说法图,雕板线条挺劲,刀法圆熟,墨色鲜明,说明雕板印刷技术已经达到相当发达的水平。卷末纪年为咸通九年（公元868年）四月十五日，是一个叫王玠的人出资刊印佛经，目的是为他的父母祈福消灾。

唐代后期藩镇割据，战祸频仍。但是盛产麻纸的四川、江浙一带，社会比较稳定，经济也比较富庶，逐渐成为刻印书籍的中心。五代时期虽然只有短短的几十年，雕板印刷事业却有很大发展。如前蜀任知玄刻印《道德经广圣义》三十卷，四百六十余板，五年内雕成；和凝曾自刻文集一百卷；毋昭裔任后蜀宰相时刻印《文选》，以及《初学记》、《白氏六帖》等类书。对后世影响较大的则是后唐时依照唐代石经雕板刊印"九经"，到后周时用了二十二年时间印成，作为官方定本。由于是当时的国子监校刻刊印，后人称之为"监本"。这些刻本都没有流传下来。

大规模地雕板印刷书籍，是公元十世纪到十四世纪，即宋、元时期。这一时期雕板刊印书籍的范围，除了经籍以外，大批史书、子书、医书及文集都经过校勘，编纂印行。官府之外，州县学校兴起，书院林立，坊肆和私人家塾，所刻书籍无可计数。南方的浙江杭州、福建建阳、四川成都，以及北方的山西平阳，这些盛产纸张的地区，成为全国几个主要的刻书中心。它们的雕板技术各有特色，版框、纸幅、行款以及刻写的字体都很讲究。

明代初期，南京国子监集中了江南地区的宋元板片，代替了杭州成为刻印书籍的中心，特别是徽州一部分刻工迁到南京，使它成为套印板画和技术革新的重要基地。明代司礼监所属经厂，专作内廷刻书、印书工作，以后清代在这基础上设立了武英殿刻书处，所印的书称作"殿本"，刻工、纸张、墨色、校勘等方面都力求精致。所以，北京在明、清两代也发展成为刻书中心了。

印刷技术上的一项重大改革，是宋代庆历年间（公元1041—1048年）毕昇发明的胶泥活字，沈括在《梦溪笔谈》中作了记载，就是先用黏土刻字，每字一印，常用字多备几个，然后用火烧硬。把活字排列在敷有药品的铁板框里，加热使药品熔化，用板将字面压平，就可以印书了。方法虽然很简单，道理和现代的铅印相同，这是中国发明用活字印书的起始。这批泥活字先是保存在沈括家里，以后如何使用已经无从考据了。毕昇当时也试过木活字，只是由于木质有伸缩性，沾水后高低不平，又容易和药品粘在一起，取不下来，所以没有采用。

十三世纪末，元代王祯开始采用木活字印书。王祯写了一部《农书》，请工匠在两年之内刻制了三万多个木活字，由于《农书》当时已经雕板印刷，这套活字收藏起来没有使用。大德二年（公元1298年），王祯又编纂了一部《旌德县志》，全书六万多字，用这套活字在不到一个月时间内印成了一百部。木活字依韵编号，排列在两个轮转排字架上，利用简单的机械转动，提高了排字的效率。王祯《农书》卷二十二"造活字印书法"一文，记录了这一印刷史上的珍贵资料。

元代木活字印书，在安徽、浙江一带很为流行，而且传播到少数民族地区，敦煌石窟发现元代维吾尔文的木活字，是拼音文字，有长有短，大小不一。清代政府曾用枣木刻成二十五万三千五百多个大小活字，印成《武英殿聚珍版丛书》一百三十八种，是历史上规模最大的一次用木活字印书。

至于铜活字的使用是从什么时候开始的？也是一个众说纷纭的问题。文献材料记载中有所谓五代后晋天福年间"铜版九经"，北宋时有"镌金刷楮"，元代有"镂铜为板以传"等说法，究竟是刻在整块铜版上还是铜活字，已不可知。比较可靠的材料是十五、十六世纪之交，即明代弘治、正德年间无锡安家和华家用铜活字印书，留传至今的有《容斋随笔》等，都是鸿篇巨制。清代雍正四年（公元

1726年)用新制的铜活字排印《古今图书集成》一万零四十卷,分装五千零二十册,共印了六十部。

用锡造活字的技术在元代就有了。王祯《造活字印书法》讲到:"近世又铸锡作字"。锡熔点低,容易铸造,但难于使墨,常常印坏。用铅制造活字的时代则比较晚。

最早的套色印刷,是元代至元六年(公元1340年)湖北江陵资福寺刻印无闻和尚的《金刚经注解》,卷首灵芝图及经注用朱、墨两色套印。明代万历年间安徽歙县所刻《程氏墨苑》的版画,用几种颜色涂在同一块雕板上,如花涂红色,叶涂绿色,枝干涂赭石色,印出来绚丽夺目。以后又有分色分版的"饾版",每种颜色单刻一块小版,依次逐色套印,一幅图画往往刻三四十块版,分先后轻重印六七十次,一朵花、一片叶都分出颜色深淡,阴阳向背,所用颜料和纸张与原画相同,这种复制品的印刷技术,在十七世纪初即已成功,代表作是明末胡正言刻印的《十竹斋画谱》和《十竹斋笺谱》。胡正言还用一种"拱花"的方法,不用颜色,只在白纸上压出凸现的花纹,用来衬托画中的白云流水、禽类羽毛、花叶脉络等。

书籍的装帧,最初的印本书仍然采用手写本的卷轴形式,以后过渡到册页。十四到十五世纪中叶以后,将封面与正文一起打孔穿线,订成书册,于是线装书成为雕板印刷书籍的主要装订形式,直到现在仍然采用。

欧洲现代铅印技术,在十八世纪中叶传入中国,当时对于基本上采用手工印刷的中国印刷业,还没有发生什么影响。最早的铅字排印本书籍,是清代咸丰七年(公元1857年)上海墨海书馆出版的《六合丛谈》一书。十九世纪中叶,上海、汉口、广州等地陆续铸造铅字,使用印刷机械出版书报。古老的雕板印刷术由于不能适应新的时代的要求,而逐步地走向衰落。

雕板印刷术的发明和推广使用，在书籍编纂史上是一个划时代的重要标志。从这个时候起，开始有了严格意义上的出版，有了所谓的版本之学。从宋代开始，雕板刊印的书籍成为主流，许多卷帙浩繁的大书，赖以得到完整的保存，只有个别的书如明代纂修的《永乐大典》和清代纂修的《四库全书》仍为写本。本书关于宋元明清以来的书籍编纂情况的章节列为"刊本篇"，只是作为一个时代的标志而已，所述并不限于刊本，何况版本也是一种专门的学问，本书虽稍有涉及而不可能作专门的探讨。

北宋初期，大规模校勘整理古籍，其规模比西汉时有过之而无不及，传抄中的谬误脱漏都有所改正，镂板印行。宋真宗曾经与国子祭酒邢昺有过一次谈话，问到当时经籍注疏校正刊行的情况，邢昺说："国初不及四千，今十余万，经、传、正义皆具。臣少从师业儒时，经具有疏者百无一二，盖力不能传写。今板本大备，士庶家皆有之，斯乃儒者逢辰之幸也。"可见宋初四十余年间经籍刊印规模之大，雕板数字从四千一跃而为十余万片。宋儒强调阐明义理，不多在文物训诂上下功夫。他们特别重视"四书"，即《大学》、《中庸》、《论语》、《孟子》，将其抬到与"五经"并列的地位，还大量编语录、写讲义、著专书、编文集，采用各种形式，利用印刷的便利条件，刊印许多书籍，明代初期还官修《四书五经大全》、《性理大全》，理学思想成为中国封建社会后期统治思想，从十一世纪到十七世纪达七百年之久，与大量编纂刊印的书籍不无关系。

史书的编纂体例也有发展，如朝廷专设机构修纂会要，就是把类书的编纂方法运用到史书上来。司马光的《资治通鉴》虽为编年体，但是也吸收了纪传体的优点，以后又发展到纪事本末体。郑樵《通志》和马端临的《文献通考》，则是通史性质的专书。

丛书，是在有了雕板印刷条件以后产生的一种新的书籍编纂形式,其特点与类书相同的是集众书为一书。类书有特定的编纂体例,分门别类,摘录汇编;丛书则是直接将许多书汇集在一起刊印。有的丛书偏重某一门类,有的则兼容并蓄,有的专印善本,有的着眼地方文献,内容则从最初的唐宋说部,琐言僻事,孤本秘籍,逐渐扩大范围,经史子集无所不包。规模最大的一套丛书,是清代乾隆年间官修的《四库全书》。这套书和明代的《永乐大典》一样,只有写本,但是由于抄录了七份,虽遭损失仍有几套完整地保存下来。

清代官修各种类书、丛书,规模之大,前未曾有。《明史》纂修前后经历了九十年的时间,《古今图书集成》篇幅达一万卷,《四库全书》更是二百年前对中国古籍所作的一次系统的整理,取得了总结性的成果。本书以它来结束对中国书籍编纂史的探讨,可以作为一个标志,在这以后不久,中国社会迈进了近代史的门槛,书籍编纂方面也将出现一个新时代的开端。

简册篇

传说时代的追溯

目前已经发现的中国古代最早的文字记载，是河南安阳殷墟出土的甲骨卜辞。这是商代晚期盘庚迁殷以后二百七十三年间的文化遗存，其时代大约在公元前十三世纪到公元前十一世纪。在这以前，属于没有文字可考的传说时代。

传说时代的社会历史情况，需要根据考古发掘的遗址和遗物来加以判断。分析各种文化遗存的性质和年代，它们的来源和发展，以及相互之间的关系，从而得出确切的结论。这是考古学所研究的课题。

传说时代既然还没有文字记载，当然更不可能有书籍产生。对传说时代的那些实际上并不存在的书籍的追溯，不过是为了弄清其中有的是根据口头传说记录下来的，即使不完全可靠，也不是毫无根据，可以作为参考资料或者线索；有的则是后人所假托，需要查清它的来源及其真正的成书时代。

根据文献资料记载，商代之前有一个夏代，从治理洪水的禹，到最后的桀，一共有十七个王，前后四百多年，时间大约在公元前二十一世纪到公元前十六世纪。西周早期的文献资料，如收入《尚书》的《召诰》、《多士》、《多方》、《立政》，以及商人后裔追述先人事迹的《汤誓》等篇，都有关于夏人的记载。但是，从考古学来说，目前还没有找到足以确定是夏代文化遗存的直接证据。近年来，考古工作者在探索夏文化方面取得了一些新的成果，例如在河南登封王城岗发现了早于商代的城垣遗址，以及河南偃师二里头文化的夯土建筑遗址等遗迹遗物，经碳十四测定年代，介于龙山文化和商代早期文化之间，分布地区和夏人活动的中心地区大致相符。学者认为，甲骨卜辞的发现，证实了汉代司马迁在《史记·殷本纪》中所叙述的商王世系，从而可以推断，他根据那个时代所能见到的材料，在《史记·夏本纪》中所叙述的夏王世系，也不会完全出自杜撰。

但是，保存在《尚书》里的所谓《虞夏书》，包括《尧典》、《皋陶谟》、《禹贡》、《甘誓》四篇，都不会是夏人的作品。从文章开始的"曰若稽古"这句话，可以看出是后人的口气，以原始记录或口头传说的材料为依据，经过整理加工、增益润色，才得以流传，而基本史实则是可靠的。如尧、舜禅让帝位，征求四岳意见，反映了氏族社会的情况，又如刑法的制定等等。《尧典》中的四方、风名，也与甲骨卜辞符合。

《甘誓》所记载的夏王与有扈氏在甘地作战的誓师辞，在战国到秦汉时期的许多文献材料中提到过，可能是口头相传到商周时代才见诸文字，由于传闻异辞，这次战役有了不同的记载，如《墨子·明鬼》所引用的文句与《尚书》有很多歧异。《尚书》用作战的地点命名，称作《甘誓》，作誓辞的人一般说法如《史记·夏本纪》认为是启，而《墨子》所载则认为是禹，篇题也叫作《禹誓》。

《禹贡》一篇是传说中大禹治理洪水、划土分州的事迹。近人考证，从内容来看，成书于战国时期，托名夏禹而已。

没有收入《尚书》的所谓逸书，也有关于夏代的传说，如见于《左传·襄公十四年》和《左传·襄公二十一年》所引用的《夏书》的文字。《左传·襄公四年》记载，魏绛曾引用《夏训》以及周代太史辛甲所记述的《虞人之箴》。《太平御览》卷六百一十八所引《吕氏春秋·先识览》的一段文字,讲到:"桀将亡,太史令终古执其图法而奔于商。"今本《吕氏春秋》文句略有出入,内容基本相同。从中可以看出,传说中的夏代晚期已经有了史官,掌管"图法"一类的档案资料。

收入《大戴礼记》一书的《夏小正》,相传也是夏代之书。《礼记·礼运》记载:"孔子曰:我欲观夏礼,是故之杞,而不足征也,吾得夏时也。"郑玄对这句话注解为:"得夏四时之书也,其存者有《小正》。"这个"正"字应该解释为"政",即指导农业生产的政事。《竹书纪年》记载:"帝禹夏后氏元年,帝即位居冀,颁夏时于邦国。"杞国是夏后氏的后代,有些传说保留下来,春秋时整理为书是可能的。后人追记前代事物,难免会掺入后世的观点。《夏小正》全文四百六十余字,记述自然景物和动植物变化与农事的关系,以四时十二月为纲,记录岁时节令,后来的《月令》,以及《吕氏春秋》的十二纪,都是用这种体例编纂的。

托名为夏代伯益所著的,还有一部保存了许多古代神话的《山海经》。汉代司马迁在《史记·大宛传赞》中提到它,说"至于《禹本纪》、《山海经》所有怪物,余不敢言之也"。刘歆整理过这书,说是"禹别九州,任土作贡,而益等类物善恶,著《山海经》,皆圣贤之遗事,古文之著明者也"。今本约三万字,记载了四十个邦国,五百五十座山,三百条水,以及这些邦国、山、水的地理关系,风土民俗和重要物产,杂有不少奇禽异兽,神灵鬼怪。其中叙述了复杂的祭典和诸巫的活动,篇末还有每月祠神用糈的记载,鲁迅先生认为其源大概出于巫书。今本十八篇,原来大概是三部书。《五藏山经》四篇和《海外经》是一种书,《海内经》四篇是一种书,《大荒经》以下又是一种书。原书有图有文,文字是图像的说明,如"两手各操一鱼","两手操鸟,方食其头",等等,图已亡佚。书中记载产铁之山多至三十七处,《中山经》后所附的一段,说"出铁之山三千七百六十",与《管子·地数》文字相同,可能是战国及秦汉时代的人所增益,还加注了许多秦汉地名。

《山海经》不属于以黄帝为中心的中原文化的产物,而是以帝俊、颛顼为中心,以巴蜀、荆楚为"天下之中",应属于南方楚文化的系统。《左传·昭公十二年》记载,楚国左史倚相是个有学识的人,"能读三坟、五典、八索、九丘"。这是些什么古书,后人解释不一,这些不见于中原地区文献记载的名称,可能也属于楚文化。

从被称为中国古代文明摇篮的黄河流域到长江流域,从华南到漠北,广泛分布在中国大地上各个不同地区、各种不同类型的新石器时代文化,有不同的来源和发展,互相之间存在着错综复杂的关系,从而交织成一幅中国古代文明的灿烂图景。其中特别是以仰韶文化和龙山文化为代表的,以黄河流域为中心的文化遗存,发展并产生了夏、商、周的奴隶制国家。近年来的考古发现证明,在长江下游地区与此同时也产生了相当发达的文化。上述南方楚文化的渊源也是一个值得探讨的问题。

文献资料中传说的夏代之书,应该是从新石器时代文化的基础上发展而来,主要以口头传说的形式流传,到了商周时代以后才有可能逐渐整理成书,因此有了后人的口气和用语,观点和内容方面也会有所增益,都是可以理解的。其成书年代则难以作出确切考证。后人所托而不能确知其成书年代的,按照《汉书·艺文志》著录的体例,归之于所托的时代,这也可说是单辟本章略作叙述的原因之一。

商周典册

商代和西周的文字记载,能够留传到今天的实物,主要是甲骨卜辞和青铜器上的铭文。本书绪论中曾经说明,甲骨卜辞和青铜器铭文不属于"书"的范畴,但是,探讨书籍编纂的源流还必须从此入手。

根据新石器时代晚期的考古资料,人们很早就用占卜来预测吉凶。商代占卜用龟的腹甲和背甲,或者牛羊胛骨,在背面钻凿,经过火烤另一面就产生了裂纹,裂纹形成的象,叫作"兆",被认为是神灵的示意,以此卜问吉凶,解决疑难。还要"书其占辞",把卜问的时间、人名,以及卜问的是什么事情刻在旁边,以备查验。这些占卜的记录,即所谓卜辞。

商代甲骨卜辞,本世纪初发现于河南安阳殷墟,是商代晚期盘庚迁殷以后二百七十三年间王室占卜的记录。出土数量最集中的一次,是 1973 年在安阳小屯南地发现的四千多片,成堆的甲骨层层叠压在一起,杂乱无章,不像是有意识的储存。《礼记·曲礼》中讲到"龟筴敝则埋之",《史记·龟策列传》也讲到"夏殷欲卜者乃取蓍龟,已则弃去之"。可见也有可能是作为废弃之物处理的。

甲骨卜辞的文字已经有了相当发展,这是经过长期积累的结果,但是它的内容只限于占卜的特殊需要,作为王室的档案资料保存,并没有编纂成书。卜辞有一定的格式,一般是先记日期(干支),再记人名(贞人某),为了什么事情占卜?其内容有祭祀、年成、天象、征伐、田猎、疾病、生育等等。文辞简要,有时还要从正反两个方面各卜问一次,如:明天下雨?明天不下雨?最后记下占卜的结果。卜辞的文体和语言风格都有其特点,许多事情不见于文献记载,因而成为探讨商代社会情况,包括商王世系、部族关系、战争性质及其规模、地理疆域、宗教祭祀、风俗习惯等各个方面的重要资料。但是,各条卜辞之间并没有什么联系,看不出有什么编纂的痕迹,学者只能根据贞人名字,以及字体、义例将其分组进行研究,以确定其时代。

西周时代也有甲骨卜辞,最早是在山西洪洞坊堆遗址发现,以后在陕西沣西张家坡遗址和北京昌平白浮西周墓葬中续有发现。数量最多的是1977年在陕西岐山凤雏村建筑遗址出土的大批甲骨,其中有字的近二百片,最多的一片刻有三十个字。周原遗址出土的甲骨卜辞,字体极小,刻划纤细,内容有反映周人与商王朝关系,记载了西周初期的一些人名、地名。

甲骨卜辞的发现,对于了解古代书籍编纂源流,提供了参考的线索。甲骨卜辞研究的成果,证实了《尚书·尧典》中所保存的天象观测材料是可靠的,《山海经》中一些看来荒诞无稽的传说,也反映了一定程度的实际情况,并非全部为后人所伪托。甲骨文字的研究,可以使人们从比较原始的文字形体结构总结其演变的规律,探讨字词的本义及声音的通假,从而可以校正古籍在传抄过程中产生的文字讹误现象。

青铜器铭文的研究,也起着同样的作用。

青铜器的铸造,在商代晚期已经达到相当高的技术水平,但是器物上铸造的文字却大多只有一两个字,文辞较长的不多。有的只是标明所有者的名字,或者父、祖的名字,部族的图徽等,往往是为了记述武功、盟约、庆恩赏典、显耀先祖。铜器铭文也有一定的程式和套语,如某日王赐给某人什么东西,某人用来制作了纪念其父母先人的铜器。

西周时代的铜器铭文,有的则是长篇记述,内容比较丰富,著名的有大丰簋、毛公鼎、盂鼎等。新出土的具有重要史料价值,并且可以和文献资料相印证的,如利簋和何尊。利簋的铭文三十二字,记载了武王克商的史实,开头就说"武征商,唯甲子朝",所记日辰与《尚书·牧誓》、《逸周书·世俘》一致。何尊铭文一百二十二字,是成王开始营建成周都城时,在一次祭典上对宗室子弟所作的诰辞,讲到武王克商后即准备"宅兹中国",以巩固对殷人故地的统治,营建洛邑是继承武王遗志,这也和有关的文献记载是相符的。

陕西岐山董家出土的裘卫四器,卫簋记述了周王对裘卫的册命赏赐,卫鼎、卫盉则记载了有关土地关系的诉讼记录。俶匜铭文一百五十七字,是一篇诉讼的判决词,其中提到的鞭刑、墨刑、赎刑和诉讼判决情形,可与《尚书》舜典、吕刑诸篇,以及《周礼》有关章节互相印证,这些文字记载表明西周时代确有成文法典和完整的狱讼制度。扶风庄白微氏家族的一组铜器窖藏,其中墙盘铭文二百八十四字,歌颂西周文、武、成、康、昭、穆诸王业绩,并自述历代充任史官的家世,也可以和现存史籍互相印证。

甲骨卜辞和青铜器铭文,作为文字记载,大都出于祝、卜、巫、史之手,它与传世的先秦古籍从文字、词汇、语法等各方面看来都是相近的,有着直接的关系。

"惟殷先人,有册有典",这的确是一句耐人寻味的话,说明只有商代才留存下了先人的典册。这典册不是甲骨卜辞,也不是青铜器铭文,而是记录在竹简、木牍上的统治者的誓词、诰命、法令等等。商代灭亡以后,这些典册还有遗存,西周初年周公平定武庚叛乱以后,向殷民发布的诰令:《多士》,就讲了上述这句话。在《左氏春秋》、《国语》、《论语》、《墨子》、《孟子》、《荀子》、《吕氏春秋》等先秦书籍中,都录有一些商书的篇名和词句,说明在战国时期还能够看到若干篇,到汉代就只见到十一篇了。《史记》中记载了商书的二十四个篇名,并且注明仲丁一篇书阙不具。实际上,汉代伏生所传授的《尚书》二十八篇,其中只有《商书》五篇,即:汤誓、盘庚、高宗肜日、西伯戡黎、微子。汉代发现的《古文尚书》四十六篇,其中有商书十一篇,比伏生所传多六篇,即:汤诰、咸有一德(即伊告)、典宝、伊训、肆命、原命诸篇,这些古文书诰在魏晋时大都亡佚。

《汤誓》是商王成汤伐桀时的誓师词,文字比较浅显,这是由于口头流传,或者虽有典册在春秋、战国时期曾加以润饰的缘故,如第一人称用了假借的"予"字,第二人称多用"尔"字,都是东周以后的用语习惯。

《盘庚》三篇,是商王盘庚为迁都事对臣民所作的诰诫之词。盘庚是成汤的九世孙,在他之前,商王朝曾五次迁都,不断地向西推进。公元前十三世纪,盘庚自奄(今山东曲阜)迁都到黄河北岸的殷以后,直到公元前十一世纪商亡的二百七十三年间,没有再作迁徙。盘庚迁都前后发布了三篇诰词,这在当时是重大事件,史官作了记录并流传下来。今本的顺序:上篇是既迁之后盘庚让贵戚大臣传达他的讲话,中篇是未迁之前的动员,下篇是始迁之时的诰诫,按时间先后则应是中篇在前,其次下篇,最后才是上篇。至于文字也有后人编辑加工痕迹,首先,甲骨卜辞和青铜器铭文都比较简短,程式一律,这三篇政治文告长达一千二百八十五字;在文法和用语方面,有些连词、介词等虚字的出现,如"而"、"则"等是周代以后的用法,和那些因缺少这些字眼而"佶屈聱牙"的情况有所不同。在文字、语法方面有后人的整理加工,并不能否定它是商代典册的遗存。《左传·哀公十一年》伍子胥引用盘庚之诰,引文就有出入。《史记·殷本纪》记载,盘庚去世以后,弟小辛即位,"百姓思盘庚",乃作盘庚三篇。这是又一种说法。

高宗肜日一篇,据《史记·殷本纪》记载,是祖庚时祖己所作。高宗即盘庚的孙子武丁,他在祭祀成汤时,有飞雉登鼎耳鸣叫,这被认为是不祥之兆,大臣祖己借此对王进行训诫。

西伯戡黎一篇记周文王征服了位居商王朝西北屏藩的黎国,大臣祖伊告诫商王纣的谈话记录。《微子》一篇记微子和少父、少师二人的讨论。这两篇从内容和文字来看,是商代末年流传下来的口头传说,在周代或者在商人的后裔宋国整理成篇,使用了周人的习惯用语。如:商人从来不自称为殷,而周代文献中则殷、商并用。

除了保存在《尚书》一书的《商书》以外,还有在商代后裔宋国所保存的《商颂》。《国语·鲁语》记载:"昔正考父校商之名颂十二篇于周太师。"今天所能见到的只有收入《诗经》的五篇,即:那、烈祖、玄鸟、长发、殷武。

正考父是孔子的七世祖,是宋戴公时代的人(公元前799—前766年),正是西周东周交替,社会动荡,礼崩乐坏的时代,商颂传到那时已有散失,曲调也不对了,正考父拿到周太师处校正音律,并且做了整理加工。司马迁在《史记·宋世家》中说:"正考父作商颂",认为:"襄公之时,修仁行义,欲为盟主,其大夫正考父美之,故追道契、汤、高宗,殷所以兴,作商颂。"实际上,正考父的时代比襄公早一百三十多年,而且司马迁在《史记·殷本纪》中也说:"余以《颂》次契之事,自成、汤以来,采于《书》、《诗》。"并未否定商颂是商代的诗。当然,商颂的语言和甲骨卜辞有一定程式的文字并不相同,有些词句与周诗相似,这与在编纂时经过润饰加工有关,而且周诗模拟或套袭商代名颂语句,也不是没有可能的。

商颂中的第一篇:那,是祭祀成汤的颂歌,《毛诗序》说:正考父所校十二篇,"以那为首",这个十二篇的本子,在编定《诗经》时只选了五篇。玄鸟和长发中说的"玄鸟生商",结合商族图腾的传说,叙述了商王朝建立的史实。玄鸟和殷武都是祭祀武丁的,可见这些颂歌的编定,在武丁以后的商代晚期。殷武诗中讲到伐楚战争的情景,有人认为指的是宋襄公时的召陵之战,其实,考古材料证明商、周时代已有楚国存在,商代甲骨卜辞的"伐芈"和周原甲骨卜辞中"楚子来告"的记载,以及周成王时代的令簋铭文中"伐楚伯"的记载,讲的都是与楚国作战的事。

至于周代典册的详细情况,将在以下几章中分别叙述。

《周易》探原

最早的文字记载是占卜的记录——甲骨卜辞。如前所述,甲骨卜辞还没有编纂成书,但是,最早的书也是与占卜有关,适应占卜的特殊需要而编纂起来的。这样的卜筮用书,可以从流传至今的《周易》六十四卦中找到一些线索。

古人占卜所用的方法,最主要的是龟占和卜筮两种。商代和西周早期都曾使用龟甲兽骨,按照甲骨受到刀钻火烤之后所形成的裂纹来推断吉凶;周人地区还盛行一种卜筮,利用蓍草排列所求得的数字来推断吉凶,比较简便易行。《左传·僖公十五年》记载:"龟,象也。筮,数也。"指的就是这两种占卜方法的不同。两种方法有时并用,先卜后筮,或者先筮后卜,《诗经·卫风》有这样的诗句:"尔卜尔筮,体无咎言。"《左传·僖公四年》记载,晋献公欲以骊姬为夫人,"卜之,不吉。筮之,吉。"应该听信哪一种,还引起了争论,有所谓"筮短龟长"的说法。说明龟占和卜筮曾经同时并用,有的人更相信龟占。

但是,龟占并没有编纂成书,只留下了一堆甲骨卜辞;而卜筮用书如《周易》却成为两千多年来最重要的典籍之一。其原因就在于龟甲裂纹的变化没有一定的规律性可循,龟兆不能编纂成为一个整齐的系统;卜筮则不然,它起源于记事符号,所求得的是数目字,数字的排列组合,可以形成一个有规律的体系。卜筮术是古人掌握了一定的数理知识的基础上产生的,安阳殷墟四盘磨和陕西丰镐遗址张家坡出土的甲骨上,就刻有六个数目字为一组的卜筮记录。数字可以抽象为奇、偶两种符号，有一种说法是古人常用七、八两个数字来代表单数和复数两种符号，七字古写如"一"，八字在流传过程中逐渐演化为"--"。从出土文物来看，马王堆汉墓帛书《周易》，这两种符号为"一"和"八"，阜阳双古堆汉墓竹简和江陵天星观楚墓竹简则为"一"和"八"，从数字到符号的演变是显而易见的。

六十四卦最基本的组成部分就是"一"和"--"这两种符号。它的编纂方式是以六个符号为一组排列，可以出现 2^6 也就是六十四种不同的组合，每一组就叫作一卦，一卦之内的六个符号自下向上排列，叫作六爻，一共三百八十四爻。任何卦中只要有一个爻发生变化，就变成了另一个卦。用卦爻关系来解释各种自然现象和社会现象的发展变化，把宇宙万物纳入六十四卦的框架之内，这是古人认识世界的理论基础，筮书的编纂也就应运而生。

《周礼·天官》记载："太卜掌三易之法，一曰连山，二曰归藏，三曰周易，其经卦皆八，其别皆六十有四。"说明筮书不止一种，《连山》、《归藏》没有流传下来，《周易》只是其中之一，而且也不完全是它的本来面目。今本《周易》包括所谓经、传两个部分，经的部分即六十四卦，分作上下两篇，上篇三十四卦，下篇三十卦；传的部分是解释六十四卦的，有彖、象、文言、系辞、说卦、序卦、杂卦七种，共十篇。易传的时代较晚，探讨《周易》编纂的起源不能把时代不同的经、传混为一谈，只能从六十四卦本身讲起。

六十四卦是怎样编纂在一起的呢？唐代孔颖达在《周易正义》中曾经指出，叫作"二二相耦，非复即变"。就是说把六十四卦两两相对的排列在一起，至于"非复即变"需要作一点解释。所谓"复"，是将某一卦的六个爻的次序倒置过来读，形成了正相反对的另一卦，如屯卦（䷂）与蒙卦（䷃）、需卦（䷄）与讼卦（䷅）等，六十四卦中有五十六卦都是用这种"复"的方法编在一起，形成了二十八组符号。卦画符号是写在竹简上的，按照习惯六个爻的次序自下往上读，如果竹简倒置，原来最上边的一爻就成为最下面的第一爻，一正一反，这是比较简单的组合方式。所谓"变"，是将某一卦六个爻的符号"—"和"--"互相变换，也可以形成两两相对的组合，六十四卦中有八个卦是用"变"的方法编在一起的，即乾卦（☰）与坤卦（☷）、颐卦（☲）与大过卦（☱）、坎卦（☵）和离卦（☲）、中孚卦（☲）和小过卦（☳）。可以明显看出，这八个卦上下对称，正反倒置的结果完全相同，只好用"变"的方法组成四组。所以，六十四卦编排的方法还是以"复"的方法为主。

六十四卦的内容主要是卦辞和爻辞，即经过整理加工的占卜记录，除了占验词如无咎、元亨、利贞、悔亡等卜筮术语以外，还有一些说明含义的具体事例，涉及商代和西周的一些史实。有些卦爻辞韵律和谐，带有浓厚的民歌色彩，可能采自民间谣谚，这种文体便于记忆成诵，在同一时期的铜器铭文中也时有出现。在卦爻辞中，"—"、"--"两个符号却分别以九、六两个数字为代表，第一爻为"—"称作初九，为"--"则称初六；第二爻称九二或六二；第三爻称九三或六三；以此类推，第六爻则称上九或上六。

六十四卦的卦名，是为了便于称引而从卦辞和爻辞中取一、二字以作标识。当然，也不能说卦名毫无含义，因为卦爻辞本身都有一定的含义，又是两两相对一正一反的编在一起。传易之人对于卦名的含义作了引申发挥，赋予它以各种象征性的意义，并且逐渐约定俗成地固定了下来，这就是所谓的卦象。例如乾、坤、震、巽、坎、离、艮、兑这八个卦名，分别代表了天、地、雷、风、水、火、山、泽八种自然物质，还各自代表其他一些事物，甚至代表各种品德或现象。但是从卦画符号本身还不能找到可以作为这些解释的根据。

这里以乾卦为例,乾卦的主要象征意义是天,但又有君、父、金、玉、寒、冰、马等几十种含义。即使讲的是天,也并非指天的实体,卦爻辞所作的解释则是以龙为比喻,初九"潜龙勿用",九二"见龙在田",九四"或跃在渊",九五"飞龙在天",上九"亢龙有悔",象征天体的运行不息。可能就是这样的缘故,卦名既不叫天卦,也不叫龙卦,而是取九三爻辞中"君子终日乾乾"的"乾"字作为卦名,其意则为刚健有力。当然这都是后人所加的解释,卦名本意究竟何属,实难确指。

关于六十四卦的形成,传统的说法是"伏羲画卦,文王重卦"。这种说法从汉代开始盛行,但是从未见于先秦文献资料记载。所谓重卦,指的是先有八卦,然后将两个单卦重叠在一起,演化成为六十四卦。重卦之人是谁？历代有不同的看法,此处不赘述,重卦之说却从来没有人提出过怀疑。笔者认为,从书籍编纂的角度来看,追根溯源,不是八卦重卦产生六十四卦,而是先有六十四卦,以后在这基础上产生了八卦哲学。提出这种看法的主要理由如下：

首先,考古发掘材料证明,六十四卦本身起源很早,甲骨上所刻的筮辞就是六个数字一组,有的还列出了本卦和之卦,以后又由数字卦发展到符号卦。当然,在陶器、铜器上也发现过三个或四个符号为一组的铭文,特别是在铜戈、货币、玺印上的这类符号与筮卦有无关系还不能肯定。

其次,先秦文献资料中所提到的卦名,如《左传》、《国语》中的二十几条卜筮记载,讲到"遇观之否"、"贞屯悔豫"等等,观、否、屯、豫等都是六十四卦的名称,只是解释卦象时才有上下卦的区分,但没有单卦的名称。《系辞》中讲到伏羲、神农、黄帝等人观象制器的传说,提到离、益、噬嗑等十几个卦名,也都是指的六十四卦,八卦及重卦之说不见于先秦文献资料记载。

第三，卦爻辞的内容，从初爻到上爻是一个整体，叙述事物发展变化的全过程，而没有区分上下卦的任何迹象。重卦之说与卦爻辞的内容不合。

第四，六十四卦排列次序是"二二相耦，非复即变"，与重卦之说区别上下卦的方法毫不相干，重卦之说无法解释六十四卦两两相对的编纂体例。马王堆帛书《周易》六十四卦排列的方法不同，不是"两两相对"，而是"八八成组"，即根据上下卦的区分编为八组，这是后人为了检索方便作了改动的结果。

所谓八卦重卦演成六十四卦之说，是《易传》编纂者的思想。战国到秦汉时期，《周易》的作用已经不仅是占卜吉凶，它的内容以及所包含的一些哲理，已经被人们利用来作为推理的根据。《论语》记载孔子引用恒卦九三爻辞说："不恒其德，或承之羞。子曰：不占而已矣。"就说明了这个道理。由于传《易》之人以意说卦，把天地、君臣、阴阳、刚柔等等哲学概念和六十四卦的神秘框架结合起来，形成了一个新时代的思想体系，在这个过程中，六十四卦中八个上下相同的卦，被作为概率提炼出来，产生了八卦哲学。《易传》是汇集传《易》之人众说编纂而成的，其内容则代表了这个新时代的哲学思想体系。从马王堆帛书《周易》只附《系辞》和已佚的几篇《易》说，说明不止一种传本。今本《周易》的《易传》部分，共七种十篇，后人称之为"十翼"的编纂，是这一发展过程的主要标志，但并非成书于一时。

最早的是《彖》传和《象》传，是根据卦象和爻位解释卦爻辞的，《象》传的编撰更为系统，有一定的体例，每一卦都是：卦象＋卦名＋卦义，如屯卦《象》辞为："云雷（卦象）。屯（卦名）。君子以经纶（卦义）。"蒙卦《象》辞为："山下出泉（卦象）。蒙（卦名）。君子以果行育德（卦义）"等等。"云雷"、"山下出泉"说明已经用上下卦来解释卦象。

《文言》专门解释乾、坤两卦,其中对乾卦就有四种解释,可见也是集众人之说。今本《周易》中,《彖》、《象》、《文言》都不是独立成篇,而是加上"彖曰"、"象曰"、"文言曰"字样,分别附在有关的卦爻辞后面。

《系辞》则更是杂缀成篇,它的内容有总论《周易》全书的,有专论乾、坤两卦的,有杂论各卦爻辞的,也有专门解释术语的。体例上"繁衍丛脞",内容上则是发挥《周易》思想的重要篇章。马王堆帛书《系辞》缺少"大衍之数五十"及其他一些篇章,可见不同传本互有详略。

《说卦》前半部分讲八卦方位,后半部分是对于卦象的各种解释汇编。《序卦》讲六十四卦的次序,《杂卦》杂述卦义的歌诀,并作文字训诂。这三种《易传》成书时代较晚。

在先秦古籍中,《周易》这部书被人们认为是"一座神秘的殿堂"。它的内容复杂,文词古奥,的确不容易读懂。历代研究《周易》的书数以千计,或讲象数,或谈义理,众说纷纭,有许多难解之谜。从分析它的编纂形式和结构入手,对于理解《周易》成书的经过,也许可以寻出一点端倪。

《尚书》崖略

书,在古代是一切文字记载的通称。"上古结绳而治,后世圣人易之以书契。"书契二字连用,这不必多说。《论语》里引子路的话:"何必读书,然后为学。"《孟子》里说的"尽信书不如无书",也都不是专门指的某一种书,而是古代流传下来的典籍的通称。而《荀子·劝学》所说的:"《书》者,政事之纪也。"《庄子·天下》所说的"《书》以道事",以及先秦古籍中以《诗》、《书》并称者,则是具体指后人称之为《尚书》的这部古代法令、文告的汇编。"尚"字就是"上"的意思,指古代帝王,"书"则如上所述,是古代史官的记载。这个名称汉代流行起来,在先秦时代则只称作《书》,或者加上时代的名称,如《虞夏书》、《商书》、《周书》等。《墨子·明鬼》里有一句"尚书夏书其次商周之书",清代王念孙《读书杂志》考订,这里的"尚书"两字是"尚者"之误,其实这两个字如果不是理解为书名,它的意思不过是说:上古的书有夏书,其次是商书、周书而已。

《汉书·艺文志》讲到"古之王者,世有史官,君举必书",又说:"左史记言,右史记事,事为《春秋》,言为《尚书》,帝王靡不同之。"但是,《礼记·玉藻》的说法恰恰相反:"动则左史书之,言则右史书之。"也许是传说不同的缘故罢。左史、右史的说法在文献材料中并没有查到根据,卜辞、金文中都没有这一名称,这是汉代人的看法,无非是说古代帝王身边经常有负责记载大事的人物,即巫、祝、卜、史之流而已。

其实,记事和记言并不能截然分开。根据商周甲骨卜辞和铜器铭文,记事的内容大体都是什么时间、地点,什么人,做了什么事,《尚书》基本上也是这样记载的,内容并不完全是记言。它的体例,主要有典、谟、诰、训、誓、命六种,这些都是古代帝王的号令,如果人们听不明白,是无法执行的,所以都是用通行的雅言记录下来的。古代流传下来的文件,后人用他们当代的语言去解释,也就是说按照训诂的意义,替换了一些不能了解的字句,即所谓"读应尔雅",才能使这些古代文献流传下来。或者是后人将口头流传的材料追记下来。不管是哪一种情况,都会掺入一些后人的语气和用词,这是可以理解的。司马迁在《史记》中引用《尚书》的原文时,也是以训诂代经,这是消除古今文字隔阂的唯一的办法。它对这些文件编纂成书的过程提供了线索。

这些文件,泛称为《书》,开始的时候是篇章单行,并没有结成专集,而且传抄的内容也不尽相同。以后,首先把同一时代的文件集在一起,于是有了《虞夏书》、《商书》、《周书》的区别,人们在称引时,或者只举篇名,或者称之为《商书》、《周书》,一般则笼统地称之为"《书》曰"如何,并不等于已经结集成书。大约在西周中期才将这些文件编在一起,以后又有所增补。传说有一百篇,包括虞、夏、商、周四代的诰令,小部分是君臣问答体裁。篇名见于先秦古籍所称引的,有四十余篇,而其中三十余篇不见于今文二十八篇之内。《左传》所引有十八篇,五十余次,其中文公五年、成公六年、襄公元年有三处引《洪范》篇,称之为《商书》,而今本《洪范》在《周书》。《墨子》所引有二十二篇,其中《非命》上、中、下篇都引《仲虺之诰》,《天命》上、中、下篇都引《泰誓》,文字却各有出入。其他如《论语》、《孟子》、《管子》、《荀子》、《韩非子》、《国语》、《吕氏春秋》等书都有不少征引,可以考见《书》在先秦时代流传情况。

《尚书》的流传过程有着曲折而又复杂的历史。先秦时代的情况略如上述，汉代人说孔子曾经编定过一个本子，选了一百篇，每篇都写了序，今天我们所能见到的本子，历来都存在着今文和古文、真本和伪书的争论，只能就篇目情况简述如下：

汉代通行的今文《尚书》，一共二十九篇，虞夏书和商书九篇已见前述，周代的诰令文献有二十篇，篇目为：泰誓、牧誓、洪范、金縢、大诰、康诰、酒诰、梓材、召诰、洛诰、多士、无逸、君奭、多方、立政、顾命、吕刑、文侯之命、费誓、秦誓。以后，盘庚分作上、中、下三篇，泰誓也分作上、中、下三篇，顾命分出康王之诰一篇，所以也有说成是三十四篇的。古文《尚书》比今文《尚书》增多了十六篇，篇目为：舜典、汩作、九共、大禹谟、弃稷、五子之歌、胤征、汤诰、咸有一德、典宝、伊训、肆命、原命、武成、旅獒、毕命，其中九共又分为九篇，所以也有说成二十四篇的。和今文《尚书》的三十四篇加在一起，古文《尚书》一共五十八篇，四十六卷。今文《尚书》和古文《尚书》到魏晋时期以后，都已经先后亡佚了。东晋时出现的一部孔安国作传的古文《尚书》，清代人考证为伪古文《尚书》，其篇目除今文《尚书》三十四篇以外为：大禹谟、五子之歌、胤征、太甲（上、中、下三篇）、咸有一德、说命（上、中、下三篇）、泰誓（上、中、下三篇）、武成、旅獒、微子之命、蔡仲之命、周官、君陈、毕命、君牙、冏命。另将书序分别列在各篇的前面。这个本子一直保留到今天。从内容来说，这个本子与今文《尚书》相同的三十四篇是可靠的材料，但是，从编纂的角度来看这个本子收录了比较完整的资料，包括今古文经师们的解说，托名孔安国传，所谓"研精覃思，博考群籍，采摭群言，以立训传，约文申义，敷畅厥旨，庶几有补于将来"。做出了一定的成就，这也是它能长期流传的原因，以"伪书"而否定其存在的做法，是不可取的。

另外，传世有《逸周书》六十篇，内容也是周代诰誓号令，有人认为是孔子所删百篇之余。其中不少内容与甲骨卜辞和铜器铭文相符合，也有经后人删改增饰之处，今本篇名下都有一个解字，是后人注解时所加。

《尚书》每篇都有序，是用编纂者的口气写的，传说的一百篇中，今天所能见到的只有六十七条，加上能够留传下篇题的，也不过八十一篇而已，所谓"百篇"书序，是汉代人把一篇分成数篇，凑足数目而造成的。如康诰、酒诰、梓材三篇，书序说是成王封康叔所作，而经文却称康叔为弟，与序不符；《韩非子·说林》引康诰的话，却在今本酒诰里；而汉代扬雄《法言》中讲到，"昔之说书者序以百，而酒诰之篇俄空焉，今亡矣夫？"可见西汉时所谓百篇书序中并没有提到酒诰篇名。

西周时代除了誓、诰、命等文件以外，还没有成文法典。东周的鲁太史克、晋国的叔向等人说：周有"九刑"，即《逸周书·尝麦解》所说的"刑书九篇"。《尚书·吕刑》也有"明启刑书胥占"的记述。1976年周原遗址出土的𤼈匜，铭文中有关于定刑的判词，减刑后如何，说明量刑当是有刑书作依据的，但是这类的材料并没有编入《尚书》。春秋战国时期各国陆续公布成文法，公元前536年郑国子产作刑书，《左传·昭公六年》记载郑人"铸刑书"，在这以后三十多年，邓析又作竹刑，该是书写在竹简上的刑书了，见之于文献记载的，还有韩国的《刑符》、楚国的《宪令》、齐国的《七法》等。

《诗》与《楚辞》

古代的诗歌，最初大都是口头创作，往往和音乐舞蹈结合在一起，即所谓载歌载舞。由于它是一种有节奏、有韵律的语言表现形式，便于记忆和传唱，在流传过程中又不断地经过选择和加工，于是形成了文字记录。这样记录下来的诗歌，当然不会是一个时代的作品，也不只是某一个地区才有。

根据汉代的文献资料，如《礼记·王制》记载，西周王朝"命太师陈诗以观民风"，诗歌要配乐，只有乐官，即太师懂得乐律，可以将这些形式不同，字句和声韵不一的诗，调整韵脚和句式，易土语为通用的雅言等等，使之成为整齐划一的诗篇。乐师们将祭祀时的颂歌、各地采集和公卿列士向周天子奉献的乐歌等，加工整理，选定了三百余篇最流行、最常用的，编成了《诗》三百篇，这部中国最早的诗歌总集。

正如"书"是一般文字记载的通称，在先秦时代又是《尚书》这部书的专名一样，"诗"一方面是诗歌的通称，同时它又是《诗》三百篇的专名。"三百篇"是举其总数而言，和今本收的篇数大体一致，是西周初期到春秋末期大约五百年间流传的诗歌的总集。《左传·襄公二十九年》记载，吴公子季札到鲁国，乐工们给他演唱了周乐，有周南、召南、邶风、鄘风、卫风、王风、郑风、齐风、豳风、秦风、魏风、唐风、陈风、郐风、小雅、大雅、颂等，差不多将今本《诗经》的内容都包括在内了，虽然未列篇名，而且季札的赞语与今本《诗经》有关部分的内容不合，但是大体轮廓是一致的。《左传》和《国语》中记载的诗歌有二百五十余处,百分之九十五以上的诗篇见于今本《诗经》,说明当时已经有了比较固定的本子,《左传》所引不见于今本的篇名,只有祈招、河水、辔之柔矣、茅鸱、新宫五篇。而河水可能即指考槃,取诗中"河水洋洋"之二字作为题目而已。这种引用诗题篇名的情况还有,如《后汉书·外戚传》称关雎为窈窕,也是摘取"窈窕淑女"句中二字为题。

《诗》三百篇的编纂,基本上是依地区划分,并以地名作为标题。所谓风、雅、颂三类,风是音乐曲调的名称,十五国风指十五个地区的曲调,共一百六十篇,包括周南十一篇和召南十四篇(均为周王畿的南方,今江汉一带)、邶风、鄘风、卫风共三十九篇(都是卫国的诗,在今河南北部和河北南部)、王风十篇(东周王畿,今河南洛阳一带)、郑风二十一篇(今河南中部)、齐风十一篇(今山东中部)、魏风七篇(今山西西南部)、唐风十二篇(今山西中部)、秦风十篇(今陕西中部)、陈风十篇(今安徽北部及河南东南部)、桧风四篇(今河南密县一带)、曹风四篇(今山东西南部)、豳风七篇(今陕西邠县一带)。

雅,是西周王畿境内的乐歌,正乐。周人尊夏,雅、夏古字相通。《墨子》引《诗·大雅》即称《大夏》,《国语·楚语》引小雅称之为《周诗》。大雅三十一篇,时代较早,小雅七十四篇,时代较晚,两者共一百零五篇。小雅中有六篇有目无诗,即南陔、白华、华黍、由庚、崇丘、由仪。一种说法认为这六篇是所谓"笙诗",即用笙吹奏的曲调,没有歌词;另一种说法则认为这六篇诗失传了。大雅和小雅都是以十篇为一组,以每组首篇题名,如鹿鸣之什、鸿雁之什等,其中有不少诗篇反映了周人部族的起源和创业的神话传说,以及武王伐纣、周公东征的史实。

颂,都是朝廷祭祀鬼神,或者赞美功德的颂歌,周颂三十一篇,鲁颂四篇,商颂五篇。《诗》三百篇绝大部分是周诗,商颂虽然是商代流传下来的颂歌,主要在宋国流传,也被看作是宋诗。

春秋时期,诸侯国之间交往频繁,斗争复杂,朝聘宴飨的场合往往采用诗歌作为外交辞令,士大夫们也往往在社会活动中引用诗句来美化语言,所谓"赋诗言志"、"不学诗无以言"指的就是这种需要。这种引用大都是断章取义,是赋诗者所言的志,而不是作诗者的原意。如晋国的赵孟到郑国,郑侯设宴招待,郑大夫子皮即席赋野有死麇之卒章,暗示晋国不要侵我边境,赵孟明白此意,于是赋棠棣,暗示郑、晋是兄弟之邦。引诗是用作隐喻。《诗》的编纂和流传,也正是为了适应这种学习辞令的需要。

《诗》三百篇,语言和词汇的运用非常丰富,诗中植物的名词有一百五六十种,鸟兽虫鱼也有一百多种,不仅名词,动词和形容词也很多,特别是出现了复合词,如光明、伤悲、改造、朋友、流亡、劳苦、艰难、饮食、经营等等。表现手法多种多样,主要是比和兴。

比,有明显的譬喻和比拟,如硕人中的"手如柔荑,肤如凝脂,领如蝤蛴,齿如瓠犀,螓首蛾眉"也有隐喻,如鹤鸣中的"他山之石,可以攻玉",比喻用贤治国。兴,是"先言他物,以引起所咏之辞"。是一首诗的开头,有时与正文无关,只是借眼前景物发端,情调上或者从韵脚上引出下文,如黄鸟三章的开头"交交黄鸟,止于棘",和下文三良殉葬事没有关联。

在结构形式上,多用四言句子,出现了重章叠句,有的表示事物进展,有的只是为了换韵,以便重复歌唱,增加抒情效果。

《诗》三百篇是中原地区文化的产物。南方的楚国在长期独立发展的过程中形成了特有的地方文化,宗教、艺术、风俗、习惯和中原地区有许多差异。春秋以来,楚国接受了中原文化的影响,同时也发展了它固有的文化传统,在此基础上产生了继《诗》三百篇之后出现的新的诗体,即楚辞,其代表作为屈原的离骚。

楚国巫风盛行,民间祭神时,巫觋载歌载舞,充满了原始宗教气氛。《楚辞》中丰富的神话传说题材即由此而来,例如离骚、九歌、天问、招魂诸篇中列举的神名和传说,在中原地区文献典籍里很少见到。《楚辞》运用的口语和方言,也形成了不同于《诗》三百篇的特殊风格。广泛的运用比、兴手法,如以男女比喻君臣,以驾驭比喻治理国家等等;广阔的历史背景,波澜起伏的思想感情;四句一章,字数参差不齐的体裁,每隔一句末尾加一个语助词"兮"等,都突破了《诗》三百篇的四言形式。

《楚辞》到汉代才编纂成书,连楚辞这个名称也是汉代人定的,在先秦时代只有单篇流传。屈原的作品见于《史记》本传的,有离骚、天问、招魂、哀郢、怀沙五个篇名。《汉书·艺文志》也没有著录《楚辞》书名,只有《屈原赋》二十五篇,除离骚以外的作品有九章,包括惜诵、涉江、哀郢、抽思、怀沙、思美人、忆昔日、橘颂、悲回风九篇,还有九歌十一篇,是屈原流放时所作,和祠神有关,所祠之神有东君、云中君、大司命、少司命、河伯、湘君、湘夫人、山鬼、东皇太乙,以及国殇(即为国战死者之神)。另外,天问一篇,对天地、日月、星辰、山川、神灵,一直问到楚国的先王先公,提出了一百七十多个问题。至于远游、卜居、渔父等篇,称屈原字而不称名,可能是那一时代楚人的作品。招魂一篇,司马迁《史记》中说是屈原所作,汉代王逸所作《楚辞章句》认为是宋玉所作。

屈原死后,除了宋玉以外,《楚辞》的作者还有唐勒、景差等人。他们的作品没有流传下来,银雀山汉墓竹简中有唐勒、宋玉论驭赋,只剩下残简断篇。王逸注《楚辞》时已不能分辨《大招》是屈原还是景差的作品了。汉代编定《楚辞》时还收入了当代人拟作,与今本篇目相同。

《礼》书由来

所谓《礼》书,是关于古代社会政治制度的文字记载编纂而成的书。在古代社会活动中的大事,例如祭祀、婚丧、朝聘、兵戎、农耕、狩猎等等,都要举行各式各样的仪典,参加仪典的人根据不同身份,使用不同的器物,规定不同的仪容和动作,逐渐地形成了一整套的制度和规程,叫作"礼制"。礼制是约定俗成的不成文的习惯法,必须遵守它的约束,以维护森严的等级差别,违反了则称为"非礼"。随着记事材料的出现,这种仪典也就有了文字的记录。

《论语·为政》记载孔子的一句话,说是"殷因于夏,礼所损益可知也;周因于殷,礼所损益可知也"。说明商、周以来存在着的各种仪典,在发展过程中有所增益和修改。孔子又说:"夏礼吾能言之,杞不足徵也;殷礼吾能言之,宋不足徵也。文献不足故也,足则吾能徵之矣。"可见夏代和商代的各种仪典和制度,在春秋时代已经找不到足够的文献加以证明了,包括在他们的后人杞国和宋国也是如此。至于西周的典章制度,在鲁国却有着丰富的材料保存。《左传·昭公二年》记载,晋国的韩宣子到鲁国聘问,"观书于大史氏,见《易》象与鲁《春秋》,曰:周礼尽在鲁矣。吾乃今知周公之德与周之所以王也。"这件事发生在公元前540年,韩宣子把他在鲁国太史那里看到的书,称之为周礼,认为从这些书中可以看出周公的功绩和贡献,以及西周王朝统治制度能够得以巩固的原因。所以,"礼"这个名词也不能简单的用仪典来概括得了。

"周公制礼作乐",是一个流传较久的说法。《左传·文公十八年》记载,鲁国的季文子也提到"先君周公制周礼"。应该说,西周初期周公执政的时候,确有他所制定的礼典和刑典存在,并且粗具规模,有了"郁郁乎文哉"的气象。《史记》中也说:周公"归在丰,作《周官》","周之官政未次序,于是周公作《周官》,官别其宜,作《立政》,以便百姓。"这里所说的《周官》早已亡佚,今本《周礼》虽然也讲设官分职的制度,但已非古书原貌,如封国之制、王畿之制,掺入了后人的思想,也不符合西周时代实际情况。但是,书中以天官冢宰(掌天下政务),地官司徒(掌邦教、土地、赋税),春官宗伯(掌管宗庙、祭祀),夏官司马(掌军政),秋官司寇(掌管狱讼、刑罚)、冬官(已佚,汉代补以《考工记》,所记为"百工"职称和生产法规),反映了西周时代的典章制度,文字用语可以和甲骨金文互相参照,非后代人所能杜撰。《尚书·立政》篇的内容,是周公告诫成王如何用人,设置什么官吏,记载了许多官名和职务,叙述西周官制颇详,但是也不易考定。至于先秦古籍中关于仪典活动的记载,当然也是不少的,如《尚书·顾命》篇记载了周康王即位时的朝礼,陈设、仪仗、仪式都极为隆重。《逸周书·世俘》篇叙述了周武王伐商后举行的献俘典礼。《诗经》中的一些篇章,有关于习射、宴饮、祭祀的描述。《左传》和《国语》中都有关于冠礼和丧礼的叙述等等。但是,一直到春秋时期,礼这个字的意义还是泛指一切文献和制度,而不是那一部礼书的专名。

《史记·儒林列传》记载:"礼固自孔子时而其经不具"。说明当时各种礼典还在实行,但是并没有编纂成书。孔子谈礼的地方很多,如"子所雅言,《诗》、《书》,执礼","不学礼无以立"等,也都是泛指。以后到荀子的时候情况就不同了。《荀子·劝学》篇说:"学恶乎始恶乎终?曰:其数则始乎诵经,终乎读礼。"从"执礼"到"读礼"的过程,反映了礼书在荀子那个时代已经陆续编纂成书了。

《荀子》书中就有不少礼书的篇章。

关于《礼》书编纂的唯一的文献记载,是《礼记·杂记》下篇所说的"哀公使孺悲之孔子学士丧礼,士丧礼于是乎书"。今本《仪礼》中的《士丧礼》篇,也就是在这时厘定成书,最早的是丧服传。在这以后孔门弟子和后学陆续编撰各种礼典,即今本《仪礼》中残存篇章和已经亡佚了的若干篇章先后成书,其具体成书年代则无从考定了。今本《仪礼》十七篇,从书名到篇次都是汉代人定的,汉代也有几种不同的本子,今本是郑玄用刘向《别录》所定的次序:士冠礼第一,士婚礼第二,士相见礼第三,乡饮酒礼第四,乡射礼第五,燕礼第六,大射礼第七,聘礼第八,公食大夫礼第九,觐礼第十,丧服第十一,士丧礼第十二,既夕第十三,士虞礼第十四,特牲馈食礼第十五,少牢馈食礼第十六,有司彻第十七。

礼书的编纂有与其他先秦典籍不同的特点,即往往整章整节是一个完整的仪注,有了比较完整的系统,正因为如此,也就很难就原文摘句征引。例如《墨子》书中的节葬、非儒、公孟三篇,引用《仪礼》时都是经过剪裁删节,概述其大意而已。《荀子》、《孟子》也征引《仪礼》,如《荀子》一书的《礼论》、《大略》诸篇,都是专门论述婚、丧、祭、飨诸礼的,前引《仪礼》之文,而后申以己说,当然也是对原文作了剪裁删节的。这种难以就原文摘句征引的情况,并不能否定礼书的存在,恰恰反映了它本身编纂上的特点。从篇题来看,《仪礼》在系统地记录一个个完整的礼节仪式的时候,篇题还是采用开头几个字作为标识的,但是已经注意到和内容密切相关,而不是毫无意义的了,说明这书编纂的时代也不可能太早。

礼书在编纂和传授的过程中,还有许多解释性的文句,即所谓的"记"。这里所说的不是今本《礼记》,今本《礼记》是汉代人编的论文汇编,其中有先秦的著作,但是在先秦时代这些解释礼书的

"记",大都附经而行,或单篇流传,并没有汇集成书。《仪礼》十七篇中有十二篇篇末都有附经之"记",有四篇虽未有"记"字,但有些章节不像经文,而似为解释性的文句。可见,"经"与附经之"记"本来并不是两种书,而是一种书的两个部分,凡是行文中不便插入正文的文句,就附在篇末作为附录。从武威旱滩坡出土的汉代《仪礼》简可以看到,经、记之间不仅没有标明"记"字,所标的符号与经文之间区分章节的符号相同,所以经、记之间也并没有严格的区分。先秦典籍中引用《易传》如彖、象、系辞的文句,往往统称之为"《易》曰",也是这个道理。至于《汉书·艺文志》著录的"七十子后学者所记"的百三十一篇,以及《明堂阴阳》三十三篇、《王史氏》二十一篇、《曲台后苍》九篇、《中庸说》二篇、《乐记》二十三篇、《孔子三朝》七篇等等,则是经过汉代儒者从不同的传授系统出发,搜罗先秦遗文片简,作了加工整理,其中包括了大量适应汉代统治者需要而撰写的文章,内容虽然还可以说是解释经所未明,补充经所不备,但是,反映的却是汉代编纂者的思想了。

《春秋》编年

中国的历史从西周时代的共和元年(公元前841年)开始,才有了确切的年代可考,也就是说开始有了逐年记载的历史文献材料。编年体史书的产生和发展,成为历代史书编纂的主要体裁之一。

为什么从西周共和元年开始?是在这以前还没有编年的历史记载,还是发生了什么重大的变乱,以致过去的编年记载材料都已经散失了?这是一个难以具体回答的问题。当然,编年纪事的形式不可能一下子凭空产生,甲骨文和青铜器铭文中的记事材料,一般都有时间记载,不过还没有十分系统而已。系统的编年材料,要依靠专职的史官记录,哪些事情记哪些不记都有一定的章法,按照时间的顺序排列,长期积累而成。西周共和元年确实发生过一次重大的政治事件,暴虐无道的周天子厉王被赶跑了,逃亡在外十四年,这十四年被称作共和行政。虽然人们还搞不清楚究竟是周、召二公共同执政,还是一位叫共伯和的掌了大权,终归是从这以后,中国社会有了一个大的变动。又过了七十年,周平王东迁,西周王朝倾覆了。陕西地区出土的一些青铜器窖藏,很可能就是那时一些王室贵族仓皇逃窜时所留下来的狼狈景象。在这以前的文献材料,也都荡然无存了。

《韩非子·说难》中讲到:"周宣王以来,亡国数十,其臣弑君而取其国者,众矣。"周宣王元年后于共和十四年,韩非所见到的材料,大致也在这个时间。汉代司马迁根据他那个时候掌握的材料,编入《史记》的《十二诸侯年表》，便是从西周共和元年开始。

现存的中国古代第一部编年体史书，鲁国史官的记载：《春秋》，则比西周共和元年还要迟一百一十九年。它从鲁隐公元年（公元前722年）起，记载到鲁哀公十四年（公元前481年）为止，共二百四十二年的历史。后人因此将这二百四十二年称之为春秋时代。

春秋时代王室衰微，诸侯争霸，出现了所谓"礼崩乐坏"，旧的社会制度面临崩溃的局面。在这期间，保存周礼最多的鲁国一共经历了十二位公的统治，其中：隐公十一年，桓公十八年，庄公三十二年，闵公二年，僖公三十三年，文公、宣公、成公各十八年，襄公三十一年，昭公三十二年，定公十五年，哀公记载到十四年，这是孔子去世的前两年。鲁国史官的这些记载，按时间先后顺序逐年排列，十二公各一篇，共十二篇。记载的内容主要是：战争、会盟、朝聘、灾异（包括日蚀、月蚀、星变、虫灾、地震、山崩、雨霜、雹冰、水旱、异鸟、陨石），以及祭祀、婚丧、筑城、宫室、蒐狩、土田等，所记史实可信，证据之一就是日蚀次数与现代科学家的推算大致相符合。

《春秋》一书虽然用的是鲁国纪元，记的却是各诸侯国的事。当时各诸侯国史官的记载都互相通告，"告则书，不告则不书"。重要历史事件各诸侯国的记载内容是一致的，所谓"名在诸侯之策"，可见是有编纂的通例。《春秋》这个名称以后也就成为各诸侯国编年记载的通名。《墨子·明鬼》中讲到的就有周之《春秋》、燕之《春秋》、宋之《春秋》、齐之《春秋》等，《墨子》一书的佚文中还讲到"百国《春秋》"。各诸侯国自己的史书还另有专名，晋国的叫《乘》、楚国的叫《梼杌》。《孟子·离娄》说："王者之迹熄而《诗》亡，《诗》亡然后《春秋》作。晋之《乘》、楚之《梼杌》、鲁之《春秋》，一也。其事则齐桓、晋文，其文则史，孔子曰：其义则丘窃取之矣。"事、文、义三者兼备,编年体的史书编纂,可以说是粗具规模了。

《春秋》名称的由来,有人认为是古代记事首先标明春、夏、秋、冬四时,从中节取春、秋两字作为书名;还有一种说法是:商代和西周时期,一年只有春、秋二季,甲骨文和青铜器铭文中都不见夏、冬字样,所以《春秋》即指一年内的记事。

《春秋》一书记载史事,一件事记一条,文句极为简略,和卜辞记载差不多。短的,一条只有一个字,最长的也不过四十余字,全书一共一万七千字。各条记载之间互相没有什么联系,只是按年、月、日次序排列。这叫作"记事者,以事系日,以日系月,以月系时,以时系年,所以记远近,别同异也"。(晋代杜预《春秋经传集解》序)编年体史书的雏形即是如此。由于它只是一个纲目,再加以失记和传写脱漏,有许多史实后人已经难以理解。

汉代人讲《春秋》这部书"属辞比事","属辞"是说内容方面讲究文法、修辞,如战争用"伐",杀人用"弑"等都有考究,不是随便用的。所谓"书法不隐",不过是史官记事约定俗成的惯例而已,《左传·宣公二年》记载:"孔子曰:董狐,古之良史也,书法不隐。"说明这是传统的义例。僖公二十八年"天王狩于河阳"的记载,明明是晋文公召集诸侯会盟,周天子不得不去参加,史官却从尊王的观点出发,记载说是去那儿打猎。这也是一种义例,义例并不是一成不变的常规,有时会因事因时而异。至于"比事",则是按年排比史事,起初比较简略。后世儒家将《春秋》尊之为经,将传授者所做的解释和补充称之为传,编年体史书的内容也因之丰富起来。

《汉书·艺文志》著录的《春秋古经》十二篇、经十一卷,前者指的是古文《左氏春秋》经,后者指的是《公羊传》和《穀梁传》所根据的今文《春秋》经。《左氏春秋》经文写到鲁哀公十六年孔子去世时为止,传文则写到鲁哀公二十七年出走到越国,还大略叙述了韩、赵、魏三家共同灭亡智伯,这已经是春秋时代以后几年的事了。

《左氏春秋》传文原来并不是解释《春秋》经的书。在形式上,《左氏春秋》传文也以鲁国的十二公为主,编年记事,写鲁国均称"我",写鲁君则称"公";不同的是《春秋》经用周历,《左氏春秋》传多用夏历,经文和传文不符的情况不少,经后人编纂的痕迹显见。无传之经有二十六年,无经之传更多,例如庄公二十六年,经文五条没有一条有传,传文三条与经文毫不相干。这和《公羊传》附经立传,经所不书传不妄发的情况截然不同。《左氏春秋》传文于隐公、桓公、庄公、闵公之间叙事较简略,最少的一年仅二三事,僖公、文公、宣公、成公之世则逐渐详细,襄公、昭公六十三年,内容却占全书二分之一。而且传文由或短或长的篇章组成,每一篇都独具特色,没有固定的格式,今本把它分别附在有关经文各条的后面,有的句子被经文隔断,而上下文语气仍然相连,这是经后人编纂的结果。《左氏春秋》传文虽然也是编年记事,有许多地方却以事件为中心,每事自为一条,不仅记载了事件的发生及其结果,还叙述了完整的发展过程,如"郑伯克段于鄢",就是将三十余年的事合记为一篇。在叙述中有所议论,则加"君子曰"如何如何,内容为编者的意见,或引用古代贤哲话语,对人或事进行评论褒贬,或者解释经文的含义。

《左氏春秋》传文的编撰者是谁?也是一个有争议的问题。《史记·十二诸侯年表》说是"鲁君子左丘明",从《论语》的记载看,左丘明与孔子是同时代的人,或不迟于孔子,《左氏春秋》传文叙述到鲁哀公二十七年,距孔子之卒已十一年。当然先秦典籍在流传过程中有后人补入的篇章,或者窜入的文字都是可能的。近代学者也有以"左氏"为地名,后人用地名作书名,如《齐诗》、《鲁诗》的情况也是有的。《左氏春秋》传文后人简称《左传》。

战国时代有许多人钞撮《春秋》成书，如《史记·十二诸侯年表》序中讲到的："铎椒为楚威王傅，为王不能尽观《春秋》，采取成败，卒四十章，为《铎氏微》。赵孝成王时，其相虞卿上采《春秋》，下观近世，亦著八篇，为《虞氏春秋》。"这里所谓《春秋》，都是指《左氏春秋》。《韩非子》书中引用过《桃左春秋》等。可见，《春秋》之名也是这一类书的一个通称而已，这些书大都已经亡佚无考。

正如记言和记事的体裁并不能截然分开一样，编年体的史书从它产生和发展的情况来看也并不是孤立的存在的。开始有史官的编年记载，这是原始的史料。孔子"因史记作《春秋》"进行过加工整理；左丘明或其他什么人又加以补充，丰富其内容；铎椒、虞卿等人再加以节录、改编。材料越来越丰富，形式也多样化起来，在那百家争鸣的时代，流传着的当然不可能只是一种形式的本子。

《左传》被称作《春秋》内传，而另一部《国语》则被称之为《春秋》外传，两者之间有着密切的关系。两者叙述同一时代的史实而又各有特色，《国语》以记言的材料为主，编纂形式上按国别分类，其中周语三篇、鲁语两篇、齐语一篇、晋语九篇、郑语一篇、楚语两篇、吴语一篇、越语两篇。各篇内容不相联属，文字风格也不相同，并非出于一人一时之手。《周语》叙述周穆王到周敬王时事，与《左传》时间不合；而《晋语》则与《左传》重复，凡叙述同一件事，《左传》的文字经过修饰；《齐语》叙述齐桓公事，与《管子·小匡》篇相同；《郑语》记桓公与史伯对话；《吴语》、《越语》专记夫差与句践事，《越语》下篇专记范蠡的活动。

《国语·楚语》中记载申叔时所列举的教导太子必读的书，首先就是《春秋》和《世》。《世》，后人称之为《世本》，《汉书·艺文志》著录：《世本》十五篇，"古史官记黄帝以来讫春秋时诸侯大夫"。这是一种专记世系谱牒的书，早已亡佚，根据诸书征引，知道它的内容有:帝系、世家、传、谱、都城居处、器物发明等,佚文中有"今王迁"字样,学者认为是战国晚期赵王迁时所编定。司马迁根据这类材料编为《三代世表》,他所创立的纪传体史书,当是脱胎于此。

孔子与六经

古代"学在官府",文字记载材料由王官掌守,世代相传,作为档案材料保存,不允许向外流传。《吕氏春秋·先识》记载:夏太史令终古"出其图法,执而泣之",殷内史向挚"载其图法,出亡之周",晋太史屠黍"以其图法归周"。即使在王朝兴替之际,这些掌管图法的史官们也并没有把文献资料散失。

春秋时代后期,宗法世袭的社会制度发生了变动,许多史官已不能保持原来的禄位,他们掌管的图籍文献也逐渐流散在外。例如畴人,原来是世世代代掌管天文、历法的史官,《史记·历书》记载:"幽、厉之后,周室微,陪臣执政,史不记时,君不告朔,故畴人子弟分散,或在诸夏,或在夷狄。"《论语·微子》记载了鲁国乐官四处流散的情况:"太师挚适齐,亚饭干适楚,三饭缭适蔡,四饭缺适秦"。《左传·昭公十七年》记载:孔子在年轻的时候,曾经向郯国的国君请教过一些历史知识,回来后向别人说:我听说"天子失官学在四夷",看来果然如此。[①]

原来由王官掌管的文献资料流散在外,这就为民间的私人讲学创造了条件,学术思想的风气有了很大的转变。孔子是一个重视古代文献资料的政治活动家和教育家,他利用这些文献资料来传授弟子,先秦文献资料中最重要的典籍,如《易》、《书》、《诗》、

[①] 孔子,名丘,字仲尼,春秋时鲁国陬邑(今山东曲阜)人,生于鲁襄公二十二年,卒于鲁哀公十六年(前551—前479),生平事迹见《史记·孔子世家》。

《礼》、《乐》、《春秋》,后人称之为六经的,都和孔子有着密切的关系。当然,这些书在孔子的时代并未称之为经,最早的有关记载是《庄子·天运》中孔子对老子说的:"丘治诗、书、礼、乐、易、春秋六经,自以为久矣。"但是,所谓经,在当时也是书籍的泛称而已,如《墨经》、《道经》,医书有《内经》、《难经》,《国语·吴语》中的"挟经秉枹"则是指的兵书而已。

对于孔子和六经的关系,从两汉到清代经学家们争论了两千多年,主要是这些古代典籍是否孔子所作,或者经过孔子编纂整理删削?是孔子"托古改制",还是"述而不作"?各有所据,聚讼纷纭。现在看来,有几点是可以得到公认的了。

首先,上述古代文献资料,所谓"先王之陈迹",绝非撰于一人,成于一时。

其次,在孔子的时代,这些文献资料有所散失,篇章不一。孔子是鲁国人,鲁国是西周文化保存最多的地方,但是,孔子已经慨叹地说,他能讲述夏代和商代的礼,可惜文献资料不足,无法证实。

第三,孔子以六经为教。是否删诗、书,定礼、乐,修春秋,述易道,虽无确凿根据,但是两千年来,这些儒家经典都是依托孔子的名义,在长期的封建社会中,占据着思想上的统治地位,其所产生的影响是相当深远的。

第四,流传到今天的实际上只有"五经",《乐经》本来就没有书还是已经亡佚了,这是有争议的一个问题,而"五经"也早已不是它的原貌。因此,需要通过对它流传和改编的过程加以分析,找出线索;也有待于地下考古资料的新发现,来揭开这难解的古史之谜。

从现有的记载孔子事迹和言论的资料看,孔子和六经有着密切关系,编辑整理删定六经并非一人之功。孔子以六经传授弟子,有些解释和议论经弟子记录整理,辗转相授,不断补充,于是有传、记、说等不同形式,与经相辅而行,从而使经也得以传习滋广。从这个意义上来说,孔子是历史上已知的最早的书籍编纂者,开山之功不可没。

关于《诗》,《史记·孔子世家》记载:"古者,《诗》三千余篇,及至孔子,去其重,取可施以礼义,上采契、后稷,中述殷、周之盛,至幽、厉之缺,始于衽席,故曰:关雎之乱以为风始,鹿鸣为小雅始,文王为大雅始,清庙为颂始。三百五篇孔子皆弦歌之,以求合韶、武、雅、颂之音。"孔子究竟删过诗没有,很难考定,值得注意的是这里讲的"去"、"取"二字,实际上是选诗,"取可以施于礼义"的诗作为传授弟子的主要教材,选并不改变原诗的内容和形式,只是要求"皆弦歌之",即配以一定乐曲。孔子说过:"吾自卫返鲁,然后乐正,雅、颂各得其所。"当时的本子,篇章次序有错乱,经过孔子整理,这是可信的。选诗的目的,从《论语》等书的记载可以推知,即:"小子何莫夫学《诗》,诗可以兴,可以观,可以群,可以怨,迩之事父,远之事君,多识于草木鸟兽之名。"他认为:"《诗》三百,一言以蔽之,曰思无邪。"孔子对于三百篇的编纂是不带偏见的。他口述的一些对于《诗》的解释,由弟子们口耳相传,以后才见之于记录。

孔子在世的时候,《诗》、《书》流传都有残缺。《史记·孔子世家》说:"孔子之时,周室微而礼乐废、诗书缺,追迹三代之礼,序书传,上纪唐虞之际,下至秦缪,编次其事。"《史记·三代世表》说:"孔子次《春秋》,序《尚书》。"这里所说的"序"、"次",本来都是编次的意思。后来,《汉书·艺文志》讲到这件事的时候,说是:"《书》之所起远矣,至孔子纂焉,上断于尧,下迄于秦,凡百篇而为之序,言其作意。"不但说孔子所编纂的《书》有一百篇,每篇还写了序,则没有什么根据。《论语》记载孔子言行,没有讲到百篇《书》序的事,书中引用的"《书》云孝乎,惟孝友于兄弟"(《为政》篇),"《书》云高宗谅阴,三年不言"(《宪问》篇)这些文句也不见于今本《尚书》二十九篇,可见孔子所编次的《书》与今本并不相同。

汉代王充《论衡·须颂》中讲到:"问说《书》者,钦明文思以下,谁所言也?曰:篇家也。篇家谁也?孔子也。"这也是汉代人对孔子编纂《书》的看法,称之为"篇家"。

孔子晚年喜欢读《易》,"韦编三绝"。"韦"编的意思,旧注说是牛皮绳子,但是从未发现过实物,也有人以为只是经纬的意思,泛指编绳。"三绝"所指,可能不是编绳断了三次,《尔雅·释器》中有"革中绝",应理解为从中间分开,所以这里说的也许是孔子把《周易》分作三篇而已。《论语》还记载孔子说过:"假我数年,五十以学《易》,可以无大过矣。"对这句话的理解也有争议,有一种本子以"五十以学"断句,"易"字作"亦",连下读,意思就不同了。《史记·孔子世家》记载:孔子"序彖系象说卦文言",也有不同看法,如"系"字是否指系辞等。这些所谓易传,后人说是孔子所作,从易传中引用"子曰"的话来看,证明它与孔门后学有关。孔子读《易》,口述的易学微言经门人弟子整理,陆续著之于竹帛,《史记》、《汉书》都记载了《周易》的传授世系,从孔子的弟子商瞿到汉代易学大师田何,传者不绝。

至于礼书,在孔子的时代虽然有各种礼典在实际执行,并没有编纂成书。《论语》中讲到礼,泛指典章制度,只说孔子"执礼",《史记·儒林列传》也说:"礼固自孔子时而其经不具。"都说明了这种情况。《礼记·杂记》有一段记载,"哀公使孺悲之孔子学士丧礼,士丧礼于是乎书。"孔子是在鲁定公时离开鲁国,流亡在外十四年,大概在鲁哀公十一年回到鲁国,到鲁哀公十六年去世。孺悲向孔子学士丧礼,以后又厘订成书,应该在这段时间之内,以后孔门弟子续撰,今本《仪礼》中的有关篇章才陆续问世。

《左传·成公十二年》讲到："《春秋》之称，微而显，志而晦，婉而成章，尽而不汙，惩恶而劝善，非圣人孰能修之。"并没有指明圣人是谁。到《孟子》书则明确讲孔子"作《春秋》"。《史记·孔子世家》说，鲁哀公十四年西狩获麟以后，孔子"因史记作《春秋》"，这是他临去世前两年的事。又说孔子作《春秋》，"笔则笔，削则削，子夏之徒不能赞一辞。"这个子夏是孔子弟子，曾受命赴周室"求周史记，得百二十国宝书"。收集到一批类似《国语》的文献资料。但是，《论语》中并没有记载过孔子修或作《春秋》的事。《史记·十二诸侯年表》记孔子"西观周室，论史记旧闻，兴于鲁，上记隐，下至哀之获麟。约其辞文，去其烦重，以制义法，王道备，人事浃。七十子之徒口授其传旨，为有所刺讥褒讳挹损之辞不可以书见也"。《春秋》是孔子传授弟子的主要课程之一，所谓"约其辞文，去其烦重"，也不一定是对史官记录作什么删改，而是撮述其微言大义而已。《春秋公羊传》曾记载了孔子的一件事，他读鲁史昭公十二年"齐高偃帅师纳北燕伯于阳"一句，知道"伯于阳"是"公子阳生"之误，旁边的人问他，既然知道错了，为什么不改？孔子的回答是："如尔所不知何。"古籍传抄错误之处很多，不能臆测妄改，不然不知道的改错了怎么办！所以采取审慎的态度，口头传授。这也可以说是对孔子曾否作或修《春秋》的一个间接的答复。

先秦诸子书

先秦诸子书的一个共同特点,都不是一人一时之作,而是某一学派著作的汇编,类似今天的丛书性质。古代学在官府,王官失守,学术流散,才有了诸子百家的兴起。最初是孔墨显学的创立,以后"儒分为八,墨别为三",百家争鸣,各放异彩;随着社会政治的发展趋势,学术上也有了综合和统一的要求,于是出现了"采儒墨,兼名法"的所谓杂家。正如《周易·系辞》所说:"天下殊途而同归,一致而百虑。"先秦诸子所留传下来的文献资料,大致在战国到秦汉时期陆续编纂成书,著之于竹帛。

先秦诸子书大都题名某子,但是内容并不是某一个人的著作。从篇题看,最初的形式是摘取首章数字以作标识,无所取义,以后逐渐地发展到篇题可以概括全篇的内容。从编纂体例来看,先是没有系统完整的体例,以后有的分为内篇、外篇,有的列为经传解说,最后发展到专题的论文汇编。这是一个新旧杂陈的过渡阶段。

记录孔子言论和事迹的最可靠的书是《论语》。《论语》这个书名到汉代才有,先秦诸子书中征引时只称"孔子曰",从来没有用过《论语》名称。先秦诸子书都是以人命名,以义命名的也没有先例。汉代人引用这书中子夏、子贡、有若、曾子等人的话时,也称之为"孔子曰",可见这里所谓"孔子",应该是书名。今本《论语》是经过汉代人整理编纂的,共二十篇,《汉书·艺文志》著录:"《论语》者,孔子应答弟子、时人及弟子相与言而接闻于夫子之语也。当时弟子各有所记,夫子既卒,门人相与辑而论纂,故谓之《论语》。"正是由于弟子各有记载，汇集成书，成于多人之手，先后年代相差恐不止三五十年，所以内容也有先后重出现象，如"巧言令色鲜矣仁"句，一见于学而篇，重见于阳货篇。从篇题来看，如学而第一、为政第二等，既不是完整的短语，也不能概括全篇内容，各篇之间也无一定联系。这是一种早期的资料汇编的风格。前十篇的文体包括对孔子的称呼，与后十篇有差异。前十篇中，九篇内容记言的成分较多，乡党第十记孔子的生活事迹，这是最初编成的痕迹，也就是后人称之为"上论"的部分。后十篇称"下论"，子张第十九所记都是孔门弟子的话，与其他各篇也不相同，尧曰第二十先记古代帝王言论事迹，最后又回到门人问答。此书根据记录和传闻笔录成书，有许多格言式的警句，门弟子对孔子怀着敬仰的心情，叙述中描述了孔子的音容笑貌，生动地反映了孔子的性格。也有传闻异词之处，如"子畏于匡"，述而、子罕两篇所记各有不同。

《孟子》书，大约在孔子死后一百年时出现，编纂体例和《论语》大致相同，也是语录问答体，但是形式和内容都有很大发展。书中不仅记载孟子的言论，而且文字成篇，首尾一致，因事为文，即文成章，从问题的提出到辩论的展开，有关人物对事件的不同看法和态度，双方的口气和表情都有所描述。但是各章之间并没有一定的逻辑联系，篇名也和《论语》一样，撮取每篇第一句的几个字作为标识，无所取义。《汉书·艺文志》著录：《孟子》十一篇，今本只有七篇，各分上下。东汉时赵岐作《孟子章句》，题辞中说："又有外书四篇，其文不能弘深，不与内篇相似，似非《孟子》本真，后世依而托之也。"赵岐只注了内书七篇，外书四篇就散佚了。赵岐注释，每章之后附有章指，概述全章大意，这种做法叫作"具载本文，章别其指"。

《孟子》一书的编纂者，《史记·孟荀列传》记载是孟子本人"退而与万章之徒序《诗》《书》，述仲尼之意，作《孟子》七篇"。实际上书中对于孟子所见的梁惠王、齐宣王、滕文公等人都称谥号,孟子的弟子乐正子、公都子都称之为子,可见应是门弟子所纂辑。所记问答以公孙丑、万章二人为多,而且直接称名而不称子,编纂者可能即公孙丑与万章。

《墨子》书,《汉书·艺文志》著录为七十一篇,今本存五十三篇。这书应该说是墨家思想的丛著,五十三篇的性质、体裁并不一致。今本《墨子》第一部分中亲士、修身、所染三篇非墨家言,法仪、七患、辞过、三辩四篇记墨子之言,但已铺排成篇,与《孟子》体例类似。第二部分尚贤至非命十篇,每篇又各有上、中、下篇,内容基本相同,都是以"子墨子之言曰"开始,证明为弟子所记。墨子死后,有相里氏之墨、相夫氏之墨、邓陵氏之墨三家,各有所记,编纂成书时合在一起是可能的,所以每篇都有三种传本。第三部分包括经上、下,经说上、下,大取,小取共六篇,一般称之为《墨辩》或《墨经》,与其他各篇迥不相同,在简册上经和经说原来是分上下两栏书写的,应该用旁行读法,读完上栏再回到第一简读下栏,传抄中造成讹误错乱,以致不能句读。第四部分耕柱、贵义、公孟、鲁问、公输共五篇,记墨子言行,体例类似《论语》,篇题摘取首章文字,无所取义,可能是《墨子》各篇中成书最早的。第五部分备城门等十一篇,主要讲防御战术和守城工具。《汉书·艺文志》著录兵技巧十三家,百九十九篇,注称"省《墨子》重",可能即指上述篇章。

《管子》书是齐国"稷下学宫"学者的论文汇编,归到了协助齐桓公成就霸业的管仲名下,内容比较复杂,儒、道、名、法著作,阴阳家手笔都有收录。司马迁在《史记·管晏列传》中说"吾读管氏牧民、山高、乘马、轻重、九府及《晏子春秋》",只提到五个篇名,刘向整理编定的本子八十六篇,刘歆的《七略》则说是十八篇,原本什么样子难以考证。今本有七十六篇,目录则仍为八十六篇。很多篇有正文又有解释，两者却没有编在一起，有的正文完整而解释却只有一部分，如第四篇立政中有九败一段，第六十五篇为立政九败解。《管子》书中有牧民、形势、立政、版法、明法五篇，又有牧民解、形势解、立政九败解、版法解、明法解五篇，则后者应为《管子解》而非《管子》原书。书中有管仲遗说是应该肯定的，如大匡、中匡、小匡等篇记载了齐桓公任用管仲的事迹，与《国语·齐语》的记载一致，轻重各篇采用了桓公与管仲问答的形式等等。

和"稷下学宫"学士们有关的还有一部《晏子春秋》，记载晏婴言行，同样地并非出于晏婴手笔。全书八篇，二百一十五章，其中有一百六十一章称齐景公谥号，齐景公死于晏婴之后十年，成书时间当在此后。书中所述晏婴事迹，有史实，也有明显的夸大和虚构之处，接近于历史小说性质，大概是根据齐国史书和民间传说编撰而成。有些事迹散见于先秦诸子书，以及汉代所编《说苑》、《新序》等，所以有人疑为后世伪作，但是从文字对照来看，《晏子春秋》所记较他书内容丰富，情节详细，语言风格古奥朴实。银雀山汉墓竹简中有近百枚《晏子春秋》简，共十六章，散见于今本八篇之中，文字基本相同，可见其确系先秦古籍无疑。

《老子》其人其书，也是历来都有争议的，一般认为是与孔子同时代的老聃的语录。但是，《老子》与《论语》、《孟子》的记言体不同，不加"老子曰"，也不是问答体，只是条记格言，而且采取了韵语形式，接近于《周易》一书的系辞、文言。《汉书·艺文志》著录《老子邻氏经传》、《老子傅氏经说》、《老子徐氏经说》，以及刘向的《说老子》等四种传注，本书反而没有著录。今本八十一章，分上下两篇，上篇为《道》，下篇为《德》，"言道德之意"故又名《道德经》。马王堆帛书《老子》有甲乙两种本子，《德》在前，《道》在后，编次与今本恰恰相反。《老子》书的内容多并见于《庄子》，都是后学杂采集录而成。

《庄子》书,《汉书·艺文志》著录为五十二篇,今本存三十三篇,分作内篇、外篇、杂篇。各种本子的内篇是一致的,包括逍遥游、齐物论、养生主、人间世、德充符、大宗师、应帝王,共七篇,题目都是三个字,比较少见,内容有的也不切题,这类标题在汉代的《春秋繁露》以及纬书中则多见,可能有一定的渊源关系。另外,《史记》中提到的渔父、盗跖、胠箧等却不在内篇。外篇有骈拇、马蹄、在宥等十五篇;杂篇有庚桑楚、徐无鬼等十一篇,都是摘取篇首二三字题名,无所取义。天下篇是全书后序,推崇内圣外王之道,与内篇的思想不合,最后又缀以"惠施多方"一段,与前面所述体裁不同,可能原来是单独成篇的。

《荀子》书,《汉书·艺文志》著录为《孙卿子》三十三篇,今本为三十二篇,首篇为劝学,末篇为尧问,命篇排次仿照《论语》的次序,但是篇题大都有一定含义,而内容也多为长篇议论,和《论语》、《孟子》均有所不同。其中成相篇共分五章,是韵文作品,即盲乐人弹唱的鼓辞,每章换十一次韵,末章多一韵。每章先是三字句,然后是七字、十一字,每句都押韵。《荀子》中其他韵文作品还有赋五篇,诗一篇。

《韩非子》书,《汉书·艺文志》著录:《韩子》五十五篇,与今本同。《史记》本传记载,"韩非作孤愤、五蠹、内外储、说林、说难十余万言",本是各自为篇,韩非死后编纂者汇编成书,掺入他人言论,如第一篇初见秦,与《战国策·秦策》所载张仪的说词相同。有些篇章也不一定是韩非所作,如饬令篇与《商君书》靳令篇同,有度篇与《管子》明法篇同。喻老篇的体裁与《淮南子》道应篇相似,两篇所解释的老子语又无重复,可能本来是一篇,分别被收入两书。《韩非子》书还包括韩非所收集记录的一些资料,用说林、内外储说为题，并分左右上下，说明了是资料汇编的性质，其中储说还分别用经和说，有提纲有说明，分清主次，编纂比较系统。

《韩非子》五蠹篇讲到，"藏商、管之法者家有之"。《汉书·艺文志》著录：《商君》二十九篇，今本只有二十四篇，《韩非子》定法篇所引商君之法就不见于今本，这说明今本《商君书》也是后世缀集而成，"书"字为后人所加，全书文笔首尾一致，似出一人之手。

《汉书·艺文志》著录的兵书，在权谋类中有《吴孙子兵法》八十二篇，《齐孙子》八十九篇，前者指春秋时代的孙武，后者指战国时代的孙膑。今本《孙子兵法》十三篇，是孙武的兵法。《史记》记载吴王阖庐对孙武说："子之十三篇，吾尽观之矣"。司马迁评论说："世俗所称师旅，皆道《孙子》十三篇，吴起《兵法》，世多有故弗论。"可见古本如此。今本十三篇，始于计、作战、谋攻、形，其次是势、虚实、军争、九变、行军，最后则为地形、九地、火攻、用间，分篇名题，先后次序很有系统。孙膑的兵法则早已失传。孙武事迹不见于《左传》，书中所述战争规模、军制等又都近于战国时期情况，有人怀疑为后世所作。银雀山汉墓竹简中既发现了十三篇的内容，又有关于孙膑事迹的篇章，如禽庞涓、威王问等，整理者遂分别编为竹简本《孙子兵法》、《孙膑兵法》二书。《孙子兵法》十三篇据篇题木牍，编次与今本有出入，另外还有不见于今本十三篇的佚文，如吴问、黄帝伐赤帝、地刑二、四变、见吴王等五篇。竹简中并无"膑"字，孙武、孙膑均称之为孙子，既然是"世传其兵法"，经过不断地补充编纂，到了汉代由原来的十三篇发展到八十余篇，并且从中分出了《齐孙子》并不是不可能的。兵法是兵书的通称，《史记》中所称引的"兵法"，虽然都是今本《孙子兵法》的文句，但是《孙子兵法》这个书名并不见于当时的文献记载。

银雀山汉墓竹简中还有一部分兵书，与今本《尉缭子》、《六韬》

部分内容相同,但是又明显的不是足本,也不能肯定其结构是否一致,如篇题木牍中有守法、守令等十三篇,其中兵令篇与今本《尉缭子》兵令篇相合,而简册形制和书体却与同时出土的《尉缭子》其他各篇并不一致;又如王兵篇的内容散见于今本《管子》书中的参患、七法、地图各篇。先秦诸子书中类似的情况是很多的,经过从战国到秦汉时期一段相当长的时间的积累和编纂整理,著之于竹帛。当时编定的本子原貌如何,是否就是留传到今天的样子很难确定。上述先秦诸子书是有代表性的、影响较大的、今本比较完整的部分,虽然记载的是某人的言论和事迹,冠以某子的书名,实际上并不是一人一时之作,有时是将同一学派或者世代相传不断有所增益的材料纂辑在一起,有时则混入他人的作品。时代变了,原来的学派不再存在,书籍无人传抄,自然亡佚,这类的书很多。残存篇章、文句或目录,后人搜罗补缀,或者编入他书的情况也不少,如《曾子》书,《汉书·艺文志》著录为十八篇,残存在《大戴礼记》中,自修身至天圆,凡十篇。原书已佚,其他书介绍其要点者,如《孟子》书谈许行,《庄子》书谈惠施等更多。由于种种复杂原因,先秦诸子书具体成书年代也是难以考证的了。

从《吕氏春秋》到《淮南子》

《吕氏春秋》成书于战国晚期,秦始皇统一全国的前夕;而《淮南子》则成书于汉武帝初年,西汉帝国已经存在了将近一个世纪,即将达到它的最繁荣时期。把这两部书放在一起来谈,虽说是打破了时代的界限,但是,这两者之间却有着一脉相承之处,都是适应了先秦诸子由"百家争鸣"到互相交融合流的趋势,以及政治上全国统一局面的需要而编纂的;在《汉书·艺文志》中,这两部书都被作为"杂家"著录;编撰的方式都是招致宾客,集体编著。特别值得提出的是,先秦诸子书都是将同一学派的著作编在一起,虽然题名为某子,却不是一人一时的著作,而且编纂者也没有一定的系统和体例,由于篇章单行,抄集在一起的时候,同一篇作品抄进不同的集子的情况是常有的。从《吕氏春秋》到《淮南子》,开始有了编纂体例比较系统、结构比较完整、各篇字数大体均衡的书。

《汉书·艺文志》著录:《吕氏春秋》二十六篇,秦相吕不韦辑智略士作,列在杂家。① 《史记·十二诸侯年表》说:"吕不韦上观《尚书》,删拾《春秋》,集六国时事,以为八览、六论、十二纪,为《吕氏春秋》。"这部书的内容,"诸子之说兼有之",兼儒墨,合名法,并不等于没有自己的中心思想和政治主张,实际上是兼收并蓄,集众家之长,超出学派的门户之见。在编纂方面也不是杂凑成书,而是有所

---

① 吕不韦,阳翟(今河南禹县)人,生年不详,卒于秦王政十二年(前235年),生平事迹见《史记·文信侯列传》。

取舍,形成了新的思想体系,与其他先秦诸子书相比,在体例上有着明显的特点。

十二纪,是这部书的主要部分。按一年春夏秋冬四季各分孟、仲、季记时令,即按十二个月排列,每月头一篇讲天地之道;后附四篇讲人事,这是当时阴阳五行学说盛行的影响,书名也正因十二纪而定名曰《吕氏春秋》。这种编法是按照春夏秋冬的自然规律,说到社会、人事,规定君王什么时候干什么事,遵循自然规律,即所谓春令言生、冬令言死、夏令言乐、秋令言兵,春生夏长秋收冬藏之意。十二纪共六十篇,另附序意一篇,序意中说:"凡十二纪者,所以记治乱存亡也,所以知寿天吉凶也。"并没有涉及八览、六论,看来纪、览、论原来是各自为书的,古人书成后作序,序放在全书之末,序意只是十二纪部分的序,三者合为一书后,序意就夹在中间了。

八览包括有始、孝行、慎大、先识、审分、审应、离俗、恃君,每览又分八篇,共六十四篇。有始览缺一篇,今本存六十三篇,所缺残篇可能错简为序意的末段文字。八览每览有一个中心思想,也比较系统。司马迁说"不韦迁蜀,世传《吕览》",说明它与十二纪并非一时之作。

六论包括开春、慎行、贵直、不苟、似顺、士容,每论六篇,共三十六篇,形式也是很整齐的,但内容仅是简单地归类。最后收有农家之言四篇:上农篇侧重理论,任地、辨土、审时三篇则着重于技术,分述尽地力、辨土壤、审时宜的方法。先秦农家学说最著名的代表是许行,他的言论只在《孟子·滕文公》中略有叙述;《汉书·艺文志》著录的《神农》二十篇、《野志》十七篇都已亡佚,农家书留传下来的只有收入《吕氏春秋》的这四篇,这四篇文句典奥,与其他各篇不同,自成体系。

《吕氏春秋》编纂的时间,根据序意所述:"维秦八年,岁在涒滩,秋甲子朔,朔之日,良人问十二纪"。关于"维秦八年",传统的说法是秦王政八年(公元前239年),但是按照太岁纪年,涒滩应为申年,而秦王政八年为壬戌年,清代孙星衍考证,秦庄襄王灭周后第二年为癸丑年,至秦王政六年为庚申年。所以,"维秦八年"指的是秦灭周以后的第八年,即秦王政六年(公元前241年),这距离秦始皇统一全国的时间不过二十年。当时,吕不韦任秦相,封十万户,号文信侯,是煊赫一时的人物。他门下招致的宾客游士有三千人,"吕不韦乃使其客人人著所闻,集论",编成了这部"二十余万言,以为备天地万物古今之事"的巨著。吕不韦并不是因为这些门客吃饱了饭没事干,才让他们记录自己所闻,集体讨论并编撰成书,而是"欲以并天下",为全国统一作思想准备,损益先王之礼而作,以宣传他的政治思想和主张。成书之后,在首都咸阳市门公布,并且悬赏征求意见,有能增损一字者,奖赏千金。是不是如后人所说,当时人们畏惧相国权势而不敢提意见呢?不能肯定。但是,这种作法对于吕不韦当时那种踌躇满志的心情,是反映得活龙活现的。书中对秦始皇是有所讥刺的,这是一场尖锐的政治斗争,结果吕不韦失败了。文献资料中记载他的事迹也不无微词,但是,《吕氏春秋》这部书却经过两千多年时间,完整地保存了下来。

《淮南子》一书及其主编者刘安[①]的命运,与《吕氏春秋》极其相似,虽然时代已经不同了。西汉初期,统治者崇尚黄老之学,淮南王刘安"招致宾客方士数千人",著书立说,编成了这部"观天地之象,通古今之事"的《淮南子》,其目的则是以道家思想来总结先秦诸子

---

① 刘安,西汉淮南厉王刘长的儿子,生于汉文帝元年,卒于元狩元年(前179—前122),《史记》卷一百一十八、《汉书》卷四十四有传。

学说。这部书和司马迁的《史记》是西汉时代篇幅最巨的两部书,扬雄在《法言》中每以两书并举,认为它包罗万象,而并不芜杂。

刘安是一个有才学的人,《汉书·艺文志》著录他的作品有:《淮南道训》两篇,《淮南内》二十一篇,《淮南外》三十三篇,《淮南杂子星》十九卷,《淮南王赋》八十二篇,《淮南王群臣赋》四十四篇,《淮南歌诗》四篇,除今本《淮南子》二十一篇外,其余都已亡佚。参与编书的是,"苏飞、李尚、左吴、田由、雷被、毛被、伍被、贾昌等八人,及诸儒大山、小山之徒,共讲论道德,总统仁义,而著此书。"各篇目录为:原道、俶真、天文、地形、时则、览冥、精神、本经、主术、谬称、齐俗、道应、氾论、诠言、兵略、说山、说林、人间、修务、泰族,最后一篇为要略,相当于放在全书之末的后序,叙述了各篇制作的缘由,互相之间的联系。从而说明了全书编纂有着周密的计划。要略中纵论先秦诸子,讲到"若刘氏之书,观天地之象,通古今之论,权事而立制,度形而施宜,原道之心,合三王之风,以储与、扈冶、玄渺之中,精摇靡览,弃其畛絜,斟其淑静,以统天下,理万物,应变化,通殊类,非循一迹之路,守一隅之指,拘系牵连之物,而不与世推移也,故置之寻常而不塞,布之天下而不窕"。口气是很大的。实际上这是西汉初期几十年间盛行的黄老学说的代表作,只不过没有假托黄帝之名而已。

建元二年(公元前139年),刘安将《淮南子》一书献给朝廷,刚刚即位不久的汉武帝"爱而秘之",过了几年,好黄老之学的窦太后去世,武安君田蚡为丞相,黜黄老刑名百家之言,独尊儒术。最后,悲剧终于发生,刘安以谋叛失败而自杀。

为《吕氏春秋》作注的,自汉代以来唯有高诱[①]一家。值得注

[①] 高诱,涿郡(今河北涿县)人,史书无传。

意的是高诱除了注《吕氏春秋》以外，还注了《淮南子》。高诱少事卢植，受群经诸子句读，通其大义，建安十年辟司空掾，除东郡濮阳令，十七年迁监河东。他看到东汉末年兵荒马乱，许多典籍散失无存，当时也很少有人研究《淮南子》这样的书，于是"以朝晡事毕之间，乃深思先师之训，参以经传道家之言，比方其事，为之注解，悉载本文，并举音读"。高诱注的书叫作《淮南鸿烈解》，稿子曾被人借去，丢失了八卷，后来重新补足。

高诱认为，《淮南子》一书"其旨近老子，澹泊无为，蹈虚守静，出入经道。言其大也，则寿天载地，说其细也，则沦于无垠，及古今治乱存亡祸福，世间诡异瑰奇之事。其义著，其文富，物事之类无所不载，然其大较归之于道，号曰《鸿烈》。鸿，大也；烈，明也。以为大明道之言也"。高诱的注释叫作"训解"，所以《淮南子》一书除了最后一篇《要略》以外，篇题下都加了个"训"字，如原道训、天文训。

高诱对《吕氏春秋》也很推崇，他在序言中说："家有此书，寻绎案省，大出诸子之右。既有脱误，小儒又以私意改定，犹虑传义失其本真，少能详之，故复依先师旧训，辄乃为之解焉，以述古儒之旨。凡十七万三千五十四言。"

《淮南子》中并没有提到《吕氏春秋》，但是它处处以《吕氏春秋》为蓝本，在《要略》中提到的"上考于天，下揆于地，中通诸理"的指导思想，正是《吕氏春秋·序意》中的"上揆之天，下验之地，中审之人"而来；《时则》、《天文》、《地形》等篇采自十二纪、有始览。《淮南子》还收集了许多历史传说和神话故事，如女娲补天、嫦娥奔月、共工触不周山、大禹治水、神农尝百草等。《吕氏春秋》一百六十余篇，《淮南子》则简化为二十篇，内容却更加集中紧凑，文字上《吕氏春秋》质朴简明，保持三晋学风，而《淮南子》华丽铺陈，受楚文化影响较深。

从《吕氏春秋》到《淮南子》,既可以说是对先秦诸子百家进行总结的尝试,又是为了适应政治形势的需要为新的封建王朝提供思想统治的理论基础,在书籍编纂史上也是有着划时代意义的新的开端。

官方经学与纬书

从汉高祖到汉武帝，大约经过了一个半世纪的时间，随着封建帝国的统一和巩固，统治者对文化学术的发展也重视起来，先秦的许多古籍，在烬尽之余，佚亡之后，经过传授者的整理编纂，用当时通行的隶书文字抄写下来，陆续重新问世。这就是后人所称的今文经籍。

今文经籍的传授者们往往专治一经，甚至"或为雅，或为颂"，合注一经。简册靠手写传抄，所以特别注重师承；传授者对经文音义、注释、训诂各有不同见解，一经又分为数派，产生了所谓家法。一般说来，在刚刚开始编纂整理这些先秦古籍的时候，主要是分章断句，离经辨志，即使作传记解说经文，也是以发挥其微言大义为主。

古代典籍在汉代已经不能全懂，语法也有变化，不得不加以解说，经义难明，各家解释不同，有的依经文逐字逐句讲解，称作章句或训诂。章，原意指乐曲之终，引申为事情和意思已经说到一个段落；句，则为钩识，即读书时断句的符号。训诂的意思是指将一些看不懂的词语加以解释，使古今相通。也有的不依经文，别自为说，如《尚书大传》。还有一种"采杂说，非本义"的，则称为外传。这些今文经籍先后被朝廷立为学官，汉代官方经学解释经文的经说由于繁芜冗长，说一经往往几万言，后来都没有流传下来。

《周易》由于是卜筮书，在秦代没有遭到焚毁的厄运，汉代最初传授《周易》的大师是田何，他的弟子周王孙、服生、王同都撰有《易传》,到汉宣帝和汉元帝时期,有施、孟、梁丘和京氏四家立于学官,各有章句。

《尚书》是伏生所传二十九篇。伏生是济南人,秦代当过博士,在那兵荒马乱的年代,他把竹简藏在墙壁里,外出流亡,等到汉代初年回到家里找他的书,已经损失了不少,他就用剩下的二十八篇在齐、鲁之间传授弟子。汉景帝时又发现了一篇泰誓补了进来,一共二十九篇。以后有欧阳与大小夏侯三家立于学官。《欧阳章句》三十一卷,是将盘庚篇分为上、中、下三篇,大、小《夏侯章句》各二十九卷,《解故》二十九篇,《欧阳说义》两篇。

《诗经》有鲁、齐、韩三家立于学官。鲁人申培说诗,主要是以训诂来论证周代礼乐和典章制度,著有《鲁故》二十五卷、《鲁说》二十八卷。齐诗创始于齐人辕固,采用阴阳五行学说,以诗解《易》和律历,有《齐后氏故》二十卷、《齐孙氏故》二十卷、《齐后氏传》三十卷,"传"与"故"不同,"故"指训诂,"传"则如《汉书·艺文志》所指出的,"或取《春秋》,采杂说,咸非其本义。"申培讲训诂,所以鲁诗无传,齐诗和韩诗则传与故并列。韩诗有燕人韩婴的《韩故》三十六卷,《韩诗内传》四卷,《韩诗外传》六卷,《韩说》四十一卷。今本《韩诗外传》十卷,第五卷首章解释关雎篇,即《诗经》之首章,可能是将内传和外传已经合并在一起的本子。

西汉初期传习的礼书,最早的是《士礼》。《汉书·艺文志》记载:"汉兴,鲁高堂生传《士礼》十七篇。迄孝宣世,后仓最明。戴德、戴圣、庆普皆其弟子,三家立于学官。"《士礼》篇数与今本《仪礼》同,但是不能认为高堂生所传即今本十七篇。武威出土汉代《仪礼》简有三种本子,甲本七篇:士相见之礼、服传、特牲、少牢、有司、燕礼、泰射;乙本只有服传一篇;丙本为丧服经、记,无传,其记多于甲、乙本。和今本比较,编次不同,篇题有异,字句也有出入。

据考证是西汉今文经学的庆氏本。

《乐经》没有流传下来，有几种说法，有人认为乐是曲谱，本来就没有书。西汉初期许多先秦古籍得以重新整理出现，《乐经》却无残篇保存，可能与当时只重文字章句训诂的学风有关。"汉兴，制氏以雅乐声律世在乐官，颇能纪其铿锵鼓舞，而不能言其义。"长于音乐的制氏，不能谈它的义理，因而也就没有编纂成书。

《春秋》，汉初立于学官的有公羊、穀梁二家。《汉书·艺文志》著录，《公羊传》和《穀梁传》各十一卷。《公羊传》是齐人所传，传中称引子沈子、子司马子、子女子、子北宫子、鲁子、高子等人，有时又称子公羊子，可见并非出于一人之手，汉景帝时公羊寿和弟子胡毋子都始录为书。《穀梁传》为鲁人所传，也不是出于一人之手。两书的体例都是用问答体来解释经文，即所谓"微言大义"，用以正名分，寓褒贬。又各有外传、章句等。西安出土的"元和公羊草隶砖"，经文和正文相连，第一句经文"元年春王正月"，以下则为传文："元年者何？君之始年也。春者何？岁之始也。"逐句进行讲解。

汉初黄老之学盛行，汉武帝即位以后，采纳丞相卫绾建议，罢免"治申、商、韩非、苏秦、张仪之言"的贤良，以后又置五经博士，独尊儒术，五经博士都是今文经学。由于这是利禄之途，各个流派之间党同伐异，争论不休，例如同是治《尚书》的夏侯两家，夏侯胜说夏侯建"章句小儒，破碎大道"，夏侯建则反唇相讥，认为夏侯胜"为学疏略，难以应敌"。

汉宣帝甘露三年（公元前 51 年），在未央宫的石渠阁，"诏诸儒讲五经同异"，由萧望之等记录整理，宣帝亲自作结论。所留下来的材料，据《汉书·艺文志》著录，有《五经杂议》十八篇，《书议奏》四十二篇，《礼议奏》三十八篇，《春秋议奏》三十九篇，《论语议奏》十八篇，都已经散佚。

东汉章帝建初四年(公元79年)又在白虎观"大会诸儒",进行辩论,以解决经学中的分歧,并且效法石渠阁会议的故事,由章帝"亲称制临决"。会议的结果,编为《白虎议奏》,又令班固撰集其事,作《白虎通德论》,《后汉书·儒林传》称《白虎通义》,今本简为《白虎通》。书中所收录的都是今文经学的名词概念,按问题性质分类排列,并加以注释,相当于一部今文经学的辞典。今本《白虎通》为十卷,包括:爵、号、谥、五祀、社稷、礼乐、封公侯、京师、五行、三军、诛伐、谏诤、乡射、致仕、辟雍、灾变、耕桑、封禅、巡狩、考黜、王者不臣、蓍龟、圣人、八风、商贾、瑞贽、三正、三教、三纲六纪、情性、寿命、宗族、姓名、天地、日月、四时、衣裳、五刑、五经、嫁娶、绋冕、丧服、崩薨,共四十三篇。

今文经学作为西汉时代的官方经学,在思想领域占据了统治地位。董仲舒治《公羊春秋》受到汉武帝重视,是因为《公羊传》宣扬的大一统,为亲者贤者尊者讳等思想,符合统治者的利益和需要。大讲阴阳五行、人事灾异在学术思想上也成为一时风尚,《易》有象数占验,《礼》有明堂阴阳,《书》有洪范五行,其畸形发展导致了纬书的产生。

纬书起源很早,和河图洛书的传说有密切联系,在汉代盛行起来,称之为秘经。东汉时,通七纬为内学,通五经为外学。纬书的特征也是讲术数占验,所以往往和图谶连在一起,称之为谶纬,其实两者并不是一回事,图谶是"诡为隐语,预决吉凶"。如秦始皇时出现的"祖龙死而地分"的刻石,"陈胜王"的鱼腹丹书等都是,与经义不相涉。纬书出现较晚,虽杂以术数,附以妖妄,但它用来解释经义,并且附会到孔子的名下。谶纬作为一种社会思潮,两者完全合流,只不过保留下来一些不同的名称,如图谶、符命、纬候等等。纬书和西汉以来讲符命、灾异的书,如伏生《尚书大传》、董仲舒《春秋繁露》等，从文体和思想内容来说都是一脉相承的，不同的是这些书还没有附会孔子。随着持续不断的社会政治危机加深，时局动荡不安，谶纬遂风靡一时。

王莽时根据政治需要，开始编纂纬书。他征集了懂得图谶的人，"皆令记说廷中，将令正乖谬，一异说"。在正式即皇帝位的第一年，王莽"遣五威将王奇等十二人班《符命》四十二篇于天下……其文尔雅依托，皆为作说，大归言莽当代汉有天下云"。

东汉光武帝即位以后，先后命薛汉、尹敏等人校定图谶，删去为王莽制造舆论的内容，编定为八十一篇。他逝世的前一年，即中元元年（公元 56 年），"宣布图谶于天下"，其中包括河图、洛书四十五篇，七纬三十六篇。这些书，《隋书·经籍志》曾有所著录，以后就散佚了，只有《易纬》比较完整地保存了下来。《易纬》继承了汉宣帝时立于学官的孟氏《易》的思想，孟喜曾经夸耀自己得到了《易》家候阴阳灾变书，是易学大师田何临死时枕在他的膝上独自传授的，反对他的人则说田何死的时候他根本不在现场。孟喜是用卦气说来讲阴阳灾异的，后来传给焦延寿，焦延寿又传给京房，他们把六十四卦的框架结构，和四时、八方、十二月、二十四节气、七十二候结合起来，排列成一个象数模式，用来占验人事的吉凶祸福，囊括宇宙的一切。《易纬》的体系代表了汉代《易》学的主流。

纬书的名称很奇怪，都是三个字，意义很难索解。例如《易纬》六种：《稽览图》、《乾凿度》、《坤灵图》、《通卦验》、《是类谋》、《辨终备》；《书纬》五种：《璇玑钤》、《考灵曜》、《刑德放》、《帝命验》、《运受期》；《诗纬》三种：《推度灾》、《氾历枢》、《含神雾》；《礼纬》三种：《含文嘉》、《稽命征》、《斗威仪》；《乐纬》三种：《动声仪》、《稽耀嘉》、《叶图征》；《春秋纬》十三种：《演孔图》、《元命苞》、《文耀钩》、《运斗枢》、《感精符》、《合诚图》、《考异邮》、《保乾图》、《汉含孳》、《佐助期》、《握诚图》、《潜潭巴》、《命历序》、《说题词》;《孝经纬》两种:《援神契》、《钩命决》。

《汉书·艺文志》未著录纬书,但是当时的经学家,不仅今文学家和谶纬有密切关系,古文学家也大都相信谶纬,有的还为之注释,一时风气如此。曹魏时期开始明令禁绝,到隋代"发使四出,搜天下书籍与谶纬相涉者,皆焚之,为吏所纠者至死。自是无复其学,秘府之内,亦多散亡"。(《隋书·经籍志》)

古文经传与《说文解字》

汉景帝时,他的儿子鲁恭王刘馀封在曲阜,刘馀为了扩大宫室,拆除了孔子故宅的墙壁,出土了一批竹简,其中有《尚书》四十五篇,逸《礼》三十九篇,以及《论语》、《孝经》等,都是用先秦古文字书写的。《汉书·艺文志》记载这件事时,误以为是在汉武帝末年。

汉景帝的另一个儿子河间献王刘德,"修学好古,实事求是",他从民间收集到古书很多,也都是用先秦古文字书写的,有《周官》、《尚书》、《礼记》、《老子》、《孟子》等。王充《论衡》一书记载"孝宣帝时,河内女子发老屋,得逸《易》、《礼》、《尚书》各一篇"。总之,西汉时代民间流传的古文经传,从孔壁所出开始,以后陆续出现,可以归之于一个系统,它的传授源流不像今文经学那样清楚,记载互有出入,但是绝非虚构。古文经学在西汉时未立于学官,一直受到官方经学的排斥。

孔壁出土的古文《尚书》,共四十五篇,比伏生所传今文《尚书》增多了十六篇,虽经孔安国献给朝廷,正遇上巫蛊事件,顾不上它,以后就藏于秘府了。这书经过刘向、刘歆父子整理,篇章有所调整,盘庚、泰誓各分作上、中、下三篇,顾命后半部分独立成篇,称康王之诰,逸《书》中九共分为九篇,于是总共成了五十八篇。

汉成帝时,纬书盛行,传说《尚书》原有三千二百四十篇,经孔子删除保留了一百二十篇,以一百零二篇为《尚书》,十八篇为《尚书中候》。东莱人张霸就编了一部称作百两篇的《尚书》献给朝廷。据说他是用"分析合二十九篇以为数十,又采《左氏传》、《书序》为作首尾,凡百二篇,篇或数简,文意浅陋"。经过与"中秘书"即宫廷藏书核对,认为是假的。但是,汉成帝"高其才而不诛,亦惜其文而不灭"。所以这个本子在东汉时还有流传,王充《论衡》一书说它"次序篇句,依倚事实,有似真是"。可见张霸所编也是周代诰誓号令一类。张霸受学于其父,他父亲有一个弟子樊并谋反,这书最后被黜还有着政治上的原因。

东汉时,扶风茂陵人杜林在西州得到一卷古文《尚书》,其由来迄无可考,可能也是孔壁古文的传写本。杜林传古文《尚书》给卫宏、徐巡,说"古文虽不合时务,然愿诸生无悔所学"。以后有贾逵为之作训,马融作传,郑玄注解,古文《尚书》遂显于世。

《诗经》的古文本为毛公所传。先是毛亨有《毛诗故训传》三十卷,河间献王刘德很喜欢这个本子,献给朝廷,未能立于学官,于是刘德把毛亨的弟子毛苌立为博士,在中山国传授。《毛诗故训传》既有训诂,也有取《春秋》采杂说的传,杂取齐、鲁、韩三家诗义,以诗论史,以诗明义。毛诗盛行以后,三家诗逐渐失传。

《易经》的古文有《费氏易》,无章句,以彖、象、系辞、文言解说上、下经,其来源无考,东汉时有陈元、郑众传费氏之学,马融作传,郑玄作注。

古文《仪礼》与古文《尚书》同出于孔壁,共五十六篇,其中十七篇与高堂生所传今文本相同,而文字多异。多出的三十九篇称作逸《礼》,其中有天子巡狩礼、朝贡礼、烝尝礼、谛于太庙礼、王后明堂礼等,均早已不传。

孔壁所出和河间献王所得先秦古书,均有《礼记》。但是,《汉书·艺文志》只著录:"《记》一百三十一篇",并没有注明古文或今文,今本《礼记》四十九篇,则为今古文混合的产物,原书如何亦不可考。

《周官》一书也是河间献王刘德收集到的，经六篇：天官冢宰第一，地官司徒第二，春官宗伯第三，夏官司马第四，秋官司寇第五，冬官司空第六。最后一篇当时就已经残缺了，后来用内容相似的《考工记》代替。《考工记》是一部关于管理各项手工业生产法规的书，以"百工"职称为题，统一部件名称，规定用料、选材方法，生产工艺和检验标准等。对于《周官》一书的来源和性质，历来争论颇烈，古文经学家如刘歆，认为是"周公致太平之道"，今文经学家则称之为"末世渎乱不验之书"，"六国阴谋之书"。王莽执政时，此书立于学官，后来又被废掉。东汉时，杜子春、郑兴、郑众、贾逵、卫宏、马融、卢植等作了训诂解释，虽盛行一时，但终于未再立于学官。

关于《春秋左氏传》的发现，也有几种不同说法。一是原藏于秘府，刘歆校书时发现，"引传文解经，转相发明，由是章句义理备焉。"一是认为汉初北平侯张苍所献，王充《论衡》则说出自孔壁。刘歆曾经同他的父亲刘向辩论，他"以为左丘明好恶与圣人同，亲见夫子，而公羊、穀梁在七十子后，传闻之与亲见之其详略不同"。刘向是学《穀梁》的，虽然辩不过他，却仍坚持自己的见解。后来，刘歆要将《春秋左氏传》、《毛诗》、逸《礼》、古文《尚书》立于学官，移书责让太常博士，开启了今古文之争端。王莽复古改制，古文经学终于得以立于学官，到东汉光武帝时所立十四博士，却仍然都是今文经学家，虽曾一度增立《春秋左氏传》于学官，很快又废除了。

古文经传长期在民间传授，注重名物训诂，历史资料的整理考订，这种倾向和今文经学的趋时有所不同。古文经传渊源于鲁学，今文经学则脱胎于齐学，形成了两种不同的思想体系，因而对文字的训诂和内容的解释，以及句读句断，文词增省，篇章次第都有所不同，而最主要的差异，首先表现为书写文字的不同。其实，古文经传的流传，并不是直接用先秦古文传抄，而也是用当时通行的隶书笔势将古文隶书化，不过保留其先秦文字在形体结构上的差异而已，即所谓的"隶古定"。《史记·儒林列传》记载："孔氏有古文《尚书》，而安国以今文读之。"《经典释文》一书则说孔安国"为隶古写之"，都是指的一个意思。以今文读之，为隶古写之，是语言文字统一的过程中必然产生的现象。秦代虽然发布了"书同文"的命令，短期内不一定会有多大成效，汉代竹简帛书中往往有篆、隶两种书体并行。至于同一字音义相同而偏旁有异，或者字义相同而音形两异，读音因方言不同而异等现象，更属比比皆是。

其实，从西周末年到春秋时期，已经有了一种比较通用的共同语言存在，即所谓雅言。《论语》记载："子所雅言，《诗》、《书》、执礼，皆雅言也。"雅言即普通话。《尔雅》一书的编纂，就是把复杂参错的语词现象，用比较标准的音和词义加以集中归类，以便阅读古代典籍使用。雅即夏，一说为正，尔者近也，尔雅即近夏或近正之意，对古代文字进行训诂解释。《大戴礼记·小辨》记载孔子的话，"《尔雅》观于古，足以辨言矣。"这是最早提到《尔雅》的名称，这部中国最早的词书，随着时代的变化和使用者的不同需要而有所增改，其来源已无考。有人认为是周公所作，有人认为是孔子门人所作，也有人认为是汉代经师所释六经训诂的汇集。先秦古籍训诂，大都依据《尔雅》，别求字义的很少见。四川涪陵小田溪出土铜戈铭文"武二十六年皋月"，皋月名称还见于楚墓帛书，《尔雅》的解释是"五月为皋"，说明战国时期秦、楚通用《尔雅》所记十二月名。

《汉书·艺文志》著录：《尔雅》三卷，二十篇，今本仅十九篇，前三篇释诂、释言、释训，解释字义，把许多词义相同的词列在一起，作一个总的解释，其中有些词有异义，则另注，如："乔、嵩、崇，高也。崇，充也。"后十六篇则是分类将有关的词排在一起,如解释人事的有释亲、释宫、释器、释乐四篇,解释天文、地理名称的有释天、释地、释丘、释山、释水五篇,解释植物名称的释草、释木两篇,解释动物名称的释虫、释鱼、释鸟、释兽、释畜五篇。有人认为还应有一篇释礼,也有人认为应有一序篇,但从诸书征引来看,似有佚句而无佚篇。后十六篇解释的形式是,说解在前,词在后,如释亲中"妻之父为外舅,妻之母为外姑"。大类之内又分小类,如释天,分四时、祥、灾、岁名、月名、风雨、星名、祭名、讲武、旌旗。解释的体例也不相同,如释草,"荷,芙渠,其茎茄,其叶蕸,其本蔤,其华菡萏,其实莲,其根藕,其中的,的中薏。"前后各篇体例不一,正说明了并非出自一人之手,也并不一定是专为解释五经而编纂的,它辑录了大量古代语词,加以整理,作出解释,不仅解释含义,还有着广博的知识内容。后人依照它的体例编撰的训诂书,也都以"雅"字命名。

汉代今文经学家重微言大义,古文经学家则重名物训诂。《尔雅》的编纂与古文经学的流传有着密切关系。古文经学在东汉时期日益盛行,终于压倒了今文经学,被称为"五经无双"的许慎①,编纂了《说文解字》一书,对于壮大古文经学的声势和地位,起了很大作用。《说文解字》一书,收集了古文经中的古文、籀文和小篆,既解说字形结构和读音,又说明了这些字的训诂,它开创了利用汉字偏旁部首方法编纂字书的先河,这是一部最早的按部首编排的字书。

许慎受学于贾逵,章帝建初四年(公元79年)曾撰《五经异义》一书,《说文解字》编于永元十二年(公元100年),过了二十年,他

---

① 许慎,字叔重,汝南召陵(今河南偃城)人,生平事迹略见《后汉书·儒林传》,只有寥寥八十多字,生卒年月无考。

病居在家,才让儿子许冲把书献给皇帝,这已经是建光元年(公元121年)的事了。

在许慎以前,已有的字书如赵高的《爰历》、胡母敬的《博学》、相传为李斯编的《苍颉》、扬雄的《训纂》、司马相如的《凡将》、史游的《急就》等篇,都是启蒙用的韵语识字课本。许慎则根据班固、郑众关于汉字"六书"分类,将彼此相同的汉字形旁定为五百四十个部首,以一定的秩序编排起来,这就使得极其纷繁的汉字,能够提纲挈领地编集在一起。全书十五篇,收九千三百五十三字,重文一千一百六十三字,主要采自古文经传。

汉代阴阳五行学说中有万物生于一而终于亥的说法,《说文解字》一书也受其影响,自序中说:"其建首也,立一为端。方以类聚,物以群分。同条章属,共理相贯。杂而不越,据形系联。引而申之,以究万原。毕终于亥,知化穷冥。"所谓"据形系联",就指以字的形旁为部首,大体按照篆书形体相近与否编定先后次序。同一部首内的字,一般以类相从,也有将意义相近的编在一起,如第八篇关于身体部位的字,第十四篇关于干支的字等。五百四十个部首,也可能与《易》之数有关。

对文字的解说,每一个字先解释字义,其次说明形体结构。凡象形字,则标明"象某某之形",有的字是两个字合起来会意的,则注明"从某,从某",形声字注明"从某,某声",有注音的则注"读若某"。所引古文经传,都列出书名,也有引用他人之说,则注明"某人曰",即序文中所说:"博采通人,至于小大,信而有征。"方言,则注明"某地谓某为某"等。一个字形、音、义有两种以上解释的,用"一曰"、"或曰"、"一说"等。书中有的地方注"阙",是不可解、阙疑之意,也有人认为是后人校订时所加。

字书的编纂,从《尔雅》到《说文》可说是一个很大的发展,有了注音，解释了字形结构和造字含义，创立了按部首编纂的体例。汉代末年，刘熙仿照《尔雅》体例编纂词书《释名》，共二十七篇，不仅采取音训方法，还以同声相谐来解释词义，以探索其得名之原因。

司马迁与《史记》

在书籍编纂方面真正成为划时代著作的,是司马迁[1]的《史记》。司马迁综合和总结了他那个时期所能见到的文献资料,编撰了一部"上起轩辕,下至于兹"的通史,即从传说时代的黄帝到汉武帝时期为止的,包括政治经济、天文地理、学术文化、民族宗教等各个方面在内的全部历史。

这部书开始并没有书名。司马迁在自序中称之为《太史公书》,《汉书·艺文志》也是这样著录的,列于六艺略的春秋类。以后有人称它《太史公记》,一直到东汉后期才有人将《史记》作为这部书的专名。司马迁在六国年表中说:"史记独藏周室,以故灭。"在孔子世家中说:孔子"乃因史记作《春秋》"。在天官书中说:"余观史记,考行事。"都是泛指史官记载的资料。可见史记也是一般的泛称,史书在两汉时还是作"经"的附庸。

司马迁的父亲司马谈,曾"学天官于唐都,受《易》于杨何,习道论于黄子",又著文"论六家之要指",是一个博学的人。司马迁早年从专治《公羊春秋》的董仲舒学《春秋》,受他的影响很大,又从孔安国学过《尚书》,他涉历名山大川访求史迹,足迹几遍全国。元封三年(公元前108年)继承他的父亲为太史令,"䌷史记石室金匮之书",根据国家藏书进行编次撰集,用了二十多年时间,于征和二年

---

[1] 司马迁,字子长,左冯翊夏阳(今陕西韩城)人,生年有两种说法,一为汉景帝中元五年(前145),一为建元六年(前135),卒于始元元年(前86),事迹见《史记》卷一百三十《太史公自序》,《汉书》卷六十二有传。

(应为延和二年,即公元前 91 年)完成了这部规模宏大、包罗万象的书。

《史记》的编纂,继承了西周末年以来在长期发展过程中形成的各种历史体裁,将编年、记事、记言、国语、历谱等各种形式综合在一起,以本纪、表、书、世家、列传五种体裁来记载错综复杂的历史事实,在当时所能提供的资料条件下,这五种体裁所能容纳的材料最为丰富,这是中国历史上的第一部纪传体史书,历代正史都采用纪传体,《史记》体裁影响中国史坛达两千年之久。

首先是本纪,共十二篇。五帝合为一篇,夏、商、周各一篇,秦两篇,项羽一篇,汉代每个皇帝,包括高祖、吕后、文帝、景帝、武帝各一篇。司马迁说:"著十二本纪,既科条之矣。"科条是纲领的意思,以帝王世系为总纲,用编年体的形式,列出"王迹所兴"的记载,也就是一代史事的概要。项羽虽非帝王,但是秦亡之后"政由羽出",实际上处于统治者地位,所以将楚汉相争时期的大事,系于项羽本纪。

其次是表,共十篇,是根据谱牒编制的,主要是史实和人物的世次和年代排比。三代世表只有世系,没有年代;十二诸侯年表始于西周共和元年,这是中国历史上有确切年代可考的开始;六国年表中各国自有纪年,相互对照成表,"年经事纬,纵横互订",可以综合记录同一时期在不同地区以不同纪年记载下来的历史事件;秦楚之际为月表;汉代史事有:汉兴以来诸侯王年表、高祖功臣侯者年表、惠景间侯者年表、建元以来王子侯者年表、汉兴以来将相名臣年表,都是以人物为主,可以与列传互相补充。将相名臣表中,列有大事记、相位、将位、御史大夫位等栏。大事记栏记载帝后立、崩,诛伐等皇朝大事,宰相的死亡、罢免则由下往上倒书;相位栏记载宰相之任命,太尉之置废则倒书;将位栏记载初任之太尉,命将用兵等,御史大夫之死与免则倒书。这种体例原因何在,有无笔削微旨,一直是一个谜,看来可能是适应竹简情况,便于查寻的一种格式而已。

王充在《论衡·超奇》讲到,周长生作《洞历》十篇,上自黄帝下至汉代,与司马迁表、纪相类似,此书无考。

第三是书,共八篇。以事类为纲,礼、乐、律、历、天官、封禅、河渠、平准备一篇,系统记述各种典章制度的发展和变化。司马迁说:"礼乐损益,律历改易,兵权山川鬼神,天人之际,承敝通变,作八书。"

第四是世家,三十篇。司马迁以"二十八宿环北宸,三十辐共一毂"来比喻三十世家,并不仅仅因为他们是世代传袭的封国诸侯。所以吴王濞、淮南王等谋为叛逆,不属于拱宸共毂的范围,所以不列入世家。列入的从西周开始,有吴、齐、鲁、燕、卫、宋、晋、楚等十二篇,战国时期有赵、魏、韩等三篇,都是周室屏藩之臣,形式上编年纪事,和本纪没有什么不同。汉初宗室如楚元王刘交、齐悼惠王刘肥,辅弼股肱之臣如萧何、曹参、张良、陈平等封王封侯者,当然也列入世家。此外还有孔子和陈涉列入世家,孔子在汉代特别受到尊崇,陈涉则因为"其所置遣侯王将相竟亡秦,由涉首事也"为刘邦得天下起了开路先锋作用的缘故。

第五是列传,共七十篇。以重要历史人物为中心,这也是《史记》全书的主要特点。大体上按时代顺序排列。有的一人一篇,如伍子胥、商鞅、孟尝君、吕不韦等;有的几个人合为一篇,主要是因为时代相同、事迹相关,如管仲和晏婴,孙武和吴起,张耳和陈馀两人合传,老、庄、申、韩则为四人合传等;性质相近的,如刺客、循吏、儒林等分类合为一传,匈奴、西南夷等少数民族各为一传。列传标题称谓,如孔子、老子称子,贾谊称生,穰侯、留侯称爵,萧相国、李将军等称官职，万石君则称别号，并不统一。编排次序有时可能按人物和历史事件的关系而定，如匈奴列传插在李将军列传和卫将军骠骑列传之间。列传的最后一篇：货殖列传，却不是以人物为中心，从体例上来说，这一篇是以论说为主，是全面论证社会经济发展的专论，它和散见于全书的序、赞不同。

最后一篇是太史公自序。

司马迁自认为是继承《春秋》的传统来编撰《史记》的，并且以申明董仲舒的春秋大义作为自己的理论根据。他虽然不曾自定凡例，但是在编撰过程中形成了系统的编纂思想，体现在他的自序之中，当然也散见于各篇，于叙事中寓论断。司马迁在《报任少卿书》中讲到："网罗天下放失旧闻，考之行事，稽其成败兴坏之理，凡百三十篇，亦欲究天人之际，通古今之变，成一家之言。"总结历史上兴衰治乱的经验教训，这便是司马迁编撰此书的宗旨。从历史发展变化中，"原始察终，见盛观衰"，以寻找规律性的东西，是他考察历史问题的主要方法。司马迁以古代文献资料为依据，史料的甄别去取，以"考信于六艺"为标准。"厥协六经异传，整齐百家杂语"做了大量的整理加工工作。当时，"天下遗闻古事靡不毕集于太史公"，他收集了丰富的资料，但是对于荒远无稽的事，如"百家言黄帝，其言不雅驯，缙绅先生难言之"，则不收入。凡是记载互相抵牾的，则"互见"或"两存"，如晋、吴黄池之会，吴王与晋定公争长，司马迁根据《左氏春秋》和《国语》的不同记载，于《吴世家》和《晋世家》分别照录，而不妄取一说，即"疑者传疑，疑者阙焉"。

司马迁所作的整理加工，还表现在用训诂代替所引用的古代文献材料，例如将《尚书》中诘屈聱牙的难懂的文句，代之以汉代通行的语言。引用《左氏春秋》和《国语》的材料，有的意译，有的加工，经过一番剪裁提炼的功夫。《史记》叙事条理清晰，为了避免重复,某一史料放在甲篇,与乙篇有关联时则注明"事见某篇"、"语在某篇"。每篇之末还附有以"太史公曰"为标志的论赞,其中有些是司马迁对于史实的考证和订谬所作的说明。

司马迁去世以后,到宣帝年间他的外孙杨恽才把这部书拿了出来。据《汉书·艺文志》记载,当时已经缺少了十篇。张晏认为:"迁殁之后,亡景纪、武纪、礼书、乐书、兵书、汉兴以来将相年表、日者列传、三王世家、龟策列传、傅靳列传。元成之间,褚先生补阙,作武帝纪、三王世家,龟策、日者传,言辞鄙陋,非迁本意也。"但是今本是抄封禅书以充武帝本纪,抄《荀子》、《礼记》以当礼书、乐书,与司马迁书体例不合。三王世家全录策文,龟策列传载太卜所传龟策卜事都不是褚少孙补的。而且今本中这十篇也有"太史公曰",褚少孙所补的,则在开始的地方加了"褚先生曰"字样,并不止张晏所举四篇。当时还有许多人相继续撰,今本《史记》中有司马迁所不能见到的史实,如楚元王世家叙宣帝地节二年事,齐悼惠王世家叙成帝建始年间事,司马相如传引扬雄语,公孙弘传附平帝时太皇太后诏书及班固论赞等,恐系后人续撰者之增补,并非原书误谬。

刘向校理群书

汉代长安城未央宫大殿的北面,有一座收藏皇家图书的处所,叫作石渠阁。它是萧何为了存放从秦丞相府没收来的图籍文书而建造的。汉代初年,"萧何次律令,韩信申军法,张苍为章程,叔孙通定礼仪",对书籍进行过编纂整理,规模不大。汉惠帝四年(公元前191年)废除了挟书有罪的法令。武帝时,由于"书缺简脱,礼坏乐崩",于是"建藏书之策,置写书之官,下及诸子传说,皆充秘府"。成帝时又派谒者陈农到各郡国去访求遗书。在政府大规模组织人力征集下,那些从秦始皇以来被查禁和销毁的大批图书,得以陆续重新出现。这前后经过了一百多年时间,石渠阁里的藏书已经堆积如山。

随着生产的发展,封建帝国的统一和巩固,统治者对文化建设方面开始注意起来。石渠阁不仅是一个藏书的所在,实际上它成为西汉时代一个学术文化的中心,社会上有名望、朝廷里有地位的一些经学博士们,经常在石渠阁讲学,讨论经书的各种传抄本之间文字的异同等等,汉宣帝还曾经亲自主持讨论,"称制临决"。

但是,这些皇家藏书,即所谓"中秘书",大都是靠手写传抄流传下来的简册,篇次杂乱,字句讹误的现象在在皆是,加以许多简册长期埋藏在壁中、地下,出土时已经朽烂残断,急需整理校勘,编辑成为篇章完整、便于阅读的书籍。汉成帝河平三年(公元前26

年),"诏光禄大夫刘向①校经传、诸子、诗赋,步兵校尉任宏校兵书,太史令尹咸校数术,侍医李柱国校方技。每一书已,向辄条其篇目,撮其指意,录而奏之。"这次大规模的校理群书,在中国书籍编纂历史上是一件大事。

刘向是楚元王刘交的四世孙,十二岁的时候靠他父亲刘德的关系当上了辇郎,这是宫廷中宿卫性质的职务。由于他博学多识,文笔也好,受到汉宣帝赏识,让他去学习《穀梁春秋》,并在石渠阁讲论五经。但是,在外戚、宦官专权的情况下,他这个皇亲宗室并没有得到重用,还曾一度被捕入狱,废为庶人十几年。一直到成帝即位,才被起用为中郎,担任"护左都水使者"这个管理首都水利工程的官职。河平年间成帝派他负责校理"中秘书"时,他已经是五十几岁的人了。

刘向对儒家经典、诸子百家、诗辞歌赋无所不通,校书工作由他总其成,协助他的则有一批精通专业的人才,如步兵校尉任宏分工校兵书,太史令尹咸校数术(占卜书),侍医李柱国校方技(医书)。参加校书的人,据考证还有长社尉杜参,是一个二十多岁的青年,可惜过了两年就因病去世了。后来有班斿,他是编撰《汉书》的班固的叔祖父,曾经给皇帝"进读群书",而得到藏书副本的赏赐。和刘向同时受诏校书的,还有他的儿子刘歆②。刘向校书二十年,活了七十二岁,他去世后刘歆继承父业,主持校书,又用了大约一年时间,完成了这次编辑整理古籍的任务。

刘向整理古籍的第一步工作是广收异本,互相校勘。古代书籍在流传过程中,抄集者来源不一,传受者各有师说。拿当时最受

---

① 刘向,字子政,原名更生,生于西汉元凤三年,卒于建平元年(前78—前6),生平事迹附见《汉书》卷三十六楚元王传。

② 刘歆,字子骏,后改名秀,字颖叔,生年不详,卒于王莽地皇四年(?—23)。

重视的儒家经典《尚书》来说,伏生所传今文《尚书》二十九篇,就有欧阳和大、小夏侯三家立于学官,成为官方所定的本子;孔壁出土的古文《尚书》则多出十六篇;还有张霸的所谓"百两篇",虽然被发现是假的,但是这个本子当时也没有销毁。刘向打破了不同学派的门户之见,采取了兼收并蓄的态度,用古文和今文互相校勘,改正了书中脱简、错简和文字的讹误。他用中秘书古文《尚书》校勘欧阳和大、小夏侯三家的今文《尚书》,发现酒诰篇脱简一枚,召诰篇脱简两枚。一枚竹简上写二十五个字的,脱漏的恰好是二十五个字,一枚竹简写二十二个字的,脱漏的恰好也是二十二个字。这给校勘古书找到了一条规律性的办法。刘向发现古文和今文《尚书》文字不同的有七百多处,脱漏的字好几十个。刘向还用中秘书古文《易经》校勘当时立于学官的施、孟、梁丘诸家的今文《易经》,发现脱漏"无咎"、"悔亡"等字,而民间流传的《费氏易》则与古文相同。可见他所收罗的除了中秘所藏以外,还有大量民间流传的"外书"。

先秦诸子著作,往往是篇章单行。刘向广泛收集各种传本,除掉重复的篇章,还要重新编定篇目次第,确定书名。例如《管子》这部书是齐国稷下学派的一部论文集,原来篇章单行,是否有编定的本子,已经难以考证。刘向收集到的各种本子,有中秘书,也有私人藏书,一共五百六十四篇,其中不少是重复的,他编定为八十六篇,分作八个部分,内容虽然庞杂,编纂的比较整齐。又如《晏子春秋》,中秘书有十一篇,外书有十九篇,刘向把中、外书都有的八篇编在一起,其中比较可靠的六篇作为内篇,另外两篇内容和文辞都值得怀疑,又不能随便删掉,于是列为外篇。其他如《荀子》、《韩非子》等书,也都是经刘向之手编定的。

篇目和次第编定以后,有的书还要定一个新的书名。在西汉王朝建立之初，许多书籍并没有一定的名称。陆贾为刘邦写的《新语》十二篇，主要内容是秦朝失天下的经验教训，"每奏一篇，高帝未尝不称善，左右呼万岁，号其书曰《新语》。"贾谊则是在建国二十多年以后的文帝时期，他的书经刘向整理，称之为《贾子新书》。当时刘向整理过的许多书名曰新书，如《管子新书》、《荀卿新书》等，只是为了区别于未经整理的旧书而已，别无深意。而在流传过程中，《新书》成了贾谊文集的专名。陆贾的《新语》也正是如此。另一种情况，例如中秘书里有许多战国时期游说之士的言论和事迹材料，书名也不一致，有的叫《国策》，有的叫《国事》，有的叫《短长》，有的叫《事语》，还有《长书》、《修书》等等，名称不一，篇目各异，甚至连篇名也没有，杂乱地相糅在一起。刘向把这些性质大体相同，来源却不一致的资料重新编纂，以有国别者八篇为底本，用别的本子补其不足，按时间先后排列，除去重复，编为三十三篇，所述史事"继春秋之后，讫楚汉之起，二百四十五年之事，皆定以杀青"，并定名为《战国策》。刘向编定的本子，后来又有残缺散失，今本虽然还是三十三篇，是经过后人补辑而成，而非古本原貌了。

还有一本《左氏春秋》，本来是一直在民间流传的，刘歆在校理中秘书时发现了古文本《左氏春秋》，极为赞赏，他认为这部书史实详备，不像《春秋》一书的《公羊传》和《穀梁传》只讲虚言义理。刘歆便向尹咸和丞相翟方进学习《左氏春秋》，并且引用它来解释《春秋》经文，进行改编，使它的章句义理逐渐完备起来，并争取作为解释《春秋》的传立为学官。以后，传文和经文按年合并编为一书，书名也就改成了《春秋》一书的《左氏传》，虽然没有确切的根据证明这是出于刘歆之手，但是事情由他发端则是无疑的。

刘向是最早把屈原的作品编成集子的人。他收集了屈原的离骚、九歌、天问、九章、远游、卜居、渔父，宋玉的九辨、招魂，景差的大招等楚国地区的诗歌，加上汉代人的拟作，以及自己的一篇九叹，共二十五篇，定名为《楚辞》，篇目与今本相同，把招魂作为宋玉的作品，反映了汉代人的一种看法。

另一部在楚文化地区流行的《山海经》，记载中杂有许多奇禽异兽、神灵鬼怪等神话传说，原为三十二篇，经刘歆编定为十八篇。

在中秘书中还保存着以《新语》和《说苑杂事》为题的记事的书籍，刘向从中汇集了远自舜禹，一直到周秦以来古人的"嘉言善行"，"以类相从，一一条列篇目"，先后编成《新序》和《说苑》两书。《新序》原三十卷，今本杂事五卷，利奢、节士、义勇各一卷，善谋两卷，共十卷，一百八十三章。《说苑》二十篇，七百八十四章。今本经宋代曾巩补缀校正，篇目为：君道、臣术、建本、立节、贵德、复恩、政理、尊贤、正谏、敬慎、善说、奉使、权谋、至公、指武、丛谈、杂言、辨物、修文、反质。两书内容虽然是以类相从，但并不同于后人所编类书，也不是杂抄杂纂，而是有一定的选择去取标准，文字作了润色加工，还有所评论。刘向写过不少劝皇帝用贤者，远谗佞，提倡薄葬的奏议，他痛陈利害，发于至诚，使皇帝也为之感动，但始终没有采取他的献策，刘向所以编纂《新序》、《说苑》，是为了供皇帝"助观览"、"补遗阙"的，他不过以编纂代谏书而已。刘向编纂的《列女传》八篇，选自文献资料中"贤妇贞妃""兴国显家"的事迹，也是类似的目的。刘向论政离不开讲灾异，这是汉代的学风使然，编书也不例外。刘向编纂的《洪范五行传论》十一篇，就专门记载符瑞灾异之事。

刘向所采录的古籍，一般都可以查到出处，从中也可以看出他所作的润色加工。如《新序》卷七曹公子喜时，用《左传》成公十三年、十五年、十六年三处的资料合编，卷五管仲傅齐公子纠，则用《韩诗外传》、《荀子》等资料合编。也有所闻异词者，则一事二说并存。

刘向编辑整理的每一种书籍,都是先把编定的初稿写在竹简上,叫作"杀青"。"杀青"本来是制作竹简时在火上炙干以防朽蠹的一种方法,这里借用来作为定稿的意思。"定以杀青,书可缮写",最后缮写在缣帛上成为正式定本。

刘向编辑整理的每一种书籍,还要写一篇"叙录",包括该书篇目、主要内容、著者生平、学术渊源,以及校勘整理情况等,随书送给皇帝审阅。后来又将群书的叙录汇集成《别录》,这是将流传到汉代的古籍有系统的、分门别类编成的一份提要目录,可惜早已失传。保存下来的只有《莞子》(即《管子》)书录、《晏子》书录、《邓析子》书录、《孙卿书》(即《荀子》)书录、《韩非子》书录、《战国策》书录六种,另刘歆《山海经》书录一种。刘歆根据《别录》,删繁就简写成《七略》,也已失传。文献资料中关于刘向父子编纂整理石渠阁藏书的情况,只剩下一鳞半爪了。

从扬雄到王充

汉代学术受大一统的政治局势的影响，以贯通天人之际，杂糅阴阳五行和融汇各家之长为主，《淮南子》和董仲舒的《春秋繁露》等书都是如此，其特点是建立一套包罗万象的理论体系，以解释天道和人事的交互影响。在这期间，西汉末年的扬雄[①]和东汉时期的王充[②]，是两位值得注意的独树一帜的人物。

扬雄"少而好学，不为章句，训诂通而已，博览无所不见"。他的文章写得很好，但是并没有因此而显达。王莽代汉以后，按年资任大夫，校书于天禄阁。晚年专心著述，所编撰的书主要有：《太玄》、《法言》、《方言》、《训纂》等。

《太玄》在形式上模仿《周易》，有经有传。《周易》有六十四卦，每卦六爻，共三百八十四爻；《太玄》则为八十一首，每首九赞，共七百二十九赞。《太玄》的首、冲、错、测、摛、莹、数、文、掜、图、告等十一篇，相当于《易传》的"十翼"。"赞"相当于卦辞；"测"相当于解释卦辞的《象》；"摛"、"莹"、"掜"、"图"、"告"相当于《系辞》，是对《太玄》体系构成和意义作理论上的说明；"数"相当于《说卦》；"冲"类似《序卦》，说明八十一首的排列和名称的意义；"错"类似《杂卦》；"文"类似《文言》。扬雄把"玄"看做是宇宙中最根本的最原始的东

[①] 扬雄，字子云，蜀郡成都人，生于西汉甘露元年，卒于王莽天凤五年（前53—18），《汉书》卷八十七有传。

[②] 王充，字仲任，会稽上虞（今浙江上虞）人，生于东汉建武三年，卒于永元年间（27—96左右），《后汉书》卷七十九有传。

西,他模仿《周易》,借用占卜的形式,作为表达自己思想的手段,构成了一种囊括万物的思维模式。《太玄》一书虽然"篇籍具存",却由于文字艰涩深奥,在汉代始终没有受到重视。与此相反,扬雄模仿《论语》所作的《法言》一书,却以其简明的哲理获得广泛的流传。

《方言》本名《輶轩使者绝代语释别国方言》。扬雄在答刘歆书中曾经讲到过这书的编纂过程,他说:"天下上计孝廉及内郡卫卒会者,雄常把三寸弱翰,赍油素四尺,以问其异语,归即以铅摘次之于椠,二十七岁于今矣。"语言不仅有古今之分,而且有地域之别,扬雄收集了大量资料编纂成《方言》一书。这书也释古语,"初别国不相往来之言也,今或同,而旧书雅记故俗语不失其方。"《尔雅》一书明字义,《方言》则明口语之义。今本共十三篇,大体按照《尔雅》的体例,分类编次,如卷八所收都是关于动物的词,卷九则释器物。每一个词都说明各地不同的称谓。扬雄还编有一本《训纂》,是字典一类的书,收有五千多字,已散佚。

扬雄的思想,对于东汉学者如桓谭、王充、张衡等人有很大影响,和魏晋时代的玄学在理论上也有着内在联系。

王充出身寒门,早年游学洛阳,无钱购书,就到书肆里披阅所卖之书,"一见辄能诵忆,遂博通众流百家之言。"他刻苦自学成才,在政治上也没有得到施展的机会,一生大部分时间用来著书立说,先后写成《讥俗节义》、《政务》、《论衡》、《养性》四部书。王充在《自纪》中称:"俗性贪进忽退,收成弃败。充升擢在位之时,众人蚁附;废退穷居,旧故叛去。志俗人之寡恩,故闲居作《讥俗节义》十二篇。"又说:"悯人君之政,徒欲治人,不得其宜,不晓其务,愁精苦思,不睹所趋,故作《政务》之书。""发白齿落,日月逾迈,……虽惧终徂,愚忧沛沛,乃作《养性》之书,凡十六篇。养气自守,适食则酒,闭目塞聪,爱精自保,适辅服药引导,庶几性命可延,斯须不老。"这些书都已散佚,流传下来的只有《论衡》八十五篇,其中《招致》仅存篇目,实存八十四篇。

在《论衡》中,王充对传统的经籍、荒诞烦琐的经学采取了批判的态度,他说:"《论衡》之造也,起众书并失实虚妄之言,胜真美也。"他主张"订其真伪,辨其虚实"。这对于当时思想僵化的学术界来说,吹起了一股清新强劲的风。官方经学的没落和社会批判思潮的兴起,是同一问题的两个方面。东汉时期的社会批判思潮的代表著作,还有王符的《潜夫论》和仲长统的《昌言》。

《汉书》与《汉纪》

在《史记》成书大约一百八十年以后,第一部纪传体的断代史《汉书》编成了。在这以后历代所谓的正史,都是沿用《汉书》断代为史的体例,即由纪、传、志、表四个部分组成的"包举一代"内容的历史。

《史记》叙述到汉武帝时为止,以后有许多人续撰,见之于记载的,先后有冯商、扬雄、班彪[①]等十几个人。班彪对于司马迁的评价是:"迁之所记,从汉元至武以绝,则其功也。至于采经撮传,分散百家之事,甚多疏略,不如其本,务欲以多闻广载为其本,务欲以多闻广载为功,论议浅而不笃。其论术学,则崇黄老而薄五经;序货殖,则轻仁义而羞贫穷;道游侠,则贱守节而贵俗功。"但是,他也认为司马迁"善述序事理,辩而不华,质而不野,文质相称,盖良史之才也"。班彪编撰的《后传》数十篇,只有纪传,没有世家。

班彪死后,他的儿子班固[②]认为班彪所续前史未详,继续编撰。后来有人告他私自改作国史,被捕入狱。他的弟弟班超上书皇帝为他辩护,皇帝看了他所作的列传、载记二十八篇,终于同意让他继续完成这部著作。于是,班固"探撰前纪,缀集所闻,以为《汉书》。起元高祖,终于孝平王莽之诛,十有二世,二百三十年,综

---

① 班彪,字叔皮,扶风安陵(今陕西咸阳)人,生于西汉元始三年,卒于东汉建武三十年(3—54)。

② 班固,字孟坚,生于东汉建武八年,卒于永元四年(32—92),事迹见《汉书》卷一百叙传,《后汉书》卷四十有传。

其行事，旁贯五经，上下洽通，为《春秋》考记、表、志、传，凡百篇"。班固从永平五年(公元 62 年)受诏为秘书郎，编撰《汉书》，到建初八年(公元 83 年)完成，前后二十余年。也有一种说法是，班固坐窦宪事下狱死，八表及天文志没有完成，汉和帝诏其妹班昭，后来还有"博观群籍，善《九章算术》"的马续补充编撰成书，并不是成于一人之手，但是班固所编撰的是主要部分。班固自称百篇成于建初八年，下距班固之死还有九年，由于篇简散乱，经班昭、马续等人作了校补整理。

《汉书》一百篇，记载了汉高帝元年(公元前 206 年)到王莽地皇四年(公元 23 年)共二百三十年的历史。其中，帝纪十二篇，记编年大事；表八篇，前六篇分别谱列王侯世系，另两篇中，百官公卿表记秦汉官制演变和西汉公卿将相大臣的迁、免、死，古今人表分三品九等谱列自远古至秦楚之际的历史人物，不以地位定等第，而以人品分高下；志十篇，将《史记》八书改为十志，合礼书、乐书为礼乐志，合律书、历书为律历志，改平准书为食货志，叙述经济制度和社会生产发展状况，改河渠书为沟洫志叙述水利建设，郊祀志则承继封禅书所作，另增加刑法、五行、地理、艺文四志，刑法志和礼乐志都是叙述典章制度的，五行志中有大量地震和日月蚀的记录，艺文志采自刘歆《七略》，叙述古代学术思想的渊源流别，著录了数以万卷计的图书。列传则以时代先后次序为主，诸侯王、宗室、皇后、外戚等均入列传，列传分为专传、合传、类传、附传等，合传的形式，如魏豹、田儋、韩信"皆故六国之人"而合传，张苍、周昌、申徒嘉"诸为御史大夫者"合传，王商、史丹、傅嘉"皆外戚之贤者，故不入外戚传而特传之"等等，类传如刺客、滑稽、日者、龟策等，较《史记》为少，附传者主要因事迹无多，如公孙弘传，附书丞相李蔡、严青翟、赵固、石庆、公孙贺、刘屈氂等六人，以节省篇幅。匈奴传等，则记边疆少数民族及部分邻国的历史,"贼臣"王莽传置于列传之末,但仍采用编年记述,大事及诏令无不详载。列传中比较特殊的是扬雄传,收集了扬雄所作的文章,而历官行事却列入赞中。

《汉书》对于武帝以前的历史记载,大都采用《史记》之文,但是班固也作了整理和修改补充,两书比较,有同有异,详略互见,剪裁去取并非雷同。如惠帝纪,王陵、吴芮、蒯通、伍被、贾山、李陵、苏武等传,则为《史记》所无。帝纪中增加了许多重要诏令,列传中增加了许多奏疏。武帝以后的记载,则以班彪的《后传》为蓝本,综合各家所续史记,缀集所闻而成。

班固沿用并发展了《史记》的体例,对于史料的选择和考辨,以及写作的方式也都有其特点。在编纂思想上,强调了"汉绍尧运,以建帝业""五德终始"。班固又是古文经学家,书中多用古字、古义,如"谦让"作"谦攘","踪迹"作"纵迹"等,文章则富于辞藻,具备多种文体,人物描述形象生动。

自《史记》、《汉书》问世以来,纪传体成为史书编纂的主要形式。东汉末年,汉献帝以《汉书》"文繁难省"为理由,命荀悦[①]按《左传》的体例,删略《汉书》,编成了《汉纪》三十篇。荀悦的《汉纪》是第一部编年体的断代史,当时人称"辞约事详,论辨多美",对他推崇备至。荀悦从建安三年(公元198年)开始,到建安五年(公元200年)共用了两年多时间,将八十余万字的《汉书》删节为十八万余字的《汉纪》,文字削减五分之四,而西汉一代重要历史事件、人物、制度等,都很有条理地记述了下来。除了《艺文志》和《地理志》不便采入以外,其余列传等内容大体都按年月先后分别记在十二

[①] 荀悦,字仲豫,颍川颍阴(今河南许昌)人,生于东汉建和元年,卒于建安十四年(147—209),《后汉书》卷六十二有传。

帝纪的各年之下，从而避免了同一年发生的同一件事散见于几个人的传记中，而不易了解其来龙去脉的毛病。荀悦不仅按年月编排史事，还运用类比的办法，把同类的人或事联系起来记载。在记述某人某事时，引述他过去相类似的史事，或概述此人生平事迹，这种方法常常用在某人去世或获罪时追溯他的生平。有时在叙述某人某事时，引述有关的其他人的事迹，使有些人物、有些无法确定时间的史事、某些典章制度等，也得以在编年体史书中得到相对地集中的叙述。在记述白渠的兴建时，甚至突破了断代史的范围，讲到了战国时期的郑国渠和西门豹的事迹。这应该看作荀悦不仅重新恢复了编年史的体例，并且使它更加完备了。其中，吸收了纪传体史书记载人物活动的方法，是一个主要的方面。

《汉纪》内容取材于《汉书》，但是有些地方也作了补充，如收入了谏大夫王仁劝汉成帝不立赵飞燕为皇后的奏疏等。荀悦的着眼点与班固也有所不同，这从以"荀悦曰"的形式出现在各卷中的论赞可以看出。荀悦编纂《汉纪》的宗旨和义例，在自序中开宗明义地就提出了"夫立典有五志焉，一曰达道义，二曰章法式，三曰通古今，四曰著功勋，五曰表贤能。于是天人之际，事物之宜，粲然显著，罔不备矣"。这"五志"具体体现在他的论赞中，共三十七条，短的二十几字，长的近千字，篇幅几乎占到全书的二十分之一。序言中还讲到这本书内容的主要方面，即："凡《汉纪》，有法式焉，有监戒焉，有废乱焉，有持平焉，有兵略焉，有政纪焉，有休祥焉，有灾异焉，有华夏之事焉，有四夷之事焉，有常道焉，有权变焉，有策谋焉，有诡说焉，有书艺焉，有文章焉。斯皆明主贤臣命世立业，群后之盛勋，髦俊之遗事。"编撰此书的目的，则是"惩恶而劝善，奖成而惧败"。

东观校书与修史

东汉初期，朝廷收藏图书的处所叫作兰台，章帝以后迁移到洛阳南宫的东观。当时，不仅在这里整理和校勘书籍，而且撰修国史，开后世朝廷设馆修史的先河。

汉安帝初年，邓太后临朝听政。"太后自入宫掖，从曹大家（班昭）受经书，兼天文算术。昼省王政，夜则诵读，而患其谬误，惧乖典章，乃博选诸儒刘珍[①]等，及博士、议郎、四府掾吏五十余人，诣东观校雠传记。"这是东汉时期最大规模的一次整理图书，时间在永初四年（公元110年）。

此后，汉顺帝永和元年（公元136年），又诏侍中屯骑校尉伏无忌、议郎黄景校中书五经、诸子百家、艺术。灵帝建宁年间，蔡邕[②]校书东观。熹平四年（公元175年），蔡邕与五官中郎将堂谿典，光禄大夫杨赐，谏议大夫马日磾，议郎张驯、韩说，太史令单飏等奏求正定五经文字，刻石立于洛阳太学门外，这就是后世所称的"熹平石经"。石经之立，是为了统一五经文字，平息争议。"及碑始立，环视及笔写者，车乘日千余辆，填塞街陌。"当时还没有传拓技术，只能笔写。所刊石经，就立于学官之今文五经各刻其一家之章句，而将诸家异同列为校记。如《诗经》用鲁诗本子，校记中注明"齐

[①] 刘珍，一名宝，字秋孙，南阳蔡阳（今湖北蔡阳）人，生年不详，卒于东汉永建元年（？—126）。《后汉书》卷八十有传。

[②] 蔡邕，字伯喈，陈留圉（今河南杞县）人，生于东汉阳嘉二年，卒于初平三年（133—192）。《后汉书》卷六十有传。

言"、"韩言"如何，篇次与今本《毛诗》不同，从残石可以看出，如大雅中的桑柔、瞻卬、假乐三篇相连，而今本《毛诗》中桑柔篇后隔六章才是瞻卬，属"荡之什"，而假乐则为"生民之什"中的第五篇，应在桑柔之前。《春秋·公羊传》用严氏，校记中则注明颜氏有无。石经为隶书，残石两面有字。

在东观撰修的东汉一代的国史，是纪传体，起初单称《汉记》，后人为了与荀悦所撰的编年体《汉纪》相区别，称之为《东观汉纪》。此书曾与《史记》、《汉书》并称"三史"，魏晋时期私人撰修的诸家《后汉书》虽多取材于此，原书则早已亡佚，今本辑佚残存二十四卷。撰修此书经过情况，文献资料记载大致如下：

最初是在汉明帝永平五年（公元62年），班固被任命为兰台令史，与前睢阳令陈宗、长陵令尹敏、司隶从事孟冀等人编撰本朝史事，写成的有世祖本纪，功臣列传，平林、新市、公孙述载记等二十八篇。

安帝时续修国史的事，在安帝和邓后纪中没有记载，《后汉书·刘珍传》中讲到，永宁元年（公元120年），太后又诏谒者仆射刘珍、刘騊駼作建武以来名臣传，只是由于李尤、刘珍等人相继病故，第二年三月邓太后也去世了，"自安帝览政，薄于艺文"，事随时迁，除了侍中伏无忌、谏议大夫黄景作诸王、王子、功臣恩泽侯表，以及南单于、西羌传，地理志以外，修史的事停顿了下来。

桓帝元嘉年间（公元151—153年），又有太中大夫边韶、大军营司马崔寔等人作献穆、孝崇、顺烈皇后传，并增修儒林、外戚等传；崔寔与议郎延笃作百官表、顺帝功臣孙程及蔡伦等传，共成一百四十篇。灵帝熹平年间（公元172—178年）光禄大夫马日磾、议郎蔡邕、杨彪、卢植、韩说、刘洪等人补撰了四十二篇列传，蔡邕还独撰"十意"。东汉一代国史的规模，可以考见的大致如此。

蔡邕学识渊博，完成汉史撰述是他一生最大愿望。时值汉末乱世,朝廷征召、州郡辟命他都坚决推辞,但是对董卓却怀有知遇之情,因而被王允杀害,著述也大都湮没无存。所谓"十意"即"十志",为《东观汉纪》而作,避桓帝刘志讳而改称。蔡邕曾讲到他遭事被流放,无心操笔的情况:"臣自在布衣,常以《汉书》十志下尽王莽而止,光武以来唯记纪传,无续志者。臣所事师故太傅胡广,知臣颇识其门户,略以所有旧事与臣。虽未备悉,粗见首尾,积累思惟二十余年,不在其位,非外吏庶人所得擅述。天诱其衷,得备著作郎,建言十志皆当撰录。今臣被罪,逐放边野,恐所怀随躯朽腐,抱恨黄泉,遂不设施,谨先颠踣,科条诸志,臣欲删定者一,所当接续者四,前志所无臣欲著作者五,及经典诸书所宜捃摭,本奏诏书所当依据,分别首目,并书章左。"有律历意第一,礼意第二,乐意第三,郊祀意第四,天文意第五,车服意第六。在这以前,伏无忌和黄景撰有地理志,可能即蔡邕所欲删定者。在这以后,谯周曾对"十意"作过整理加工,司马彪续汉书八志,也利用过"十意"的材料。

和东观修史有关的,还有张衡、应劭等人。张衡制造过候风地动仪,刘珍、刘𫘧骏修史时,"因定汉家礼仪,上言请衡参论其事。"张衡"上疏请得专事东观,收检遗文,毕力补缀。又条上司马迁、班固所述与典籍不合者十余事,又以为王莽本传但应载篡事而已,至于编年月、记灾祥,宜为元后本纪。又更始即位,人无异望,光武初为其将,然后即真,宜以更始之号建于光武之初。书数上,竟不听"。(《后汉书》本传)应劭的父亲应奉,曾删《史记》、《汉书》、《汉记》三百六十余年史事为十七卷,名曰《汉事》,其体例已不可考。建安二年,汉献帝迁都于许,旧章湮没,书记罕存,应劭缀集所闻,撰《汉官礼仪故事》,凡朝廷制度,百官典式,大都是应劭所立。应劭的《风俗通义》三十一卷,是他在兴平元年(公元194年)弃官归袁绍以后所撰,以"辨物类名号,识时俗嫌疑",今本存十卷。

数术方技之书

在《汉书·艺文志》著录的书籍中，除了六艺、诸子、诗赋、兵书以外，还有两类书籍是人们很少过问的，这就是数术和方技之书。数术包括天文、历谱、五行、蓍龟、杂占、形法六类，一百多家二千五百多卷；方技包括医经、经方、房中、神仙四类，三十六家八百六十多卷。这些书绝大部分都已经亡佚了，但是在当时却相当流行，从近年来出土的竹简、帛书可以看出，占云气书、阴阳五行、刑德、日书、医书等占了很大比重。另一方面，有些比较重要的书，比如《史记·扁鹊仓公传》讲到公乘阳庆传黄帝、扁鹊之《脉书》，《汉书·楼护传》讲到的《本草》等，都不见于著录。所以，对这类书还不能加以系统介绍，只能略述如下几点。

天文一类书籍，是"序二十八宿，步五星日月，以纪吉凶之象，圣王所以参政也"。古代天文学知识是和占星术一道发展起来的，分周天之星为二十八宿，东西南北四方各有七宿，积数为七百八十三星，皆有州国官宫物类之象，所谓政失于此，则变见于彼，这种天人感应的思想，使得古代有关异常天象都作了详细记录，与此同时，就要制定历法，就要运用数学演算，出现了《周髀算经》和《九章算术》。这两种书，《汉书·艺文志》也未著录。

《周髀算经》书名原为《周髀》，意思是说周人用测影日表在都城进行观测的事，利用勾股原理进行各种数据的推算，以讲解盖天之说，"算经"二字是后人所加。书中有引用《吕氏春秋》和《淮南子》的话，成书年代不会太早。这书采用周公与商高等问答形式，叙述天高、日径、日照范围、根据冬至夏至二晷影的长度推定二十四节气的影长，以及四分历中日月行度、岁实、月实、置闰、历元等等。

《九章算术》用解题的方法分作九类应用题，每一类作为一章，纂集成书。即：方田（土地测量、田亩面积计算）、粟米（计算粟、米、饭的比例）、衰分（劳役、租税、产品的分配比例）、少广（由已知面积和体积求其一边之长）、商功（土石工程的体积计算）、均输（按人口多少、道路远近计算赋税、徭役）、盈不足（利用假设进行运算解决盈亏问题）、方程、勾股等九章，一共二百四十六个应用题。1984年湖北江陵张家山西汉前期墓葬出土的《算数书》竹简，成书时代比《九章算术》早，体裁则大致相同，有六十多个小标题，如"少广"文字与《九章算术》相同而略有出入。中国古代数学专著大都采用这种应用问题集的体例。

睡虎地十一号秦墓出土的《日书》甲、乙本，主要内容是出行、见官、裁衣等等都要选择时日，以趋吉避凶；房屋布局，井、仓门等安放在什么地方，遇到鬼怪如何应付等。了解了汉代这种迷信方术已经形成了社会风气，这类书籍泛滥也就不足为怪了。

在古代医学书籍中，流传下来的最重要的当然是《黄帝内经》，以黄帝与岐伯、伯高、鬼臾区、少师、少俞、雷公等人问答的形式，论述古代医学基础理论。由于不是一人一时之作，各个历史时代都进行改编，甚至书名都更换多次，有些问题遂成为疑案，难以考证。这里试图理出一个大体的轮廓。

《史记·扁鹊仓公列传》记载，长桑君有《禁方》书，传与扁鹊（即秦越人），扁鹊曾给赵简子看过病，大概是春秋末战国初期的人。又记载：淳于意从他的老师公乘阳庆那里得到了《脉书》、《上下经》、《五色诊》、《奇咳术》、《揆度》、《阴阳外变》、《药论》、《石神》、

《接阴阳禁书》一共十种医书，都没有提到《内经》。今本《内经》包括《素问》、《灵枢》两个部分，各八十一篇，其中引用的古代文献二十余种，上述医书除了《药论》、《石神》以外，大都提到了。《石神》讲砭石，针刺疗法就是在砭石方法的基础上发展起来的，长沙马王堆汉墓出土的帛书，有《足臂十一脉灸经》、《阴阳十一脉灸经》，记录了十一条脉，只有灸法和砭法，而没有针法，而《内经》的《灵枢》主要讲针刺理论，描述了十二条经脉、腧穴名称等。帛书《五十二病方》列举了一百零三个病名，现存医方二百八十个，武威木简《治百病方》，共收医方三十多个，列有方名、病名（或病状）、药物名和剂量、服药方法、针灸穴位和禁忌等，从中都看不到阴阳五行学说的影响和痕迹，而阴阳五行学说则是《内经》的理论基础。由此可见，《内经》的编纂成书，当较上述各书为晚。

《素问》一名，最早见于张仲景[1]的《伤寒杂病论》自序，他说："感往昔之沦丧，伤横夭之莫救，乃勤求古训，博采众方，撰用《素问》、《九卷》、《八十一难》、《阴阳大论》、《胎胪药录》，并平脉辨证，为《伤寒杂病论》，合十六卷。"张仲景也没有提到《内经》书名，只是讲《素问》、《九卷》，后人说《九卷》也叫《针经》，就是《灵枢》。看来，这些书的名称当时并没有固定，如《针经》就多次易名，而且作为不同的本子，与《灵枢》同时并存。这些书经过多次改编、增补，早已不是原本面貌，今本《内经》是在唐代才编定的，其改编情况本书写本篇另作叙述。

---

[1] 张仲景，名机，南阳郡（今河南邓县）人。史书无传。

黄老之学与道教

汉代初年黄老之学盛行,其具体内容文献资料记载不多,所谓黄老,指的是黄帝、老子之书。《淮南子》讲到:"世俗之人,多尊古而贱今,故为道者必托于神农、黄帝而后能入说。"《史记·陈丞相世家》讲到:陈平少时"治黄帝老子之书",《外戚世家》说窦太后"好黄帝老子之言"。《汉书·艺文志》著录有关黄帝的书二十余种,除了《黄帝内经》以外,都没有留传下来,其内容也无法稽考。

马王堆汉墓出土的帛书中,《老子》甲本卷后和乙本卷前各抄有几篇佚书,乙本卷前四篇佚书的篇名为:《经法》、《十六经》、《称》、《道原》,内容与黄帝有关,例如《十六经》记载了有关黄帝事迹的传说,以及黄帝和力牧等人的问答。也有人认为这四篇佚书就是《汉书·艺文志》著录的《黄帝四经》。这四篇和《老子》合抄为一卷,显然与黄老之学有关。当时关于黄帝的传说很多,司马迁曾指出:"百家言黄帝,其言不雅驯,缙绅先生难言之。"诸子百家都托名黄帝来阐述自己的观点,许多人都可以"归本于黄老",形成了一种特定的学术思潮。

汉武帝独尊儒术以后,黄老之学一变而为老庄之学,蜀人严遵[①]"依老子庄周之旨,著书十余万言",写了一部《老子指归》。严遵不拘泥章句,分章解说大意,从义理上发挥自己的观点,黄老之

[①] 严遵,字君平,蜀郡成都(今四川成都)人,本姓庄,班固作《汉书》避明帝讳,更之为严。事迹见《汉书》卷七十二。

学逐渐由汉初经国治世的政术转变成与神仙方术相结合的道教。东汉时出现了道教的系统理论著作:《太平经》。

汉顺帝时,"琅玡宫崇诣阙,上其师干吉于曲阳泉水上所得神书百七十卷,皆缥白素朱介青首朱目,号《太平清领书》。其书以言阴阳五行为家,而多巫觋杂语。有司奏崇所上妖妄不经,乃收藏之。"这事见之于《后汉书·襄楷传》。到桓帝时,襄楷[①]又将此书献上,称:"前者宫崇所献神书,专以奉天地顺五行为本,亦有兴国广嗣之术,其文易晓,参同经典。"现存《太平经》残本所注明的卷数与此相合,内容则以师徒讲道问答为主,整理成书。《太平经》融合了西汉以来道、儒、阴阳、神仙各家学说,以及东汉盛行的谶纬之学,它对汉末农民起义有着直接的影响。黄巾起义的领袖人物张角,就收藏有这部书。

属于早期道教著作的还有魏伯阳的《周易参同契》,成书与《太平经》大致同时,主要讲炼丹术,以《周易》和黄老思想相结合,形成修内丹可以养性延命,服外丹可以不死成仙的学说。

另一本书就是《老子》想尔注,此书不见于《隋书·经籍志》著录,注者是什么人没有明文记载,可能是五斗米教的领袖张鲁。敦煌遗书中有六朝写本此书残卷,保存了道经部分的注,从中可以看出是借题发挥,用浅近的语言改造《老子》,以适合道教教义。道教的名称就是这本书首次提出的。

从道家思想发展成为道教,经历了复杂的演变过程。有时,它仿佛从历史舞台上消失,成为地下的伏流;有时又与儒家思想结合,例如在《太平经》中就大讲阴阳灾异;有时它还与东汉时传入中国的佛教思想互有影响和渗透。

[①] 襄楷,字公矩,《后汉书》卷三十有传。

郑玄遍注诸经

作为统治阶级思想的儒家经学,到汉代末年,本身也经历了由盛而衰的发展过程。壁垒森严、旗帜鲜明的所谓今古文之争,从西汉末年到东汉末年,绵延达二百年之久,终于随着今文经学的日渐浸微,师法家法的束缚逐渐摆脱,经学作为利禄之途的手段已经没有过去那样的吸引力了,在民间广泛流传的古文经学逐渐占据了压倒地位。东汉一代的著名经师大都是古文学派,但是他们打破了家法藩篱和学派界限,吸收两者的长处,集经学之大成,他们博通群经,融会贯通,于是在学术上就酝酿着大融合的局面,在书籍编纂方面也有着明显的反映,其代表人物就是遍注诸经的一代大师郑玄。①

汉儒对于朝廷的政治得失是非常敏感的,当时弥漫着一种批评朝政的风气,就是所谓的"清议",其背景当然也很复杂,掺杂着一些个人的恩怨利害。朝廷对"清议"的领袖们加以迫害,许多人受诬入狱,叫作"党锢"。有的人被赦归田里后,结交地方,设馆讲学,形成了一股政治力量。郑玄就是在这样的历史条件下,和当时大批知识分子一样,遭"党锢"之事,隐居不仕,以整理古籍为职志的。

郑玄最初从京兆第五元先通今文经,又从东郡张恭祖受古文

---

① 郑玄,字康成,北海高密(今山东高密)人,生于东汉永建二年,卒于建安五年(127—200),《后汉书》卷三十五有传。

经,后人关师事扶风马融。他打破门户之见,不墨守一家之说,兼采今古文,遍注诸经。他注的书完整无缺保存下来的,只有四种,其中《周礼注》十二卷、《仪礼注》十七卷、《礼记注》二十卷,都是直名其书为注,另有《毛诗笺》二十卷。其他如《周易》、《尚书》、《孝经》的注早已亡佚,只有后人的辑佚了。近年来新疆出土的唐代写本中,有《论语》郑氏注。

郑玄在《戒子益恩节》中指出,他致力于经学,是为了"述先圣之玄意,思整百家之不齐"。汉代经学今古文之争,互相论难攻讦,经有数家,家有数说,章句多的上百万言,以致学徒劳而少功,莫知所从。"郑玄囊括大典,网罗众说,删裁繁芜,刊改漏失,择善而从,自是学者略知所归。"(《后汉书》本传)文字简约易懂,是郑玄注经的一大特点,他指出:"文义自解,故不言之。凡说,不解者耳。众篇皆然。"

郑玄最大的功绩是编辑、整理了"三礼"。汉代《礼经》有师授无注解,马融只注了《丧服》经、传,"三礼"这个名词虽然是马融、卢植开始提出来的,从郑玄分别为《周礼》、《仪礼》、《礼记》作注以后,才确定下来。《礼记》四十九篇的选辑本也得以独立成书。《礼记》一书的来源和编纂情况,是历代学者争论不休的一个问题。刘向《别录》曾将它按篇分为十类,即制度、通论、明堂阴阳、乐记、丧服、世子法、祭祀、子法、吉礼、吉事。郑玄撰《六艺论》,讲到当时有两种本子:"戴德传记八十五篇,则《大戴礼》是也;戴圣传记四十九篇,则此《礼记》是也。"这两种选本互有异同,如《大戴礼记》的哀公问于孔子、曾子大孝、诸侯衅庙等篇,与小戴《礼记》哀公问、祭义、杂记等篇相同。二戴所录都是杂书,各有删节,如小戴取《乐记》十一篇,舍去十二篇;大戴取《曾子》十篇而舍去八篇。郑玄只为小戴《礼记》四十九篇作注,而所谓《大戴礼记》的八十五篇本很少有人传抄,以后虽有北周时卢辩为之作注,但已亡佚大半。

郑玄笃信《周礼》为周公所作,是周代的制度,实际上其中杂有战国时期诸侯国的制度,个别的甚至出于构拟。到了汉代,古文学家为了争立学官,与今文学家展开论战,又把它神圣化了。

郑玄注书的体例,概括来说主要有以下几个方面:

首先是篇目次第,以刘向《别录》为准。如《仪礼》十七篇,"皆尊卑吉凶次第伦述"。汉代所传《仪礼》有三种本子,即大戴(戴德)本、小戴(戴圣)本、刘向《别录》本,篇目次第均有不同。郑玄用的是刘向《别录》著录的本子。至于经文,则有高堂生所传的今文本和孔壁出土的古文本。古文本五十六篇,其中十七篇与今文本同,而文字多异。郑玄作注参用两种本子,从今文的则在注中叠出古文,注明"古文某字作某字",从古文的则在注中叠出今文,注明"今文某作某"等。郑玄把刘向校定的本子称作"今书",其他的本子称作"故书",以相区别。凡从"今书"者,则在注中存"故书"异文,注明"故书某作某",但是从"故书"者,注中并不注明"今书某作某",这说明了他在文字方面是以古文为主的。《周礼》为古文,无今文;《礼记》各篇则杂糅古今文,郑玄注各存其异文。

其次是校正读音,训诂名物,解释经义。经文古字的读音,注为"读若某",或"读如某";有的就其音易其字,注为"读为某",读音错了的则注"当为某",与许慎《说文解字》传注多释假借不同。对于名物礼俗,往往推原本始,古代如何,汉制汉俗如何。有时引用其他经传,有时援据别本,经文不具或文义不足者,或无文献可征者,则以己意断之。有的也注明"无闻",存疑。如"曲礼三千",注中指出:"礼篇多亡,本数未闻";《仪礼·乡饮酒》"乐南陔、白华、华黍",注中指出:"南陔、白华、华黍,小雅篇也,今亡,其义未闻。"又如《周礼》,先举杜子春、郑兴、郑众诸家之注于前,和自己意见一致的,不再重复;和自己意见不同的,则以"玄谓"如何来申明己见,态度是很严谨的。

第三是校勘。经文中的误字、衍文、脱文以及错简现象,郑注均一一校正。如《礼记·乐记》子赣见师乙一节有错简,郑玄并未径改,而是因其旧文,在注中作了说明。《玉藻》和《仪礼·丧服》篇也有错乱,都是如此处理。错字,有的按词意订正,有的因读音致讹,也均在注中指明,而不轻易改动原文。

在对经文的解释方面,郑玄更是博综兼采,会通今古,如《周礼》是古文经,他除了引用《左传》、《毛诗》、《尔雅》等古文经传以外,还引用《公羊传》、《春秋繁露》等今文经传。这种杂糅今古的做法,在后世学术界引起了所谓"申郑"和"驳郑"之辩,但是从书籍编纂的角度来看,郑玄破除家法藩篱,熔古今于一炉,"举一纲而万目张,解一卷而众篇明"、"经生皆从郑氏,不必更求各家",对读者是有利的。

郑玄注《易》,用的是费氏古文,他把彖、象合在经文一起。郑玄为《毛诗》作笺,与注释不同,笺是宗一家而又有所引申发挥,郑玄以《毛诗故训传》为主,《毛诗》讲的简略之处,他加以补充,有不同的见解,则另加标明,即"若有不同,便下己意",实际上是兼采三家诗说。郑玄所注《尚书》用的是古文,但与马融不同,也兼采今文。至于《春秋》,则是与今文学家何休论辩之作,何休作《公羊墨守》、《左氏膏肓》、《榖梁废疾》,郑玄则作《铖膏肓》、《发墨守》、《起废疾》以难何休。

此外,郑玄还注释过汉代律令。《晋书·刑法志》记载,秦汉旧律诸儒章句十有余家,魏明帝曾下诏但用郑氏章句,不得杂用诸家。郑玄还注过纬书,并且用纬书解经。郑玄去世后,弟子将其言论辑录,仿《论语》体例,编为《郑志》。

写本篇

经籍注疏与南北之学

魏晋南北朝时期，在中国经学史上处于承先启后的时代。两汉经学自从郑玄杂糅今古文遍注诸经以后，今古文家法、师法荡然无存，又经过汉末董卓之乱，中秘所藏图书也损失殆尽，但是在学术风气方面却摆脱了传统的束缚，出现了新的繁荣局面。

三国鼎峙形势形成以后，魏文帝曹丕曾经重新设立五经博士，正始五年（公元244年）又在洛阳太学门外刻了石经。此时距熹平石经之立不过六十年，熹平石经为今文经，重刻的是古文《尚书》、《春秋》和《左氏传》，共三十五石，其中《左氏传》没有刻完。古文难识，又列秦篆和隶书于其下，以为释文。所以魏石经也叫正始石经或三体石经。

东汉末年以来，和经学权威郑玄学派相对立的是王肃。[①] 王肃善贾逵、马融之学，但是反对郑玄，他也是综合今文、古文各家之说采会同异，注《尚书》、《诗经》、《论语》、《左传》、《周礼》、《仪礼》、《礼记》，并且撰定他父亲王朗所作的《易传》，皆列学官。这些经注数量很多，大都已经亡佚。王肃还为《孔子家语》作注，并托名孔子八世孙孔鲋编撰《孔丛子》一书，以作为《圣证论》一书的证据，非难郑玄，后人斥为伪书而予以否定，近年来出土的阜阳汉简证明，早在王肃之前就有《孔子家语》一类材料。王肃之学不过会采同异，

[①] 王肃，字子雍，东海兰陵（今山东苍山）人，生年不详，卒于魏甘露元年（？—256），《三国志》卷十三有传。

收集了不同于郑学的材料编纂而成，郑玄虽杂糅今古文，但基本上是古文经学，王肃则以今文攻郑之古文，以古文攻郑之今文。杜预注《左氏传》、何晏①解《论语》多采其说。

当时经籍传注体例，荟萃众家之说的集解形式盛行一时。正始年间何晏的《论语集解》十卷，集包咸、周氏、马融、郑玄、陈群、王肃、周生烈七家之说，又采古论孔安国注，序中说："集诸家之善说，记其姓名，有不安者，颇为改易。"南北朝时皇侃为《论语集解》所作义疏，体例也是引取众说，以示广闻，除何晏外又引用江熙《集解》各家，总共有五十余家。又如范宁的《春秋穀梁传集注》十二卷，是"与二三学士及诸子弟各记所识，并言其意，各记姓名，名曰集解"。注中称"泰曰"、"劭曰"、"雍曰"、"凯曰"等等，这也是集解的又一种体例。注《尔雅》的郭璞②，在自序中说已有的十余家注犹未详备，他"缀集异闻，荟粹旧说，考方国之语，采谣俗之志，错综樊（光）、孙（炎），博关群言。剟其瑕砾，搴其萧稂，事有隐滞，援据证之，其所易了，阙而不论。"他把注此书比做拿了把扫帚清扫道路，认为注释如不完备将贻误后人。

晋代杜预③《春秋左氏经传集解》则别有取义，他聚集经传，为《春秋》作解，采用的方法是"分经之年与传之年相附，比其义类，各随而解之，名曰《经传集解》"。也就是将《左氏传》的记载分年排列，附在《春秋》该年经文之后，共编为三十卷。杜预是平吴主帅，又是自号有《左传》癖的学者，他"参考众家谱第，为之释例，又作

---

① 何晏，字平叔，约生于东汉初平元年，卒于曹魏正始十年(190—249)，生平参见《三国志》卷九曹真传。

② 郭璞，字景纯，河东闻喜(今山西闻喜)人，生于西晋咸宁二年，卒于东晋太宁二年(276—324)。《晋书》卷七十二有传。

③ 杜预，字元凯，京兆杜陵(今陕西西安)人，生于曹魏正始十年，卒于西晋太康五年(222—284)，《三国志》卷十六、《晋书》卷三十四有传。

《盟会图》《春秋长历》，备成一家之学，比老乃成"。《春秋释例》十五卷四十篇，今本自《永乐大典》辑佚，厘为四十六篇，仍分十五卷，已非原貌。

《春秋左氏经传集解》的序文，是一篇关于书籍编纂的重要文献资料。《春秋》是鲁国的史记，孔子"因鲁史策书成文，考其真伪而志其典礼，上以遵周公之遗志，下以明将来之法。其教之所存，文之所害，则刊而正之，以示劝戒，其余则皆用旧史。史有文质，辞有详略，不必改也"。杜预认为，孔子所作的只是将"教之所存，文之所害"的地方稍作修饰加工而已，正如今日编辑之所为，而文字辞藻以及详略是不加改动的。

杜预总结孔子编纂《春秋》的体例说："发传之体"有三，一是发凡以言例，即正式的体例，所谓"五十凡"；二是新的情况，谓之变例，即书中所称：书、不书、先书、故书、不言、不称、书曰之类；三是非例，直言其归趣，不作为体例。"为例之情"有五，即所谓"微而显，志而晦，婉而成章，尽而不汙，惩恶而劝善"。

魏晋时代崇尚清谈，手挥麈尾，清谈终日，辩难锋起，言论放逸，成为士大夫们生活的主要内容。清谈注重辞藻，以善用比喻为贵，言简意深，见解新颖，富有独立思考和批判的精神，这对于汉代那种附会图谶、墨守师说的烦琐章句之学，具有一种解放思想的作用，所以得到了时人赞赏。所谓南方之学清通简约，就是指的能够抓住重点，析理明畅。当然，这也是由于受到佛教经论影响的缘故。从表面上来看，魏晋玄学是融合儒道，以《周易》《老子》《庄子》为三玄，加以解说，其代表人物则是注《周易》《老子》的王弼①,和注《庄子》的向秀②和郭象③。

魏晋人说经,排术数而谈哲理,文辞隽永。一反汉代附会图谶,烦琐章句的学风。王弼所注《老子》二卷,为之指略,著《道略论》;王弼注《周易》上下经六卷,及《易略例》一卷,都是如此。他尽扫象数,采用《毛诗传》例,各以卷首第一卦为名,如乾传第一、泰传第二。郑玄合《彖》、《象》于经,王弼则以《文言》分附乾、坤两卦之后。《系辞》、《说卦》、《序卦》、《杂卦》诸传为晋韩康伯所注。东晋张璠作《易集解》十二卷,也是以玄言为宗,共二十二家。作《搜神记》的干宝,有《易注》十卷,他以卦爻配月或日时,傅诸人事,但排遣玄言,专明象数,在东晋时期玄学盛行之际,这书是很特别的。

《庄子》向秀注本二十卷二十六篇,郭象注本三十二卷三十二篇。这其中还有一段公案。《晋书》向秀传说:"庄周著内外数十篇,历世才士虽有观者,莫适论其旨统也。秀乃为之隐解,发明奇趣,振起玄风,读之者超然心悟,莫不自足一时也。惠帝之世,郭象又述而广之,儒墨之迹见鄙,道家之言遂盛焉。"同书郭象传则说:"先是注《庄子》者数十家,莫能究其旨统,向秀于旧注外而为解义,妙演奇致,大畅玄风,惟《秋水》、《至乐》二篇未竟而秀卒。秀子幼,其义零落,然颇有别本迁流。象为人行薄,以秀义不传于世,遂窃以为己注,乃自注《秋水》、《至乐》二篇,又易《马蹄》一篇,其余众篇或点定文句而已。其后秀义别本出,故今有向、郭二《庄》,其义一也。"实际上两本在当时并存,互有不同,郭象注本晚出三十余年,

---

① 王弼,字辅嗣,山阳高平(今山东微山)人,生于曹魏黄初七年,卒于正始十年(226—249),《三国志》卷二十八有传。

② 向秀,字子期,河内怀(今河南武陟)人,生于曹魏太和初年,卒于西晋咸宁三年(约227—277),《晋书》卷四十九有传。

③ 郭象,字子玄,河内(今河南沁阳)人,生于曹魏嘉平五年,卒于西晋永嘉六年(253—312),《晋书》卷五十有传。

魏晋人注书把前人或同时代人的见解吸收在自己的注释中是常见的事。

经学的发展,在一段时间里曾经处于沉寂状态,到了梁武帝时又呈现复兴。这时出现了一种新的《古文尚书》,托名孔安国传,并附有一篇孔安国序。这本《古文尚书》共有五十八篇,其中三十四篇篇名与郑玄注本相同,只是从《尧典》中分出了一篇《舜典》,又从《皋陶谟》中分出了一篇《益稷》,《泰誓》三篇篇名相同内容则完全不同,并且把百篇书序分别放在各篇的前面。它的出现据说是东晋元帝时豫章内史梅赜奏上,其中《舜典》一篇有经无传。南齐建武四年,吴兴人姚方兴在大航头发现了一篇孔安国注的《舜典》,献给朝廷,开头第一句"慎徽五典"前多出了"若曰稽古帝舜,曰重华,协于帝"十二个字,以后又补充了"浚哲文明,温恭允塞,玄德升闻,乃命以位"十六个字,后来姚方兴犯罪被杀,这个本子在当时没有得到承认,《舜典》注解仍采用王肃对《尧典》后半部所作的旧注。此书篇章离合,篇目存亡,均与汉代所传的本子不合,立说多本王肃,但是当时的人喜欢它经文完整,注释详明,加以梁武帝的提倡,于是风行一时。这部书积聚了八百年来人们所称引的《尚书》,从古书中辑佚,联缀成篇,包括已经散失了的汉代今文《尚书》二十八篇在内,对于今古文经师的《尚书》说也作了总结性的整理,编纂之功不应予以抹煞。

南北朝时期南北学风不同,除《诗》并主毛公,《礼》同遵郑玄以外,江左用王弼注《周易》,《尚书》孔安国传,杜预《春秋左传集解》,河洛则用郑玄注《周易》、《尚书》,服虔《左传解谊》。《公羊传》和《穀梁传》已经很少有人问津了。《隋书·儒林传》称:"南人约简,得其英华;北学深芜,穷其枝叶。"概括了两种学风的不同。

对于唐代以前经学发展沿革作了总结性整理工作的,是南朝末年陆德明①所撰《经典释文》三十卷,成书于至德元年(公元583年),署衔"唐国子博士兼太子中允赠齐州刺史吴县开国男"则是后人追题。序录一卷,叙述经学传述源流,包括五经次第及注解传述人,并自述著述体例。全书包括:周易音义一卷、古文尚书音义二卷、毛诗音义三卷、周礼音义二卷、仪礼音义一卷、礼记音义四卷、春秋左氏音义六卷、公羊音义一卷、穀梁音义一卷、孝经音义一卷、论语音义一卷、老子音义一卷、庄子音义三卷、尔雅音义二卷,集汉魏六朝二百三十余家音切训诂之学,撰成此书。陆德明生活在南朝,书中很少引用北音,书成后到了隋唐时期也没有再予增补。敦煌写本残存有庄子释文,不避唐讳,与今本异同甚多,原书经后人改窜,已非原貌。

《经典释文》所纂集的各家音义,既用以释经,也用以释注,这是和过去的旧本不同的地方,其体例,首先是经注用墨书、朱书区别;除《孝经》、《老子》以外,皆不录经文,只标篇章于上,摘字为音;再就是不轻易改动经籍旧文,包括原有的假借字,他说:"经籍文字相承已久,至如悦字作说,闲字作闲,智但作知,汝止为女,若此之类,今并依旧音之。"也不轻改今字,妄求古字,只在必要时注明古字异文,"《尚书》之字本为隶古,既是隶写古文,则不全为古字。……穿凿之徒务欲立异,依傍字部,改变经文,疑惑后生,不可承用。今皆依旧为音,其字有别体则见之音内,然亦兼采《说文》、《字诂》,以示同异者也。"对俗体字区别对待,约定俗成的,知其原由即可,改便惊俗的则不作改动。

---

① 陆德明,名元朗,以字行,苏州吴(今江苏吴县)人,生年不详,卒于唐贞观十六年以前(约550—630),《旧唐书》卷一百八十九、《新唐书》卷一百九十八有传。

汲冢竹书整理始末

西晋武帝咸宁五年（公元 279 年）十月，汲郡地方发生了一桩盗窃古墓的案件。等到官府得到消息，派人赶来的时候，只收回了一部分随葬物品，其中有钟、磬、玉律等古代乐器，一把铜剑，以及大批残断散乱的竹简。后来查明，盗墓的人名字叫作"不准"，他为了盗取宝物，在墓中点燃竹简照明，许多竹简烧得只剩下了一些断头。尽管如此，地方官吏还是向朝廷打了报告，把这批劫余的竹简装了几十车，送到京都洛阳。

汲冢古墓出土的竹简，都是先秦的占书，埋藏在地下已经五百八十多年，人们称之为汲冢书。先秦古书原来是个什么样子？在当时，实物已经很难见到。西汉景帝时期，鲁恭王拆除孔子宅第，曾经发现过藏在墙壁中的古文经籍，从那个时候以来，出土大批古书的事还不曾听说过。汲冢古墓出土的这批先秦古书竹简，理所当然地引起了人们的重视，成为轰动一时的盛事。

这些竹简不整理是没有用的，整理也的确不是一件容易的事。残断的竹简要拼接在一起，散乱的次序要重新编定，竹简上的古代文字要辨识清楚，书籍的内容要认真考证。最后，还要用当时通行的文字，即隶书，把它抄写出来。有些书可以用传世的本子对照，有些书则早已失传，甚至连书名也没有听说过，加以古文字不易辨识，这可就难办了。只有既熟悉古代文献资料，又精通古代文字的学者，才能胜任这一项工作。

太康二年（公元 281 年），晋武帝下令整理这批竹简，最初担任这个工作的是中书监荀勖①和他的助手中书令和峤②,他们都是当时知名的学者。荀勖这个人先是在三国时期的魏国做官,后来受到晋武帝重用,担任掌管朝廷机密事宜的中书监职务。他博学多识,懂得乐律,还是一个目录学家,曾经和张华一起,根据刘向的《别录》整理过皇家收藏的图书。他编的《中经新簿》,将当时皇家所藏的近三万册书籍,分为甲、乙、丙、丁四部,这是历史上最早用四部作为书籍分类的办法。和峤性格耿直,他对荀勖的为人不满,甚至闹到不肯同乘一辆车子,但是在整理工作中,两个人还能够合作共事。

荀勖用二尺长的黄纸来抄写竹简上的文字,相当于原简的长度,保持了竹书原来的书写规格。这样做的好处是,有了错简容易发现和改正,残简也可以大致算出缺漏多少字,可以用□□来代替。这应该说是比较谨严的工作方法。

汲冢竹书的文字是先秦古文,当时俗称蝌蚪文。这些古代文字,即使博学如荀勖、和峤,也已经不能完全认识了。他们把竹简上的字与曹魏正始年间所刻的三体石经核对。三体石经将孔壁所出古文与篆、隶文字并列,如果竹简上文字的形状是三体石经上所没有的,即使读上下文意可以知道是某一字,整理者也不随意径改为某字,而是用隶书来摹写古文形体的字迹,以求其真。这也是十分审慎的态度。

竹书《纪年》主要是和峤整理的。《纪年》是战国时期魏国的编年体史书,许多记载和传统的史籍出入,例如西周末年"共伯和干

---

① 荀勖,字公曾,颍川颍阴(今河南许昌)人,生年不详,卒于太康十年(?—289),《晋书》卷三十九有传。

② 和峤,字长舆,汝南西平(今河南西平)人,生年不详,卒于西晋元康二年(?—292),《晋书》卷四十五有传。

王位"，而不是周召二公共和行政。

汲冢竹书经过荀勖、和峤等人陆续整理，写出了初稿本，正式编入皇家图书，附在丁部的后面，并且用来校正传世的经传阙文。但是，整理工作存在的一些问题并没有完全解决，误读误释的地方不少，简册编次也有错乱现象。晋武帝死后，他的儿子即晋惠帝是个有名的白痴，统治阶级内部争权夺利异常激烈，宫廷政变迭起，终于爆发了"八王之乱"。考正汲冢竹书的艰巨工作，正是在这种混乱的政治局面下进行的。惠帝永平元年（公元291年），重新设立了秘书监来考正汲冢竹书。秘书监挚虞编撰过《文章流别》一书，他依据张华所藏的大量善本书籍，校读汲冢竹书，撰定了一部《官书》。

当时的秘书丞卫恒①是一位有家学渊源的古文字学者和书法家，他的《四体书势》一文，讲到祖父卫觊所写的汉代孔壁古文与汲冢竹书文字仿佛。汲冢竹书的古文并不是同一书体，卫恒特别赞美其中《论楚事》一篇，认为它的书法最为工妙。汲冢竹书十几万字，古文同字异形者很多，卫恒编过《诏定古文官书》一卷，是专门从文字学角度来研究汲冢竹书的，可惜后来都失传了。《隋书·经籍志》、《旧唐书·经籍志》和《新唐书·艺文志》则著录此书为后汉人卫宏所撰。

卫恒考证汲冢竹书，前后不过四个月时间，正巧遇上楚王司马玮政变，他和父亲卫瓘同时被害。卫恒的好朋友束皙②，是阳平元城人，听说卫恒遇难，从家乡赶来奔丧，以后又继续卫恒的未竟事

---

① 卫恒，字巨山，河东安邑（今山西夏县）人。生年不详，卒于西晋永平元年（？—291），《晋书》卷三十六有传。
② 束皙，字广微。阳平元城（今河北大名）人，约生于曹魏景元二年，卒于西晋永康元年（约261—300），《晋书》卷五十一有传。

业，完成了整理汲冢竹书的工作。束皙也是一个很有学问的人，他闭门教书，不慕名利，而又关心农民疾苦，在乡里很有声望。他深通经学，著有《五经通论》，又精通古文字，有人曾在嵩高山得到一枚竹简，上有两行科斗文字，人们都不认识，问束皙，他说是汉明帝显节陵中策文，一查果然不错。他任佐著作郎时曾撰成《晋书》帝纪和十志。经过束皙重新整理编定的汲冢竹书，共七十五篇，《晋书·束皙传》记载有关情况如下：

"其《纪年》十三篇，记夏以来至周幽王为犬戎所灭，以晋事接之，三家分，仍述魏事至安釐王之二十年。盖魏国之史书，大略与《春秋》皆多相应。其中经传大异，则云夏年多殷；益干启位，启杀之；太甲杀伊尹；文丁杀季历；自周受命至穆王百年，非穆王寿百岁也；幽王既亡，有共伯和摄行天子事，非二相共和也。其《易经》二篇，与《周易》上下经同。《易繇阴阳卦》二篇，与《周易》略同，繇辞则异。《卦下易经》一篇，似《说卦》而异。《公孙段》两篇，公孙段与邵涉论《易》。《国语》三篇，言楚、晋事。《名》三篇，似《礼记》，又似《尔雅》、《论语》。《师春》一篇，书《左传》诸卜筮，师春似是造书者姓名也。《琐语》十一篇，诸国卜梦妖怪相书也。《梁丘藏》一篇，先叙魏之世数，次言丘藏金玉事。《缴书》二篇，论弋射法。《生卦》一篇，帝王所封。《大历》二篇，邹子谈天类也。《穆天子传》五篇，言周穆王游行四海，见帝台、西王母。《图诗》一篇，画赞之属也。又，杂书十九篇：《周食田法》、《周书》、《论楚事》、《周穆王美人盛姬死事》。大凡七十五篇，七篇简书折坏，不识名题。"

束皙重新编定的汲冢竹书，与荀勖编入《中经新簿》所著录的汲冢竹书，分卷及篇名均有不同。如《纪年》，和峤的写定本起于黄帝，束皙的考正重定本则从夏代开始，商、周以后记晋、魏事。荀勖本《穆天子传》六篇，束皙本则为《周王游行》五卷，抽出《周穆王美人盛姬死事》一卷，列为杂书。可能原来竹简的书名即为《周王游行》，但是荀勖本定为《穆天子传》，经郭璞作注，在民间流传较广。"永嘉之乱"以后，随着西晋王朝的倾覆，汲冢竹书的整理本都散佚了，唯有《穆天子传》得以独存。

束晳考正汲冢竹书，"随疑分析，皆有义证"，而且"事多证异义"，对于学术问题，公开展开讨论。束晳的《纪年》重定本，东莱太守王庭坚提出过诘难，束晳一一作了答辩，双方的论点都有根据。为了考正汲冢竹书，当时学术讨论的气氛是浓厚的。

永康元年（公元300年），赵王司马伦当政，想让束晳当记室，做他的机要秘书。束晳坚决不干，告病回到家乡教授门徒，死的时候只有四十岁。

汲冢竹书从咸宁五年出土到永康元年整理工作最后完成，前后经过二十年。参加整理工作的当然不限于上述几个人。从《穆天子传》序的署名来看，除了荀勖、和峤二人外，还有主书令史，也就是专管缮写的"遣、勋、给"，可能是三个人的名字，以及一个校书中郎名字叫宙的，还有一个名字叫瓉的，可能是写《汉书音义》的臣瓉，有人说他姓于，也有人说他姓薛、姓傅，还有人说可能是裴秀的侄子裴瓉。总之，是不详其姓氏了。一千七百年前出土文献的整理工作者，他们的名字很少被人提起，甚至难以考定。他们整理的古代书籍虽然大都没有流传下来。但是他们在文化史上所起的作用和辛勤劳动的业绩却不可泯没。

魏晋南北朝时期史籍撰述

魏晋南北朝时期，史书编撰盛极一时。据《隋书·经籍志》著录，史部书籍包括存佚在内合计八百七十四部，一万六千五百五十八卷，不仅数量众多，门类也不断扩大，朝廷里设著作郎，职掌修史，以后又设立史馆，到隋唐时期遂成为定制。

西晋武帝太康元年（公元280年）灭吴，结束了汉末以来魏、蜀、吴三国鼎峙，前后约九十年的历史。叙述这一时期史实的书有二十余种，吴、魏都有官修史书，如王沈《魏书》四十八卷、韦昭《吴书》五十五卷，私人所撰有鱼豢《魏略》五十卷。蜀汉虽未置史官，也有王崇《蜀书》、谯周①《蜀本纪》等，除陈寿②编撰《三国志》以外，都已亡佚。

陈寿年轻的时候，曾受学于撰《古史考》的谯周。他在蜀汉任观阁令史，因宦官黄皓专权，屡遭黜迁。入西晋后，受到张华的赏识，任著作郎，曾奉命撰集《诸葛亮集》二十四篇，以后又整理三国时期史事，撰成《魏志》三十卷、《蜀志》十五卷、《吴志》二十卷。陈寿熟悉故国文献，所撰《益部耆旧传》十篇就是介绍乡邦人物的。三国时期许多史事是他目见耳闻，亲身经历，加以文章简洁，取舍谨严，叙事可信，事不重复，在当时很受推重。陈寿将三国的历史

---

① 谯周，字允南，巴西西充（今四川西充）人，生于东汉建安六年，卒于西晋泰始六年（201—270），《三国志》卷四十二有传。

② 陈寿，字承祚，巴西安汉（今四川南充）人，生于蜀汉建兴十一年，卒于西晋元康七年（233—297），《晋书》卷八十二、《华阳国志》卷十一有传。

并列分署,但由于晋承魏统,《三国志》以曹魏为正统,所以《魏志》有本纪和列传,《蜀志》和《吴志》都只有列传,实际上吴、蜀诸王传仍按编年记述,只是名义上没有称作本纪而已。此书直到陈寿去世以后,梁州大中正尚书郎范頵等上表推荐,朝廷才派人到他家里把这部书抄写出来。

在陈寿《三国志》成书一百三十余年后,南朝刘宋元嘉六年(公元429年),裴松之[①]奉诏为《三国志》作注。

过去注书的体例,首先是文字方面的解释,即注明字音、解释字义,校勘文字,注释名物典故,如东汉应劭《汉书集解音义》、三国时期韦昭《国语解》、东晋徐广《史记音义》等都是如此。三国时代的史书,"多为时讳",记载不同。裴松之注《三国志》除上述各项外,主要在于史实的补充和考定。凡陈寿记载简略或遗漏之处,广征博引,加以补充;讹误之处,则加以考辨;各家记载不同,经过比较,写出自己意见;对于史实和人物也有所评论。裴松之在《上三国志注表》中提出注书四例:一是"三国虽历年不远,而事关汉、晋,首尾所涉,出入百载。注记纷错,每多舛互。其寿所不载,事宜存录者,则罔不毕取,以补其阙"。二是"或同说一事而辞有乖杂,或出事本异,疑不能判,并皆抄内,以备异闻"。三是"若乃纰缪显然,言不附理,则随违矫正,以惩其妄"。四是"其时事当否及寿之小失,颇以愚意有所论辩"。裴松之认为:"窃惟馔事以众色成文,蜜蜂以兼采为味,故能使绚素有章,甘逾本质。"主张广征博引,但也并不是专务浩繁,有"未注"、"不注"之例,如钟繇、曹植传注中说:"事显不书";孙权传注中说:"文多不载";孙皓传注中说:"文多不

[①] 裴松之,字世期,河东闻喜(今山西闻喜)人,生于东晋咸安二年,卒于刘宋元嘉二十八年(372—451),《宋书》卷六十四、《南史》卷三十三有传。

悉载";公孙瓒、荀彧传注中说:"余语略同者删"。可以看出还是有所选择去取的。对于虚自标榜的碑铭、家传,也采慎重态度,不予轻信。对于不符合史实的记载,则斥为"妄记"、"虚说"。裴松之的儿子裴骃曾为《史记》作集解八十卷。

与裴松之同一时代的范晔①,沿袭《史记》、《汉书》体例,编撰了一部《后汉书》,记述东汉一代二百年的历史。这时,距东汉之亡也已经有二百年之久了。在这期间,除了东汉时期官修史书《东观汉纪》以外,有三国时吴人谢承《后汉书》一百三十卷、晋代薛莹《后汉纪》一百卷、司马彪《续汉书》八十三卷、华峤《后汉书》九十七卷、谢沈《后汉书》一百二十卷、袁山松《后汉书》一百卷、袁宏《后汉纪》三十卷等,这些书经过西晋末年的"永嘉之乱",已经残缺很多,范晔这时正巧左迁宣城太守,不得志,遂开始以《东观汉纪》为底本,修订删略诸家后汉书,兼取各家之长,遂成一家之作。范晔生前只写成帝后本纪十卷和列传八十卷,就因牵涉到孔熙先等人谋立彭城王刘义康案而被杀害。一说十志原托谢俨作,谢俨与范晔同时被害,稿也就散失了。直到梁代刘昭为《后汉书》作注时,因为范晔在序例中褒美过司马彪②的《续汉书》八志,就取来补范书之缺,计:律历三卷、礼仪三卷、祭祀三卷、天文三卷、五行六卷、郡国五卷、百官五卷、舆服二卷,共三十卷。

范晔认为班固《汉书》"任情无例",而《后汉书》的序例,刘昭在作注时曾经称赞为"备精与夺"。据李贤注《后汉书》所征引的范晔序例讲到:"帝纪略依《春秋》,惟孛、彗、日食、地震书,余具悉备于

---

① 范晔,字蔚宗,顺阳(今河南淅川)人,生于东晋隆安二年,卒于刘宋元嘉二年(398—445),《宋书》卷六十九有传,《南史》卷三十三附其父范泰传。

② 司马彪,字绍统,河内温(今河南温县)人,生年不详,卒于西晋永兴三年(?—306),《晋书》卷八十二有传。

志。"列传偏重于以类相从，如王充、王符、仲长统都是思想家而合为一传。有些则是范晔根据东汉时的具体情况新创立的，如党锢、宦者、文苑、独行、方术、逸民、列女六种列传。范晔注重文采，他在狱中写的与诸甥侄书中讲到，"文患其事尽于形，情急于藻，义牵其旨，韵移其意。""情志所托，故当以意为主，以文传意。以意为主，则其旨必见，以文传意，则其词不流。然后抽其芬芳，振其金石耳。"

南齐永明五年（公元487年），沈约①奉诏纂修《宋书》，那时他任太子家令兼著作郎。刘宋时代的国史，在宋文帝元嘉十六年（公元439年）开始修撰，最初是何承天，除草立纪传以外，主要编撰了天文志和律历志。此后有山谦之、裴松之、苏宝生参与编撰，这些人任史职的时间都比较短。大明六年（公元462年）徐爰领著作郎，他参照前人旧稿，编成一部从东晋义熙元年（公元405年）刘裕实际掌权开始，到大明年间为止的《宋书》六十五卷。不久，徐爰被斥退，修撰工作也就停了下来。沈约在徐爰《宋书》的基础上扩充整理，所以成书很快，第二年就完成了本纪十卷、列传六十卷。在《上宋书表》中讲到："所撰诸志，须成续上。"可见《宋书》十志是后来才编定的，纪传虽以刘宋一代为断限，志却上起三国，对前朝典章制度多所综述。这也是何承天所撰诸志原来的体例。《宋书》八志包括律历三卷、礼五卷、乐四卷、天文四卷、符瑞三卷、五行五卷、州郡四卷、百官二卷，共三十卷。魏晋以来，州郡分合，变动很大，东晋南渡以后，侨置州郡更为纷繁。沈约"以班固、马彪二志，太康、元康定户，王隐《地道》，晋世起居，永初郡国，何徐州郡及地理

---

① 沈约，字休文，吴兴武康（今浙江德清）人，生于刘宋元嘉十八年，卒于萧梁天监十二年（441—513），事迹见《宋书》卷一百自序，《梁书》卷十三、《南史》卷五十七有传。

杂书,互相考覆"。所以,《宋书》州郡志记载较详。符瑞志则为前史所无。列传中的恩幸传和索虏传也为前史所无,南朝重门阀,所谓恩幸指出身寒微而为吏者,所谓索虏则记北魏事迹。这一部分多传闻失实之处。

以后,有裴子野撰《宋略》二十卷,编年体,着重于评论,书已散佚。裴子野是注《三国志》的裴松之的曾孙。

与沈约同时,齐高帝萧道成的孙子萧子显[①]奉敕撰《齐书》六十卷,今存本纪八卷、志八篇十一卷,列传四十卷,另序录一卷已佚(后人为了区别李百药《北齐书》,称之为《南齐书》)。萧道成建立的南齐王朝,仅仅存在了二十三年,早在南齐初年,檀超、江淹等即开始编修国史,此外有沈约《齐纪》二十篇,吴均《齐春秋》,都已散佚,萧子显的《南齐书》主要取材于上述诸书。志八篇与《宋书》比较,无律历志而增舆服志,改符瑞志为祥瑞志,大同小异。

梁武帝时期还令吴均编过《通史》,"起三皇,迄齐代,均草本纪、世家功毕,惟列传未就",吴均没有完成就去世了,以后过了二十八年才成书,梁武帝"躬制赞序,凡六百卷"。这书也没有流传下来。

北魏自道武帝拓跋珪登国元年(公元 386 年)起,后来分为东、西魏,到西魏禅位于北周止(公元 556 年),共一百七十年的历史。道武帝时曾令邓渊作《代记》十余卷,太武帝神䴥二年(公元 429年),命崔浩[②]续修国书三十卷,太延五年(公元 439 年)崔浩第二次修史,中书侍郎高允、散骑侍郎张伟参预。太武帝拓跋焘以刻石

---

① 萧子显,字景阳,南兰陵郡兰陵县(今江苏武进)人,生于齐永明七年,卒于梁大同三年(489—537),《梁书》卷三十五、《南史》卷四十二有传。

② 崔浩,字伯渊,清河东武城(今河北清河)人,生年不详,卒于北魏太平真君十一年(?—450)。《魏书》卷三十五有传。

公布国史为罪名,将崔浩族诛,同时被杀害的达一百五十八人,修史获罪实际上不过是借口而已。以后在太和年间又有李彪、崔光等人修撰魏史。黄门侍郎崔鸿①在三十多家十六国史书的基础上,撰《十六国春秋》一百卷,序例一卷,年表一卷。鉴于修史容易招祸,一直不敢声张。宣武帝元恪听到他编撰此书的消息,索看原稿,崔鸿以"其书与国初相涉,言多失体,且既未讫,迄不奏闻",给拖延过去了。崔鸿从景明元年(公元 500 年)开始编纂,到正光三年(公元 522 年)购得常璩《蜀李书》,补上了成汉国的材料,才最后告成。崔鸿去世以后,他的儿子在永安年间(公元 528—530 年)始将此书奏上。今本是后人所辑,仍题崔鸿撰,已非原书。

南北朝时期世家大族繁多,统治阶级内部矛盾激烈,北魏分裂成东、西魏以后,实际掌权的高氏、宇文氏又直接建立了北齐、北周王朝。

北齐天保二年(公元 551 年)魏收②奉诏撰《魏书》,天保五年(公元 554 年)奏上,共一百一十四篇一百三十卷,包括本纪十二篇十四卷,列传九十二篇九十六卷,志十篇二十卷。魏收博采旧闻、家谱,虽有刁柔、裴昂之等人协助,但是主要部分出自己手,而且不拘泥于前代史书体例。在《序记》中叙述了拓跋珪开国之前的传说。魏收曾出使江南,见沈约《宋书》有索虏传,他便在《魏书》中立岛夷传,史料往往同样出于传闻。十志中释老、官氏二志是新创的,官氏志主要内容为官制和氏族,记载了鲜卑族原有及改定的氏

---

① 崔鸿,字彦鸾,东清河郡鄃(今山东平原)人,生卒年月不详,《魏书》卷六十七附崔光传。

② 魏收,字伯起,钜鹿下曲阳(今河北晋县)人,生于北魏正始三年,卒于北齐武平三年(506—572),事迹见《魏书》卷一百零四自序,《北齐书》卷三十七、《北史》卷五十六有传。

姓。释老志评述释、道二教的流传情况。魏收认为,"河沟往时之切,释老当今之重,艺文前志可寻,官氏魏代之急,去彼取此,敢率愚心。"《魏书》编成后,遭到许多世家大族反对,被斥为"抑扬失当,毁誉任情",甚至被称为"秽史"。北齐文宣帝高洋"以众口沸腾,敕魏史且勿实行"。以后,魏收曾作过两次修改,才写成定本。武平四年,北齐后主诏史官更撰魏书未成,以后隋唐期间重撰的魏书也大都没有流传下来,只是由于魏收的书后来有残缺,用这些改撰的本子补缺,才得以保存了部分残篇。

图经与地记

随着私人修史风气的盛行，反映各地风土人情的地记、方志一类的书也接踵而出。这些书籍的编纂形式和内容，和《汉书·地理志》相比，有了很大的发展。过去各个地方的图经地记主要是记载地图文字说明地理情况叙述。这时记载内容从单一走向综合，记地理兼记人文，西晋时，挚虞根据《禹贡》、《周官》等书，编撰《畿服经》一百七十卷。据《隋书·经籍志》称，其内容包括"州郡及县分野封略事业，国邑山陵水泉，乡亭城道里土田，民物风俗，先贤旧好，靡不具悉"。这已经具备了后世方志的大体规模。

东晋时，常璩撰《华阳国志》，是一部巴蜀地方志书。这书原来叫《汉之书》，也叫《蜀李书》，共十卷。东晋永和三年（公元347年）桓温伐蜀，成汉国主李势投降晋朝，常璩时任散骑常侍，随李势到建康，任参军。此书记述巴蜀、汉中、南中一带风土人情，物产情况，也记述了从公孙述，二牧（指刘焉、刘璋），蜀二主（刘备、刘禅），一直到成汉国主李特、李雄、李寿、李势等，以及汉代以来地方士女的名录。《隋书·经籍志》把这书著录在霸史类，其实它除了人物传记以外，详细记述了地理形势和郡县的置废分合，还是方志性质的书，今本十二卷是南宋人根据两汉史书和《益部耆旧传》等书补缀而成，已经不是常璩原书面貌。

东晋以后，北方士族大量南迁，亟需了解江南地区自然地理、社会情况，各种地记书应运而生，有的专记一方山水，有的则记物产、风俗，最初单篇流传，体例因人而异。南齐人陆澄收集了一百六十家地记，编成《地理书》一百四十九卷，目录一卷。以后萧梁时任昉又在此书基础上增收八十四家，编为《地记》二百五十二卷。

这一时期最重要的地理书，是北魏郦道元[①]所撰《水经注》四十卷。此书名为注释，实际上是以《水经》一书为纲，成为一部全面的、系统的综合地理著作。《水经》一书为何人所撰，郦道元未曾提及，宋代人著录为汉代桑钦，原文极其简略，只有一百三十七条水道，郦道元的注文比原书多二十倍，介绍的重要河流一千二百五十二条，包括沿革、自然地理和经济地理等各个方面。当时正处于两晋十六国民族大迁移之后，许多城郭，设置过的郡县废毁了，或者治所迁移了，在南方还有许多侨置州郡。但是，河流的变动不大，《水经注》编撰的体裁依水道干流为主，加以纲领性的说明，然后详细引用有关的资料作注，引用的文献资料达三百七十五种，专门地理著作近百种，见之于《隋书·经籍志》著录的只有三十余种。编纂体例限于水道流经之处，除了河流、山脉的位置关系以外，还扼要叙述史迹沿革、城市建置等，特别注意了碑碣石铭，郦道元采访记录了三百零二块碑，以及石阙、石兽、石鼓等十六处。关于黄河记载最详，占全书中的五卷，而且记载了黄河故道。由于处于南北分裂时期，所以北方详细而南方简略，但是郦道元并不以北魏的疆域为限。

《水经注》的成书年代，历来众说纷纭。注中出现的最晚的年代，是卷二十九比水注中的延昌四年（公元 515 年），郦道元是在孝昌三年（公元 527 年）冬赴关右大使任途中被雍州刺史萧宝夤派部将杀害的，成书时间当在上述两个时间之内。

[①] 郦道元，字善长，范阳涿鹿（今河北涿鹿）人，生年无考，卒于北魏孝昌三年（？—527），《魏书》卷八十九有传，《北史》卷二十七附其父郦范传。

记载北魏旧都洛阳情况的,有杨衒之①所撰《洛阳伽蓝记》五卷。杨衒之随东魏孝静帝迁至邺城,十几年后重到洛阳,见城郭崩坏,寺庙成为丘墟,遂捃拾旧闻,追述故迹,撰成此书以寄兴替之感。"伽蓝"是梵语佛寺之意,书分城内、城东、城南、城西、城北各一卷,城北卷主要依据《惠生行纪》、《道荣传》、《宋云行纪》,叙述惠生、宋云去西域取经事。此书本来正文及子注分列,传抄中混为一起。近人周祖谟先生考定:"凡记伽蓝者为正文,涉及官署者为注文;其所载时人之事迹与民间故事及衒之案语者,亦为注文。"

隋代统一全国以后,与官修史书的同时,大规模地纂修图经、地记,大业年间曾经令各郡条上其风俗、物产、地图,由朝廷综合编纂《诸郡物产土俗记》一百五十一卷,《区域图志》一百二十九卷,《诸州图经集》一百卷等。图和志,过去是分别单行的,隋唐以后开始将两者合编为一书,如《区域图志》,"卷首有图,别造新样,纸卷二尺,叙山川则卷首有山川图,叙郡国则卷首有郭邑图,其图上有山川域邑"。

唐代纂修的第一部地理志书,是唐太宗的第四个儿子魏王李泰②所撰《括地志》五十卷。先是司马苏勖劝李泰奏请修撰此书,得到唐太宗同意,于是大开馆宇,广召时俊,参加编纂的有著作郎萧德言、秘书郎顾胤、记室参军蒋亚卿、功曹参军谢偃等人,用了五年时间,于贞观十六年(公元642年)成书。《括地志》在编纂形式上创立了一种新的志书体裁,它以唐代全盛时期的行政区划为主,全面地记录了各地的建置沿革、山川形胜、河流沟渠、风俗物产、古代遗迹以及人物故事等等。

---

① 杨衒之,北平(今河北满城)人,史书无传。

② 李泰,字惠褒,唐太宗子,封濮王后改封魏王,《旧唐书》卷七十六、《新唐书》卷八十有传。

《括地志》有志无图。唐德宗贞元十七年（公元 801 年），贾耽[①]任宰相，所绘《海内华夷图》，又撰《古今郡国县道四夷述》四十卷，则为图说并行。后提要为《贞元十道录》四卷，"古郡国题以墨，今州县题以朱"，古今地名并注，这是贾耽的一个创造。贾耽素好地理之学，他任鸿胪卿时，接待四方之使，必问其山川土地之终始，"是以九州之夷险，百蛮之土俗，区分指画，备究源流。"唐代政府还规定各地按期（三年，一度改为五年）造图经报尚书省兵部职方，供综合编制《十道图》、《十道录》等书使用。

宪宗元和八年（公元 813 年），李吉甫[②]任宰相，先后撰进《元和国计簿》十卷，《元和郡县图志》四十二卷。前书辑录当时户赋兵籍而成，后书内容以唐代十道四十七镇分编，计关内道四卷，河南道七卷，河东道四卷，河北道四卷，山南道四卷，淮南道一卷，江南道六卷，剑南道三卷，岭南道五卷，陇右道二卷。每镇有图，列于篇首，图已失传，志文也有残缺，实存三十四卷。李吉甫在序中称："古今言地理者凡数十家，尚古远者或搜古而略今，采谣俗者多传疑而失实，饰州邦而叙人物，因丘墓而征鬼神，流于异端，莫切根要。至于兵饷山川，攻守利害，本于地理者皆略而不书，将何以佐明王扼天下之吭，制群生之命，收地保势胜之利，示形束埌制之端。"此书先列府州之名，下记开元及元和时户数，次叙沿革形势，府或州境，八到，至长安里数，贡赋，属县数目和名称，然后分述各县之事，略述其沿革，境内主要山川、城邑，历代重大事件，垦田及监牧地者也都加以注明，着眼于实用，图说合一，体例比较完善，后

[①] 贾耽，字敦诗，河北沧州人，生于唐开元十八年，卒于永贞元年（公元 730—805 年），《旧唐书》卷一百三十八、《新唐书》卷一百六十六有传。

[②] 李吉甫，字弘宪，赵郡（今河北赵县）人，生于唐至德三年，卒于元和九年（公元 758—814 年），《旧唐书》卷一百四十八、《新唐书》卷一百四十六有传。

世官修方志都遵照李吉甫的体例。

唐代各地撰修图经，如敦煌佚书中发现的《沙州图经》残卷，是开元年间所修，除行政机构和区划外，对天象、池水、渠、泽、堰、堤、驿、县学、社稷坛、杂神、寺庙、冢、古城、祥瑞、歌谣等都有描述，文字简洁，叙事清楚。另一种《西州图经》修于乾元年间，残存几十行。唐代地志传世也已无几。敦煌博物馆收藏的一件唐代地志写本残卷，将七张麻纸粘连在一起，高三十一厘米，残长二百七十二厘米，存一百六十行。内容包括陇右、关内、河东、淮南、岭南五道，一百三十八个州府，六百一十四县，四个都督府。和唐代其他地理志书不同，首先是十道的顺序，将陇右道放在其他诸道前面，明显地置于最重要的位置；其次是不记沿革、山川、名胜，而列出了各州县的公廨本钱数额，所谓公廨本钱，指的是按照各州县等第、户数规定的，官府以按月取息方法得到的财政收入。这种独特的编纂体例，可能是晚唐张义潮割据河西时期辑录成书的，由于唐代州县建置的变动，又抄自几个不同的本子，所以内容存在一些错综复杂的情况。这个卷子背面另抄有星图和占云气书。

杂传及其他

魏晋南北朝时期,私人撰史之风很盛,史部书籍已从经部附庸一变而成蔚然大国。除了纪传体和编年体史书以外,还有大量的杂传产生。杂传的性质介于历史和文学之间,《隋书·经籍志》指出,刘向典校书籍,始作列仙、列士、列女之传,"皆因其志尚,率尔而作,不在正史。"杂传的内容,有分类的人物传记,也有叙述神仙鬼怪的小说,数量很多,大都已经亡佚。

鬼神志怪之书,如干宝①《搜神记》二十卷、张华②《博物志》十卷。干宝性好阴阳术数,曾注《周易》,他在《搜神记》自序中称,要"发明神道之不诬"。张华所记则为异境奇物,原为四百卷,散佚很多。这些书大都采自神话传说或编缀旧籍而成,同一故事往往收入不同的书中,而且往往经过编辑加工,从简单的记述发展成为曲折生动的情节。

作为人物传记,同一人也往往有不同的作者为他写传,如嵇康传,就有嵇喜、孙康等人所撰数种。其体裁,名称繁多,如碑铭、传状、诔文、别传、自叙等。类传如皇甫谧③《高士传》,选录标准是"身不屈于王公,名不耗于终始",终身不仕的高士才为之立传,共

---

① 干宝,字令升,新蔡(今河南新蔡)人,生卒年月不详,《晋书》卷八十二有传。
② 张华,字茂先。范阳方城(今河北涿县)人,生于曹魏太和六年,卒于西晋永康元年(232—300),《晋书》卷三十六有传。
③ 皇甫谧,字士安,安定朝那(今甘肃平凉)人,生于东汉建安二十年,卒于西晋太康三年(215—282),《晋书》卷五十一有传。

收有九十余人。魏晋之际统治阶级杀戮了不少名士，皇甫谧编撰这书与他拒不受徵的政治态度密切相关。皇甫谧还编有《帝王世纪》十卷，上起三皇，下迄汉末，用编年体，收录了许多神话传说，而且受纬书影响很深。这书和他编的《玄晏春秋》等均已亡佚。

另一方面，由于魏晋以来玄学清谈之风弥甚，记述人物轶闻琐事、言谈举止的书也十分盛行。西晋时，郭颁撰《魏晋世语》十卷；东晋时，葛洪①撰《西京杂记》二卷，记述西汉人物轶事；裴启则收集汉魏以来世家大族、名士显宦的言语应对，人物品题，撰成《语林》十卷，风靡一时，后因记谢安事不实，为谢安所诋毁，书遂废。东晋末年，又有郭澄之仿《语林》体例，撰《郭子》三卷。在这些书的基础上，刘宋临川王刘义庆②招集文学之士，编选了《世说新语》十卷。

从编纂体例来看，这类书可以上溯到汉代刘向、刘歆父子编纂整理的古籍。《西京杂记》有葛洪跋语，其中讲到他家中藏有刘歆《汉书》一百卷，"无首尾题目，但以甲乙丙丁记其卷数"。他认为刘歆欲撰《汉书》，但是只收集了一些资料，没有编定成书，所以"失前后之次，无事类之辨，后好事者以意次第之"。东晋初年，距汉代时间不算太远，这种汉代杂事的长编资料，可能尚有遗存，是否刘歆所撰，难以考定，但是其中涉及汉代宫室制度、风俗习惯、服饰器物等等，也非葛洪所能杜撰。如关于汉帝藏以金缕玉衣的制度，业经考古发掘材料证实。

《世说新语》原名《世说》，这个名称也起源于刘向。《汉书·艺

---

① 葛洪，字稚川，自号抱朴子，丹阳句容（今江苏句容）人，生于西晋太康五年，卒于东晋兴宁二年（284—364），《晋书》卷七十二有传。

② 刘义庆，彭城（今江苏徐州）人，生于东晋元兴二年，卒于南朝宋元嘉二十一年（403—444），《宋书》卷五十一、《南史》卷十三有传。

文志》著录,"刘向所序六十七篇,《新序》、《说苑》、《世说》、《列女传颂图》也。"除《世说》已佚以外,其他几种都有传本,共同特点是"以类相从,一一条其篇目",而其内容则为先秦时期的材料。《世说新语》所收,起自东汉时的清议名士,到篡晋的桓玄为止,也有个别西汉时期的材料,可能自刘向佚书中收录。这类遗事琐语,类似后来的笔记小说,唐代官修《晋书》大量采用《世说新语》的材料,后世戏曲、小说从这书中取材用典的也很多。刘义庆本人没有多少文才,用他的名义编的书却不少,他招聚文学之士,远近必至,就是为了编书。本书现存十卷,共三十六篇,有德行、言语、政事、文学、方正、雅量、识鉴、赏誉、惑溺、仇隙等。

《世说新语》成书以后五十年,有个叫敬胤的人作过纠谬,现存二十几条注,详列人物谱系。又过了二十年,梁代刘峻①(字孝标)为之作注,广征博引,引书达四百余种,其中仅《晋书》就有王隐、虞预、朱凤、沈约等人所撰。刘孝标注重在增广故实,阐释原文意旨,而不限于解说字词的训诂,对原书虚谬抵牾之处加以考据订正,原文简略之处则加补充,与裴松之注《三国志》类似。

《世说新语》及其他杂传,一般都采用散文形式,兼用口语,情节描写细致,人物形象刻画生动,继承了《史记》列传的传统而又有所发展,对唐代传奇文学有一定的影响。后世《三国演义》中的一些情节,就是在裴松之注《三国志》所引用的许多杂传的基础上加工而成的。唐代传奇是一种短篇的文言小说,具有丰富的社会内容和市民气息,在一定程度上来说,传奇文学的发展,也是由于西域交通便利,外来文化输入的影响。变文掘起于民间,也起了很大

---

① 刘孝标,名峻,以字行,平原(今山东平原)人,生于宋大明六年,卒于普通二年(462—521),《梁书》卷五十、《南史》卷四十九有传。

促进作用。

变文,源出于佛经,即变其文辞以通众。最初是一种普及佛经的形式,先是转读,用一种正确的音调与节奏朗诵经文,或者唱导,即所谓"宣唱法理,开导众心"。或者先讲一段故事,加一段韵文歌唱。演述佛经的变文在民间盛行,发展到讲述历史故事、民间传说,于是产生了话本小说。传奇是文言,变文则为白话,话本小说也先是单篇流传,以后则汇编成集,或者逐渐扩充为长篇巨帙。

佛经的翻译

佛教自东汉初传入中国，到汉末盛行起来。最初的经籍，叫作《四十二章经》，实际上只是一种摘抄，内容大部分抄自《法句经》，序言中说它是汉明帝所求之法。另一种是《牟子理惑论》，据说是汉章帝时牟融所撰，也讲到求法的事，序言中讲到牟子"锐志于佛道，兼研《老子》五千文"，则援引老庄以申佛旨。魏晋时期，佛教得到了进一步发展，译经的数量很多，佛图澄的弟子道安曾整理佛经目录，他虽不懂梵文，但是对旧译本作了校注，作序并注释的佛经二十二卷。后秦时，鸠摩罗什通晓梵汉语文，于长安作译经道场，当时参加译经工作的有上千人，时间达十年之久，译出佛经七十四部，三百八十四卷。

现存最早的著录佛经目录的书，是梁释僧祐[①]《出三藏记集》十五卷。三藏指的是经、律、论，著录的体例除全书总序以外，分作四个部分：缘记一卷，叙佛经及翻译的起源；名录四卷，按时代和撰者分类，而且有异出经（不同译本）、失译经（遗失译者名字），以及抄经（撮举诸经大要）、注经（有注解）、疑经（真伪莫辨者）等等；经序七卷，各经之前序后记，共一百二十篇；译经者列传七卷，由后汉至萧齐，外国二十二人，中国十人。此书仅详南朝诸经，隋代开皇年间费长房撰《历代三宝记》十五卷，则兼详北朝。此外尚有唐代

[①] 僧祐，本姓俞，其先彭城下邳（今江苏睢宁）人，生于刘宋元嘉二十二年，卒于梁天监十七年（445—518），《高僧传》卷十一明律篇有传。

开元年间释智昇所撰《开元释教录》二十卷,集诸家之成,并补漏订误。

僧祐还编有《弘明集》十四卷,是东汉至齐、梁间一百零九位作者阐扬佛教的文章的汇编,以书启、论述为多,包括著名的范缜《神灭论》。体例类似《文选》,序言称:"道以人弘,教以文明,弘道明教,故谓之《弘明集》。"当时已经出现了佛教的义理之学,从事佛教理论的研究。

以后唐释道宣①编有《广弘明集》三十卷,体例与《弘明集》略有不同,所以不称"续"而称为"广"。分为十篇,即:归正、辨惑、佛德、法义、僧行、慈济、戒功、启福、悔罪、统归。《弘明集》只是选辑古今人文,自撰的只有卷末《弘明论》一篇,此书则每篇有道宣叙述和辩论历代佛法兴废之词,所收文章作者共一百三十余人。

唐释道世②所编《法苑珠林》一百卷,体例则是类书。成书于总章元年(公元668年),与《艺文类聚》一书大致同时。此书将佛经故实分类编排,篇各有部,部又分小部,均以二字为题,共六百四十余目。第一、二两卷是目录,每篇前有述意,篇末或部末有感应缘,广引故事为证,都注明出处,或者在引文前注"某书曰",或者在引文后注"见某书"、"右若干条山某书"等。

正史中很少为僧人立传。梁武帝时会稽嘉祥寺名僧慧皎③撰《高僧传》十四卷,是一部关于佛教的传记书。慧皎在这本书序录中说:"自汉至梁,纪历弥远,世涉六代,年将五百。此土桑门,含章

---

① 道宣,生于隋开皇十五年,卒于唐乾封二年(595—667),《宋高僧传》卷十四有传。

② 道世,字玄恽,《宋高僧传》卷四有传。

③ 慧皎,会稽上虞(今浙江上虞)人,生于萧齐建武四年,卒于萧梁承圣三年(497—554),《续高僧传》卷六有传。

秀起,群英间出,迭有其人,众家记录,叙载各异。"慧皎从大量资料中选辑了从东汉永平十年起到梁天监十八年为止共四百五十三年间,二百五十七位僧人的事迹,傍出附见的还有二百余人,按类传分为十门:译经三卷,义解五卷,神异二卷,习禅、明律共一卷,亡身、诵经共一卷,兴福、经师、唱导共一卷。所叙初期多为西域僧人。在慧皎之前,为僧人立传的有宝唱的《名僧传》,慧皎认为:"自前代所撰,多曰名僧,然名者本实之宾也,若实行潜光,而高而不名,寡德适时,则名而不高。名而不高,本非所纪,高而不名,则备今录。故省'名'音,代以'高'字。"

以后,唐释道宣又继慧皎书撰成《续高僧传》三十卷,体例大体相同,惟改神异为感通,增护法、经师、唱导合为杂科,仍为十门:译经四卷,义解十一卷,习禅五卷,明律、护法、感通各二卷,遗身、读诵、兴福、杂科各一卷。自序称:"始岠梁之初,终唐贞观十有九年,一百四十四载,包括岳渎,历访华夷,正传三百四十人,附见一百六十人。"实际上已叙述至麟德二年,人数也有续增,正传共四百八十五人,附见二百十九人。

唐代玄奘[①]从贞观元年(公元627年)游学印度十七年。玄奘是法相宗在中国的创始人,贞观十九年,唐太宗诏在长安弘福寺组织大规模译场,后移至大慈恩寺,先后翻译佛经七十五部,一千三百三十五卷,以直译为主,又力求简明易懂。当时参加相助整比的还有右仆射房玄龄、太子左庶子许敬宗,并广召硕学沙门五十余人。玄奘还将《老子道德经》译为梵文,已经在印度失传的《大乘起信录》,玄奘也根据汉文译本还原译为梵文。《大唐西域记》记玄奘

[①] 玄奘,俗姓陈,名祎,洛州缑氏(今河南偃师)人,生于隋开皇二十年,卒于唐麟德元年(600—664),《唐高僧传》卷四有传。

游踪，由他口述，弟子辩机笔录整理。全书共十二卷，介绍西行各国历史沿革、风土人情、宗教信仰、地理位置及物产情况等。唐太宗写了序文。

以后，又有义净经南海去印度，回国后在广州光孝寺译经五十六部，二百三十卷，还撰有《大唐西域求法高僧传》。

随着佛经翻译的增加，注释佛经音义的书也出现了，许多书只是注释一种佛经，而唐释玄应的《一切经音义》，则广释群经，他仿照《经典释文》的体例，将佛经经文中的难字摘出，注以音训，并广引字书及传记加以解释，全书共二十五卷。以后又有慧琳的《一切经音义》一百卷，成书于元和五年（公元810年），与玄应书同名。慧琳选释词语的佛经，共一千三百部、五千七百余卷，其中有的就玄应书重订，有的则转录他书，包罗丰富，除了注明音切、解释字义以外，还辨识文字形体，引用各地方言加以说明。

《内经》和《本草》

《黄帝内经》十八卷的名称，最早见于《汉书·艺文志》医经类，同时著录的还有《外经》三十七卷，《扁鹊内经》九卷，《外经》十二卷，《白氏内经》三十八卷，《外经》三十六卷，《旁篇》二十五卷。这些书都已经亡佚，传世的《黄帝内经》也不是原本面貌。可以肯定的是，《黄帝内经》的内容，不是成于一时或出于一人之手，而是经过了多次的编纂，有所增删，今本所包括的《素问》、《灵枢》两个部分，是唐代所编定的。

西晋时，王叔和①撰《脉经》十卷，是根据《素问》、《灵枢》中所论的脉法，分类编次，定出二十四种基本脉象，并作了简明的解释。

皇甫谧撰《黄帝三部针经》，或者叫作《甲乙经》，十二卷，也是根据《黄帝内经》整理编纂成书的。皇甫谧在序言中说："《七略》艺文志：《黄帝内经》十八卷，今有《针经》九卷、《素问》九卷，二九十八卷，即《内经》也。亦有所亡佚，其论遐远，然称述多而切事少，有不编次比，按仓公传其学，皆出于《素问》，论病精微。又有《明堂孔穴针灸治要》皆黄帝岐伯选事也。三部同归，文多重复，错互非一。"皇甫谧将这三部书中有关针灸的部分，"使事类相从，删其浮辞，除其重复，论其精要"，重新编定为十二卷，第一卷述脏腑气血津液凡十六论，第二卷经脉经筋七篇，第三卷列全身穴位，第四卷脉法三

---

① 王叔和，名熙，高平人，史书无传。

篇,第五卷分论针灸大法七篇,第六卷分析病机十二论,第七卷及以下列述症征四十八篇。《针经》与《灵枢》卷数相同,一书二名,也有人据卷数称之为《九卷》。

齐、梁时代,有全元起①注《黄帝素问》八卷,是最早为《内经》作注的。已散佚。

梁代陶弘景②撰《神农本草经集注》七卷,序中称:当时的本草书"三品混糅,冷热舛错,草石不分,虫兽无辨",《神农本草》收药三百六十五种,分作上、中、下三品,陶弘景又进名医别品三百六十五种,合计七百三十种,"分副科条,区畛物类,兼注明时用,土地所出"。按品种分为玉石、草木、禽兽、虫鱼、果菜、米谷和"有名未用"七类。

隋代杨上善③,在北周任太子文学时奉敕撰注《黄帝内经太素》三十卷,他是将《素问》《灵枢》各篇内容,以类相从,改编为十九类,即:摄生、阴阳、人合、藏府、经脉、腧穴、营卫气、身度、诊候、证候、设方、九针、补泻、伤寒、寒热、邪论、风、气论、杂论等。这种编纂方法是依据皇甫谧《甲乙经》的,但是杨上善注意到每一类先载篇幅较长,内容比较完整的,然后将残篇碎文附在后面,不使原文杂糅。《汉书·艺文志》阴阳类著录有《黄帝太素》二十卷,班固自注:六国时韩诸公子所作,杨上善可能是在这个本子的基础上加以整理注释的,所以用了《太素》书名。

除此而外,杨上善还撰注过《黄帝内经明堂类成》十三卷,这是一部关于针灸的书,与皇甫谧的《甲乙经》比较,从编纂体例来看,

---

① 全元起,生平事迹不详。
② 陶弘景,字通明,丹阳秣陵(今江苏句容)人,生于宋孝建三年,卒于梁大同二年(456—536),《梁书》卷四十五、《南史》卷六十六有传。
③ 杨上善,生平事迹不详。

《甲乙经》是按身体部位来记载穴位的，唐代甄权《明堂人形图》、孙思邈《备急千金要方》等都是沿用这种方法。杨上素撰注此书，则是按照经络循行的路线来记载穴位和主治、禁忌等，"以十二经脉各为一卷，奇经八脉复为一卷，合为十三卷。"这对针灸学的发展有着重大影响，唐代以后针灸书籍的编纂，如王焘《外台秘要》、王惟一《铜人针灸俞穴图经》等书，无不依照此书体例编纂。

杨上善注释《太素》和《明堂类成》二书，对于许多字、词的读音作了解释和辨正，因音训义，把训诂和反切结合在一起，说明假借字和本字的关系，一字有两种读音的也均予注明，解释则以《说文》为依据。

唐代宝应元年（公元762年），太仆令王冰①编定《素问注释》八十一篇，二十四卷。当时，《素问》在流传过程中，残缺错乱的情况很严重，王冰校订并进行改编，序中称："其中简脱文断义不相接者，搜求经论所有，迁移以补其处；篇目坠缺指事不明者，量其意趣，加字以昭其义；篇论吞并，义不相涉，阙漏名目者，区分事类，别目以冠篇首；君臣请问，礼仪乖失者，考校尊卑，增益以广其意；错简碎文前后重叠者，详其指趣，削去繁杂，以存其要；辞理秘密，难粗论述者，别撰《玄珠》以陈其道。凡所加字，皆朱书其文，使今古必分，字不杂糅。"

王冰在编定《内经》时，改变了结构，修改了词句，并且将《素问》所阙的第七卷作了补充，即：天元纪大论、五运行大论、六微旨大论、气交变大论、五常政大论、六元政纪大论、至真要大论七篇。有人认为，当时太医局和皇家馆阁所藏的本子只存八卷，其中第七卷缺佚，王冰以另一种古医经《阴阳大论》增补；也有人认为所缺佚

---

① 王冰，号启玄子，生平事迹无考。名见《新唐书》宰相世系表，称京兆府参军。

的一卷,在民间仍有流传,王冰得之于先师张公的秘本,并作了一千四百多条注释。这些注释的内容不限于以文字解经,还包括了一些实际观测的知识性内容。

唐高宗时,由中书令许敬宗、太常丞吕才[①]、李淳风、礼部郎中孔至约,并诸名医一起,增损旧本,重修《本草》,司空李勣总监定之。唐代官修的这部药典,是在陶弘景《本草经集注》的基础上,又增加一百四十四种,共计八百七十四种药物,分为玉石、草本、虫鱼、果菜、米食、禽兽和有名未用七大类,并施图绘,共五十三卷。其中:本草二十卷,目录一卷,药图二十五卷,图经七卷,名为《唐新本草》,于显庆年间正式颁布。孔至约在《唐本草》序中称,修订时"普颁天下,营求药物,羽毛鳞介,无远不臻,根茎花实,有名咸萃"。根据大量征集的实物编修,改正了陶弘景《集注》中的一些错误。

隋唐时代的医书编纂,主要还有隋代太医博士巢元方撰《诸病源候论》五十卷,只论病因,不载方药,分作六十七类,一千七百二十九种病候。有人认为《隋书·经籍志》著录的医方中《四海类聚方》内容与此书可以互补,或实系一书,两者均为官修之书。唐代初年孙思邈[②]所撰《备急千金要方》和《千金翼方》,则是根据实践经验,综合前人之作,《千金要方》问世之后,"古圣制方之法不传"。孙思邈未引《诸病源候论》之文,也未提到巢元方的名字,可能未见官修之书。

天宝十一年(公元752年),王焘撰《外台秘要》四十卷,是一部

[①] 吕才,博州清平(今山东临清)人,生于隋开皇二十年,卒于唐麟德二年(600—665),《旧唐书》卷七十九、《新唐书》卷一百零七有传。
[②] 孙思邈,京兆华原(今陕西耀县)人,生年不详,卒于唐永淳元年(?—682),《旧唐书》卷一百四十一隐逸传、《新唐书》卷一百二十一有传。

集大成的著作。王焘①生逢开元盛世,又是宰辅王珪之孙,"七登南宫,再拜东掖,使繁台阁二十余载","六知弘文阁图籍方书","凡古方纂得五六十家,新撰者向数千百卷,皆研其总领,核其指归。"(见本书自序)全书卷帙浩繁,共分一千一百零四门,先论后方,医论取巢元方《诸病源候论》,医方则自孙思邈《千金要方》、《伤寒杂病论》、《针灸甲乙经》等书中选择集录。

---

① 王焘,陕西郿县人,约生于唐总章三年,卒于天宝十四年(约670—755),《新唐书》卷九十八附王珪传。

总集与别集

梁代昭明太子萧统①编选的《文选》三十卷,是现存的最早编选的一部文学作品总集。它的出现标志着文章之学逐渐从经、史、子等学术性著作脱离而独立发展。在汉代,文章还都是以单篇著录,如《后汉书·文苑传》载:杜笃"所著赋、诔、吊、书、赞、七言、女诫及杂文,凡十八篇",刘珍"著诔、颂、连珠,凡七篇"等等。魏晋时期,文人已多有诗文专集,见之于《晋书》、《隋书》著录的,不下一二百种。凡是搜集某人生平文章辞赋编纂成书的称为别集;总诸家之作合而编之,则称作总集,大都以文体分类。

在《文选》之前,还有挚虞的《文章流别》,所选之文称《文章流别集》,共四十一卷,另外有《文章流别志、论》二卷,包括文章作者略历并自述论文之微意。这书虽已亡佚,从后人辑录的片段看,有颂、赋、诗、七、箴、铭、诔、哀辞、解嘲、碑、图谶等十一类文体,各以条贯,合而编之,谓之流别。

萧统所著文集有二十卷,又撰古今典诰文言为《正序》十卷,五言诗之善者为《英华集》二十卷。《文选》三十卷收录周代到六朝七八百年间一百三十位知名作者和少数佚名作者的作品,共七百余首,按文体分作三十九类。其中赋又分子目十五,诗分子目二十二,其他各类文体有:骚、七、诏、册、令、教、策、表、上书、启、弹事、

---

① 萧统,字德施,小字维摩,梁昭明太子,生于齐中兴元年,卒于梁中大通三年(501—531),《梁史》卷八、《南史》卷五十三有传。

笺、奏记、书、移书、难、对问、设论、辞、序、颂、赞、符命、史论、史述赞、论、连珠、箴、铭、诔、哀文、碑文、墓志、行状、吊文、祭文。萧统选文,强调文采辞藻,不选经籍、诸子,对于一般史书记载不予采录,只选了其中赞、论、序、述,并且说:"至于记事之吏,系年之书,所以褒贬是非,纪别异同,方之篇翰,亦已不同。若其赞论之综辑辞采,序述之错比文华,事出于沉思,义归乎翰藻,故与夫篇什,杂而集之。"他在这里提出了一个选录标准,即:"事出于沉思,义归乎翰藻"。主要是讲辞藻、对偶、音韵、用典等语言美的方面,所谓"事"、"义"指的是运用成语典故。

对《文选》的注解,主要有唐高宗显庆年间的李善[①]注。李善的文选之学受之于曹宪,所引经传训诂和诸子之类的书二百余种,正史、杂史、别传、谱牒四百余种,诏、表、笺、启等八百余种,这些大都是已经散佚之书。李善还将原书三十卷分为六十卷。以后在开元年间工部侍郎吕延祚集吕延济、张铣、吕向、李周翰五人共同为《文选》作注,合称《五臣注文选》,以后又合李善注为"六臣注",李善之单注本遂失传。后人从"六臣注"中重新辑出,非复李善原本。

与《文选》差不多同时出现的有刘勰[②]的《文心雕龙》十卷,原书分上、下两篇,上下篇又各分为二十五篇。上篇前五篇:原道、征圣、宗经、正纬、辨骚,是"文之枢纽";第六至十五篇:明诗、乐府、诠赋、颂赞、祝盟、铭箴、诔碑、哀吊、杂文、谐隐诸篇都是有韵之文;第十六至二十篇:史传、诸子、论说、诏策、檄移、封禅、章表、奏启、议对、书记诸篇,都是无韵之笔。刘勰说:"今之常言,有文有笔,以为

---

① 李善,扬州江都人,生年不详,卒于唐载初元年(690),《旧唐书》卷一百三十九有传,《新唐书》卷二百零二附其子李邕传。

② 刘勰,字彦和,东莞莒(今山东莒县)人,生卒年月不详,约在刘宋泰始元年到梁中大通四年(约465—532),《梁书》卷五十、《南史》卷七十二有传。

无韵者笔也,有韵者文也。"以文、笔来区分文体,和《文选》的不选经、史、子,在思想上是一致的。刘勰年轻时曾居定林寺多年,协助僧祐校定经藏。他的《文心雕龙》写成以后,未为时流所称,后来才得到沈约的赏识,但是他于仕途并不得志,晚年又回定林寺出家遁世。

钟嵘[①]的《诗品》三卷,则将所品古今五言诗一百二十人,分上、中、下三品,每品之内"略以时代先后,不以优劣为诠次"。钟嵘在序中称:"嵘今所录,止乎五言,虽然网罗古今,词文殆集,轻欲辨章清浊,掎摭利病,凡百二十人,预此宗流,便称才子。"他不重视声律,认为:"今既不被管弦,又何取于声律也。""余谓文制,本须讽读,不可窒碍,但令清浊通流,口吻调利,斯为足矣。至平上去入,则余病未能,蜂腰鹤膝,闾里已具。"

梁武帝中大通三年(公元531年),昭明太子萧统病死,其弟萧纲被立为太子,萧纲好作艳诗,他周围的庾信、徐陵等诗人,追求声律,夸耀辞藻,形成了一种宫体文学。徐陵[②]所编的《玉台新咏》十卷,就是在这种历史条件下编纂的。徐陵在序言中称:"撰录艳歌,凡为十卷"。此书收录汉魏以来有关爱情的诗歌和乐府诗篇,这是一种编诗的新格局。前八卷为汉至梁五言诗,第九卷为七言诗和杂言诗,第十卷为五言绝句,共八百七十篇,作者一百三十一人。各部分则按作者时代先后次序排列。这是继《诗经》、《楚辞》以后编纂的一部古诗总集。敦煌遗书中有写本,先题作者姓名及总篇数,下分注各篇篇题篇数,每诗之前仍冠以题目,今本总篇数及小

---

① 钟嵘,字仲伟,颍川长社(今河南许昌)人,《梁书》卷四十九、《南史》卷七十二有传。

② 徐陵,字孝穆,东海郯(今山东郯城)人,生于梁天监六年,卒于陈至德元年(507—583)。《陈书》卷二十六有传,《南史》卷六十二附徐璃传。

注皆已删去。

至于搜集某人生平作品编成的集子，数量很多。《隋书·经籍志》将它和总集分开，称之为别集。"别集之名，盖汉东京之所创也。自灵均以降，属文之士众矣，然其志尚不同，风流殊别。后之君子欲观其体见其心灵，故别聚焉，名之为集。"东汉时期虽然出现了文集之实，但无文集之名，有些集子是后人所编，经手写传抄，内容互有出入，不能一一叙述。以唐人诗文集为例，白居易的《长庆集》五十卷和《后集》二十卷，《白氏文集》六十卷等都是他自己生前陆续编定，稿本分别收藏在庐山东林寺、洛阳圣善寺、苏州南禅院千佛堂内。孟浩然的诗，作者去世不久，天宝四年宜城王士源编录，已经感到篇章散佚，仅有二百一十八首，分为四卷，以后又经韦韬整理，重加缮写，送上秘府，始得流传。李白在世时，曾让魏颢给他编集，仅两卷；病重时，委托当涂令李东阳编集为《草堂集》十卷，这个本子没有流传下来，一直到宋代乐史、宋敏求等人才又重新编集成书。杜甫的集子，《旧唐书》本传说有六十卷，《新唐书》又加上《小集》六卷，为润州刺史樊晃所集，樊晃序中讲到杜诗在唐代流传情况，说"文集六十卷行之于江汉之南，而不为东人所知"。宋代杜诗盛行，苏舜钦、王洙、刘敞、王安石等人都有编选的本子，分别用别集、外集、后集等不同名称，有注释本、评点本，有分类编排的。唐代诗集大都不分类，也不分体。宋人编定唐人集子，喜欢分类；明代刊行时又喜欢分体，所以今天所见的本子，已经不是唐人文集原来面目了。

颜真卿的著述，每官一集，为吉州别驾时有《庐陵集》十卷，迁抚州刺史命秀才左辅元编次为《临川集》十卷，拜湖州刺史则有《韵海镜原》三百六十卷，此外还有《吴兴集》、《礼仪集》各十卷，都是安史之乱以后所编集，到唐末已全部亡佚。韩愈逝世后文集由门人李汉编为《昌黎先生集》四十卷,柳宗元逝世后,文集由刘禹锡编纂,到五代时期都散佚了。宋初穆修独好韩、柳文,曾校勘印行他们的文集,据说印了数百部,携入京师相国寺,"设市鬻之,经年不售",摆了一年多也没有卖出去一部。

类书流别

魏晋南北朝时期,文章崇尚骈俪,讲究用典使事。写文章不仅要综采纪传的"古事",还要博取诗文的"旧辞",于是,抄集典故,排列偶句,以补记诵之不足,备临文之寻检,成为一般文人的普遍需要。类书编纂的兴起,就是受到这种注重典故、辞藻的社会风气的影响。

什么叫类书?顾名思义是用分类的办法汇编起来的资料书。大体上是先分大类,后列子目,每一子目下先录经史百家之言,后附诗文,按时代先后的顺序排列,条理清晰,一目了然。这样才便于查考、征引、临事取给。这是一种编书的新体例,过去的目录书中把它隶属于子部,实际上它兼收经史子集四部。梁代刘勰《文心雕龙》中讲到事类,说是"盖文章之外,据事以类义,援古以证今者也"。

《三国志》记载:魏文帝曾令王象[①]、桓范、刘劭、韦诞、缪袭等人,"撰集经传,随类相从,凡千余篇,号曰《皇览》。"裴松之为《三国志》作注,引《魏略》称:"合四十余部,部有数十篇,通合八百余万字。"一般认为这是编纂类书之始。

继而出现的是《华林遍略》。梁代天监十五年(公元516年),

---

① 王象,字羲伯,河内(今河南沁阳)人,生年不详,约卒于黄初三年(? —222)。

太子詹事徐勉①举学士入华林，撰《遍略》。徐勉推荐的学士，有何思澄、顾协、刘杳、王子云、钟屿等五人应选，编了八年成书，共七百卷。

北齐在武平三年（公元572年）立文林馆，召引文学士编纂类书，用了七个月时间，编成《玄洲苑御览》，后改名《圣寿堂御览》，最后定名为《修文殿御览》。据《北齐书》文苑传序，参加此书编纂的主要人物，有侍中祖珽②、特进魏收、太子太师徐之才、中书令崔劼、散骑常侍张雕、中书监阳休之监撰。这书虽以《华林遍略》为蓝本，但体例严谨，有其特点，全书据《周易》天地之数分为五十五部，三百六十卷，宋代编纂的《太平御览》分部的数目即依照此书。

魏晋以来编纂的上述几部类书都已失传，虽有部分佚文，原书面目已难窥知。唐代欧阳询《艺文类聚》序中提到："前辈缀集，各抒其意，《流别》、《文选》，专取其文，《皇览》、《遍略》，直书其事。"可见它们的体例是重事而不重文。

敦煌古文献中有类书残卷，存二百五十九行，无首尾、卷题和撰人姓氏。存鸟部鹤类四十六条、鸿类十八条、黄鹄类十五条、雉类四条，共八十三条，所引书六十五种，到刘宋时代为止。学者认为是《修文殿御览》或《华林遍略》残卷。从其不避高齐讳，引《易》用王弼注，引《左传》用杜预集解看，应属南朝编撰。

隋代官修的类书，有秘书学士虞绰、著作郎虞世南③等人在大业初年编撰的《长洲玉镜》，已亡佚；另一部叫《编珠》，是杜公瞻奉

---

① 徐勉，字修仁，东海剡（今山东剡城）人，生于刘宋泰始二年，卒于梁大同元年（466—535），《梁书》卷二十五、《南史》卷六十有传。
② 祖珽，字孝征，范阳狄道人，《北齐书》卷三十九、《北史》卷四十七有传。
③ 虞世南，字伯施，越州余姚（今浙江余姚）人，生于陈永定二年，卒于唐贞观十二年（558—638），《旧唐书》卷七十二、《新唐书》卷一百零二有传。

敕撰的，原本四卷，今存清代辑佚本仅一、二两卷，可以看出它的体例是录事为对，下注出处。原书以朱、墨相区别，"朱书者故实，墨书者正义"。这是供作诗的人参考用的工具书。

虞世南的《北堂书钞》一百七十三卷，是他在隋代任秘书郎时所编，北堂是隋代秘书省的后堂，故取作书名。宋代晁公武《郡斋读书志》著录，此书"分八十部，八百一类"，今本只有：帝王、后妃、政术、刑法、封爵、设官、礼仪、艺文、乐、武功、衣冠、仪饰、服饰、舟、车、酒食、天、岁时、地，共十九部，可见原书散佚很多。书中先用大字列出摘录群书的字句，然后用双行小字注出书名，或者列出原文和解释。虞世南参与过官修《长洲玉镜》编纂，但此书则系私人撰集，摘录经史百家之事，供临文寻检之用。

唐代修撰的第一部类书，是武德五年（公元622年）令给事中欧阳询、秘书丞令狐德棻、侍中陈叔达、太子詹事裴矩等人参与编修的《艺文类聚》一书。欧阳询认为：以往的类书如《皇览》《华林遍略》都是以辑"事"为主，而"文"则由《文章流别》、《文选》等编集汇总，不便检寻，此书则"事与文兼，汇为一编"，"事居于前，文列于后"，全书一百卷，分四十六部，采辑经史子集各种书中的材料，共七百二十七个子目，分类按目编次，训诂、典故等资料在前，有关此专题的诗赋文章编录在后，如首卷天部第一条"天"字，首先列出《周易》、《礼记》、《论语》、《老子》、《尔雅》、《庄子》等二十五种书籍关于"天"的解释、记载和论述，接着选录傅言咏天的两首诗，成公绥的《天地赋》，郭琪的《天地图赞》，颜延之的《请立浑天仪表》等原文，按作品时代大致先后排列，并按不同文体如诗、赋、赞等标明类别。引用书达一千四百多种。

四十六部目录如下：天、岁时、地、州、郡、山、水、符命、帝王、后妃、储宫、人、礼、乐、职官、封爵、治政、刑法、杂文、武、军器、居处、产业、衣冠、仪饰、服饰、舟车、食物、杂器物、巧艺、才术、内典、灵异、火药、香草、宝玉、百谷、布帛、果、木、鸟、兽、鳞介、虫豸、祥瑞、灾异。

书中收入欧阳询以后的苏味道、李峤、宋之问、沈佺期等人诗词,显系后人增入,也可能是据《初学记》所误补。

贞观十五年(公元 641 年),尚书左仆射高士廉撰《文思博要》一千二百卷,参与编撰的有特进魏徵、中书令杨师道、中书侍郎岑文本、礼部侍郎颜相时、国子司业朱子奢、给事中许敬宗、国子博士刘伯庄、太常博士吕才、秘书监房玄龄、太学博士马嘉运、起居舍人褚遂良、晋王友姚思廉、太子舍人司马宅相、秘书郎宋正人等十六人。武则天圣历二年(公元 699 年)又作了修订补充,由麟台监张昌宗领衔撰《三教珠英》一千三百卷,增加了佛、道二教及亲属、姓名、方域等部,实际担任编纂者有李峤、徐彦伯、徐坚、张说、刘知几等二十六人。

唐玄宗开元十五年(公元 727 年)令徐坚[①]、张说等撰修《初学记》三十卷,供诸皇子作文时查事类辞藻之用。此书内容不像《艺文类聚》那样广博,但编撰较精。共分二十三部,三百十三类,每一条目先是"叙事",其次"事对",最后列"诗文"。注文或引书用双行小字,材料编排注意到内容上的联系,虽然是杂取群书,征集类事,但是连贯起来可以作为一篇文章读,可见是费过一番剪裁的功夫。

白居易的《白氏经史事类》三十卷,也称《白氏六帖》,是为了查找成语故事,积累写作材料而编撰的。据说白居易编此书时,用几十个陶罐,放在一个七层的架子上,由学生们采辑故事,按类分别放置罐中,最后抄集成书。所记的材料不按时代排列,不注书名出

[①] 徐坚,字元固,湖州长城(今浙江长兴)人,生于唐显庆四年,卒于开元十七年(659—729),《旧唐书》卷一百零二,《新唐书》卷一百九十九有传。

处。此书后来与宋代孔传续撰《六帖新书》合并刊刻，称《唐宋白孔六帖》，每个子目先列白帖，后列孔帖，以黑地白文的"白"、"孔"两字为别，子目一千三百九十九门。

比较流行于民间村塾的，有《兔园策》一类的书，是授学童使用的，内容多为偶俪之语。这书本名《兔园策府》，共三十卷，唐太宗的儿子蒋王李恽命僚佐杜嗣先"仿应科目策，自设问对，引经史为训注"。李恽是皇子，用了汉朝梁王兔园的故事作为书名。敦煌佚书中有此书残卷。

受类书影响，给儿童使用的启蒙课本的编纂也有了新的发展，如唐代广泛流行的李翰所编《蒙求》一书，甚至传到朝鲜、日本，宋、元以后的启蒙读物如《三字经》、《龙文鞭影》、《幼学琼林》等，体例和内容取材都师法《蒙求》一书。《蒙求》并不是类书，在这里只是一并提及。它以历史典故为主要内容，采用对偶押韵的句子，四字一句，介绍一个历史人物的故事。天宝五年（公元 746 年）唐饶州刺史李良荐《蒙求》表称，此书"错综经史，随便训释，童子则固多弘益，老成亦颇览起予"。李华序称："安平李翰著《蒙求》一篇，列古人言行美恶，参之声律，以授儿童，随而释之，比其始终，则经史百家之要，十得其四五矣。推而引之，源而流之，易于讽习，形于章句，不出卷而知天下，其《蒙求》哉！"敦煌出土的《蒙求》写本，折页装，原本八页，现存七页，共七十三行，正文自"王戎简要，裴楷精通"始，以"鸣鹤日下，士龙云间"终，注释小字双行，两句一注，书于正文之下。1974 年山西应县佛宫寺木塔第四层佛像内发现的经卷和雕板印刷品，有辽代《蒙求》一书，不但是此书现存最早刻本，即辽代刻书也仅此一见。同类书如敦煌佚书中的《开蒙要训》一卷，自天象、地理、人事、衣服、舟车，以至草木虫鱼，以类分段，四言韵语，也是便于记诵的启蒙识字之书。

经籍注疏的统一

唐太宗贞观四年(公元630年),令颜师古考正五经文字。颜师古①是著名的文字音韵学家颜之推②的孙子,精于训诂,他所校定的五经正本,唐太宗曾派诸儒详加评议,这些人拘守自己传习的本子,提出许多驳难,颜师古随言答辩,援据详明,大家无不叹服。于是,唐太宗将颜师古校定的五经定本正式颁布,这是南北朝统一以后第一次编纂的经籍文字定本。

唐代崇尚南学。颜师古和诸儒争辩时所引证的"晋宋以来古今本",大都是江南本。江南本和河北本的文字不尽相同,颜之推曾撰《颜氏家训》七卷,他校勘书籍文字,遍及群书,所引江南、河北之本,多以江南本为是。颜师古家学渊源,所撰有《汉书注》和《匡谬正俗》,《匡谬正俗》由其子颜扬庭编定为八卷,前四卷论诸经的训诂音释,后四卷论诸书字义字音和俗语相承之异。

但是,关于经籍的注疏,唐代也统一规定了标准的本子,这就是国子祭酒孔颖达③奉敕撰修的《五经正义》一百八十卷。它适应了全国统一形势的需要,统一了南北经学,结束了魏晋南北朝历代

---

① 颜师古,名籀,以字行,雍州万年(今陕西西安)人,生于隋开皇元年,卒于唐贞观十九年(581—645),《旧唐书》卷七十三、《新唐书》卷一百九十八有传。
② 颜之推,字介,琅玡临沂(今山东临沂)人,生于梁中大通三年,卒于隋开皇十一年(531—591),《北齐书》卷四十五、《北史》卷八十三有传。
③ 孔颖达,字冲远,冀州衡水(今河北衡水)人,生于北齐武平五年,卒于唐贞观二十二年(574—648),《旧唐书》卷七十三、《新唐书》卷一百九十八有传。

相沿的章句繁杂、纷纭矛盾的多门师说。其中《易》十六卷,用王弼注,《系辞》则用韩康伯注;《书》二十卷,用孔安国传;《诗》四十卷,用毛传郑笺;《礼》一百二十卷,用郑玄注;《春秋左氏传》三十六卷,用杜预集解。这部书可以说是集体编纂的,先是孔颖达与颜师古、司马才章、王恭、王剡受诏撰《五经义训》百余篇,其中不无谬冗之处,博士马嘉运驳正其失,于是重新返工,没有成书。永徽二年(公元651年),又诏中书门下与国子三馆博士、宏文馆学士考正,由尚书左仆射于志宁、右仆射张行成、侍中高季辅增删修改,最后才在永徽四年正式颁行。当时的科举考试,试题范围限于《五经正义》,凡士人应明经科,诵习经籍义理,必须依据《五经正义》。

唐代注疏保存了不少前代注释资料,但信守旧注,注所未及,不复旁搜,即所谓"疏不破注",只在旧注基础上有所引申发明,没有其他不同见解。官修之书称作"正义",私人所修,大都称"疏"。如唐高宗时太学博士贾公彦作《周礼疏》、《仪礼疏》,用郑玄注;徐彦所作《春秋公羊疏》,用何休注;杨士勋《春秋穀梁疏》,用范宁注。这几种书与上述《五经正义》,后人合称为唐人九经疏,体例完全一致。当时,经和注疏并没有编在一起,而是各自为书,即所谓单疏本。孔颖达所作的疏,本于刘焯、刘炫、皇侃等人,采录诸家旧说编缀而成。

汉代流传下来的《孝经》十八章,今文本,魏晋时期有郑氏注;后来隋代又有古文《孝经》二十二章,孔安国传。开元七年,唐玄宗下诏令诸儒质定,左庶子刘知几主张古文,国子祭酒司马贞主今文,当时采用了司马贞的说法。唐玄宗注《孝经》,诏元行冲作疏,玄宗自序说:"一章之中凡有数句,一句之内意有兼明,具载则文繁,略之又义阙。今存于疏,用广发挥。"开元十年(公元722年)颁布于天下及国子学,天宝二年(公元743年)又重注《孝经》,刻石于太学，称《石台孝经》，今存西安碑林。郑玄所注《礼记》、《月令》为第六篇，唐玄宗命李林甫改黜旧文，增益时事，号《御刊删定礼记月令》，升为首篇，由集贤院别为之注，后来流传的都是这个本子。唐玄宗还注过《道德经》，刊之于石，并作疏十卷，敦煌遗书中有写本残卷，经注皆提行分写，经用朱笔，注用墨笔。

天宝三年（公元744年），集贤学士卫包受诏改古文《尚书》从今文，以后民间流传的都是改字之本。

唐代《五经正义》，《易》用王弼注，其他各家古注散佚，郑玄之学寖微。李鼎祚①《周易集解》十卷却表彰汉学，辑虞翻、荀爽等三十余家遗文，即残存的汉《易》古训，又用《毛诗》分冠小序之例，取序卦冠于各卦之首。另外，郭京《周易举正》一书，则是经过校勘，订正了经注中一些错讹之处。自序中称："得王辅嗣、韩康伯手写真本，比较今所习者，或将经入注，用注作经。小象中间，以下句反居其上；爻辞注内，移后义却处于前。兼有脱遗，两字颠倒谬误者，并以定本举正其讹，总一百三十五处，二百七十三字。"具体例子如：坤卦初六象辞"履霜坚冰，阴如凝也"，"坚冰"二字是误增的；比卦九五象辞"舍逆取顺，失前禽也"，应为"失前禽，舍逆取顺也"；《系辞》下篇"二多誉，四多惧，近也"，则是将"惧"字的注文"近也"混入了正文。

文宗太和元年（公元827年），宰相领祭酒郑覃奏请，仿照汉代故事，立石经于太学。郑覃与周墀、崔球、张次宗、孔温业等校正经籍文字，由唐玄度以《五经文字》复校石经字体，于国子监讲堂两廊，刻石经九种，并《孝经》、《论语》、《尔雅》共十二经，一百九十九卷，字样四十卷，开成二年（公元837年）刻成，后世称之为《开成石

---

① 李鼎祚，资州（今四川资中）人，新旧《唐书》无传。

经》,现存西安碑林。

诸子和史籍的注疏,主要有杨倞所注《荀子》,其校注的原则是:"辄用申杼鄙思,敷寻义理,其所征据,则博求诸书。但以古今字殊,齐鲁言异,事资参考,不得不广。或取偏旁相近,声类相通,或字少增加,文重刊削,或求之古字,或征诸方言。"张守节的《史记正义》四十卷,和司马贞的《史记索隐》,最初也都是剔字摘句标注的单行本,张守节还引用唐初魏王李泰的《括地志》关于古代地名沿革和所在的记述,疏解《史记》的地名。这两种注疏和南北朝时期裴骃的《史记集解》三家合刻在一起,是在南宋时期的事了,合刻时去烦就简,删削重复,所以原来单疏本的面貌如何,已不可见。

颜师古的《汉书注》一百二十卷,成书于贞观十五年(公元641年)。该书序例指出:"《汉书》旧文多古字,解说之后屡经迁移,后人习惯,以意刊改,传写既久,弥更浅俗。今则曲核古本,归其真正,一往难识者皆从而释之。"不同时代有不同的用字习惯,班固是古文经学家,他所编撰的《汉书》多用古字,在流传过程中,这类古字有的被改换了,颜师古在校注时把这些被改换的字一一复原,另外也校正了被误改的错字,纠正了诸表中的错乱情况。颜师古所作的注,一是集注,即详细引证前人旧注和各家之说,并标明"应劭曰"、"服虔曰"等等,一是发抒己见,对旧注提出肯定或否定的意见,重新注解,这类注解则标明"师古曰"。颜师古注《汉书》,也采取了他的叔父颜游秦所撰《汉书决疑》十二卷中的意见。

安史之乱以后,研究《春秋》的人多了。啖助[①]撰《春秋统例》六卷,说《左传》叙事虽多,释经却少,不如公羊、穀梁两传与经的关

---

① 啖助,字叔佐,赵州(今河北赵县)人,《新唐书》卷二百有传。

系密切。啖助借《春秋》抒发自己的政治见解,其弟子赵匡、陆淳撰《春秋微旨》、《春秋集传辨疑》,凭己意指出孔子笔削本意,为宋学开风气之先。

律令法典的编纂

法律书籍的编纂体例,在魏晋南北朝时期有了很大的发展和变化,首先是改具例为名例律,置于律首,相当于刑法的总则;其次,在汉九章律的基础上,北齐律定为十二篇,为以后隋唐律的篇章结构提供了先例;一些刑法的概念也日渐规范化。

晋武帝泰始四年(公元 268 年)颁布《泰始律》二十篇,在汉、魏律令的基础上删定。张斐、杜预为晋律所作的注解,也经晋武帝诏颁天下。张斐说是用以"明发众篇之多义,补其章条之不足";杜预也说:"今所注皆网罗法意,格之以名分,使用之者执名例以审趣舍,伸绳墨之直,去析薪之理也。"于是注解与晋律一体,成为有法律效力的解释。

从南北朝时期律令的编定情况看,南朝都是在晋律的基础上有所损益,北朝则有几次较大的改动。北魏太武帝拓跋珪入主中原以后,重用汉族儒士编定律令,神䴥四年(公元 431 年),令司徒崔浩改定律令,称作《神䴥律令》;正平元年(公元 451 年),太子少傅游雅等又一次改定,是为《正平律令》;太和元年(公元 477 年)令高闾等议定律令,历时五年完成,是为《太和律令》;太和十九年(公元 495 年),律学博士常景撰定为二十篇。东魏以格代科,兴和三年(公元 541 年)于麟趾殿删定,名为《麟趾格》;西魏大统十年(公元 544 年),宇文泰主持编定二十四条新制,总为五卷,称《大统式》。

北齐文宣帝高洋命群臣刊定《魏朝麟趾格》，到河清三年(公元564年)由尚书令高睿等奏上《齐律》十二篇,九百四十九条,凡十二卷,篇目依次为：名例、禁卫、婚户、擅兴、违制、诈伪、斗讼、贼盗、捕断、毁损、厩牧、杂律。此外,尚有《令》五十卷,"取尚书二十八曹为其篇名。"其不可为定法者,另制定《权令》二卷,与律并行。北周保定三年(公元563年),司宪大夫拓跋迪在赵肃所制订的律令的基础上,撰《大律》二十五篇,其篇目则是就晋律二十篇增补而成。隋代开皇律、大业律多采北齐律,而不用北周律。

唐代的法典可以分作四类：一是律,用以正刑定罪的法律条文；二是令,属于政治法律制度的诏令；三是格,属于官司职守章制；四是式,百官有司常行规例的细则。流传至今的有《唐律疏义》和《唐六典》,这两种书的编纂,标志着唐代法律制度的完备。唐代是中国封建社会的鼎盛时期,从隋末到唐玄宗时期,经过大约一个世纪,大体完成了封建制度法典化的漫长过程。唐代以后的法制,基本上沿袭唐律。

唐高祖即位之初,武德元年(公元618年)即命裴寂等修律令,以隋代开皇律为准,将五十三条新格编入律文,以后经过多次核议更改。永徽三年(公元652年),长孙无忌[①]、李勣等"网罗训诂,研核丘坟",对律文逐条逐句作出注解,叫作"疏义",与律文具有同等效力,疏与律统称《永徽律疏》,共三十卷,后人称之为《唐律疏义》。唐律本文十二篇五百条,篇目与隋开皇律相同,即：名例、卫禁、职制、户婚、厩库、擅兴、贼盗、斗讼、诈伪、杂律、捕亡、断狱。这是刑法、民法的综合法典及官方所作的解释,并详考古代律令源流,说

---

① 长孙无忌,字辅机,河南洛阳人,生年不详,卒于唐显庆四年(？—659),《旧唐书》卷六十五、《新唐书》卷一百零五有传。

明取舍存废的理由。

开元十年(公元722年)，唐玄宗命丽正书院按《周礼》的体制，编纂理、教、礼、政、刑、事六典。开元二十六年(公元738年)编成，历时十六年，由张说①、张九龄②、李林甫先后主其事。这书是政府组织法及各种专门法令汇编，表明了中国封建时代国家行政管理机构从秦汉以来的三公九卿体制到尚书六部的发展。它不同于一般正史的"职官志"，而是一部行政法典，主要内容是政府各部门的机构设置、各部门之间的关系、官员编制、职掌权限、官吏选拔、任用考核、奖惩、俸禄以及退休的制度。

陈寅恪先生在《隋唐制度渊源略论稿》中认为，此书乃排比开元时施行的令式以合古书体裁，"故其书在当时行政上遂成为一种便于征引的类书，并非依其所托《周官》体裁，以设官分职实施政事也。"

但是，在《唐六典》成书以后的第十六年，发生了安史之乱，这是唐王朝由盛转衰的划时代事件。中唐以后，藩镇割据势力嚣张，皇权衰落，一直到唐宪宗初年，一系列的封建法制才开始恢复和加强起来。当时，士大夫阶层中弥漫着议论朝政得失，疾呼改革弊政的风气，杜佑③编撰的《通典》二百卷，反映了这一思潮。这是关于历代典章制度的一部专书。

历代典章制度，大都承袭前代而有所损益。唐代以前官修和私人修撰的史书，大都沿袭《史记》八书和《汉书》十志的体例，有的

---

① 张说，字道济，洛阳人，生年不详，卒于唐开元十八年(？—730)，《旧唐书》卷九十七、《新唐书》卷一百二十五有传。

② 张九龄，字子寿，韶州曲江(今广东韶关)人，《旧唐书》卷九十九、《新唐书》卷一百二十六有传。

③ 杜佑，字君卿，京兆万年(今陕西西安)人，生于唐开元二十三年，卒于元和七年(735—812)，《旧唐书》卷一百四十七、《新唐书》卷一百六十六有传。

断代为书，看不出典章制度的发展沿革，唐代史馆撰修《五代史志》，虽然单独编纂，但终归还是纪传体史书中的组成部分，而《通典》则是将典章制度作为独立形态来考察，这种编纂形式为什么在中唐时期形成呢？除上述政治上的要求以外，和类书编纂在当时风行也是分不开的。

开元末年，刘知几的儿子刘秩曾将历代典章制度按《周礼》六官分类，编成《政典》三十五卷。杜佑看到这部书以后，"寻味厥旨，以为条目未尽，因而广之。"他在这基础上，增加开元时代编的《礼志》、《乐志》材料，分作食货、选举、职官、礼、乐、刑、州郡、边防共八门，以事类相从，将散见于各书的历代典章制度、社会经济发展的重要史实，组织成一个完整的系统。编次和过去纪传体的史志不同，《史记》以礼乐居首，其次律历，平准第八；《汉书》则以律历为首，其次礼乐，食货第四；《晋书》天文第一，地理第二，食货第八；《隋书》礼仪第一，音乐第二，食货第六；《通典》则将食货列在第一。

杜佑在《通典》序中，对八典的排列次序作了说明："夫理道之先，在乎行教化。教化之本，在乎足衣食。《易》称：聚人曰财。《洪范·八政》：一曰食，二曰货。管子曰：仓廪实知礼节，衣食足知荣辱。夫子曰：既富而教，斯之谓矣。夫行教化在乎设职官，设职官在乎审官才，审官才在乎精选举，制礼以端其俗，立乐以和其心，此先哲致治之大方也。故职官设而后兴礼乐焉，教化堕而后用刑罚焉，列州郡俾分领焉，置边防遏戎狄焉。是以食货为之首，选举次之，职官又次之，礼又次之，乐又次之，刑又次之，州郡又次之，边防末之，或览之者庶知篇第之旨也。"

每一门又分若干子目，如《食货典》包括田制、赋税等十八个子目，其中与史志不同的有《轻重》，袭用《管子》篇名，内容则为探索利用供求规律、价值规律来促进经济发展。另外，立《历代盛衰户口》、《水利田》等子目,取材正史,但作了许多补充。

《通典》中礼、乐占了很大篇幅,《礼典》一百卷,占全书篇幅二分之一。编辑体例以事类为中心,独《兵典》例外,不是叙述历代兵制沿革,而是以《孙子》十三篇,取历代军事成败实例分为若干类,如"料敌制胜"、"以逸待劳"、"攻其必救"等加以叙述。

杜佑曾任青苗使、江淮水陆转运使、淮南节度使,累仕德宗、顺宗、宪宗三朝,理财经验丰富。他用了三十五年时间撰修此书,是为了通过历史沿革来总结经验。书中不但记载了史事,而且有议论。"所纂《通典》,实采群言,征诸人事,将施有政,用乂邦家。"他把编纂这部书,是为了"将施有政",作为收拾安史乱局的最大急务。《通典》为盛唐时期制定的两部法典,也提供了历史的论据。

隋唐官修史书

隋唐时期实现了全国统一的政治局面，在书籍编纂方面一个突出的反映就是设立史馆，撰修史书并派大臣监修，代替了私人撰史。这虽然是统治者为了"览前王之得失，为在身之龟镜"，重视从历代兴亡盛衰中吸取经验；也适应了纪传体史书发展成为正史由朝廷组织专人修撰的时代需要。

隋文帝杨坚受禅之初，"命魏澹[①]、颜之推、辛德元更修魏史，包括道武帝至恭帝的十二纪、七十八列传，别为史论及例一卷，并目录共九十二卷，以西魏为正，东魏为伪"。认为魏收所撰《魏书》"褒贬失实"，平绘所撰《中兴书》"事不伦序"。原来魏收在北齐，所撰以东魏为正统，而隋文帝上承西魏、北周，为了正帝统名分，使他所建立的隋王朝成为正统，自然要重修史书。魏澹所修的书，义例与魏收多所不同，比较简要，但是这书并没有留传下来。

隋代初年就严禁私人撰修史书，开皇十三年（公元593年）又下诏："民间有撰集国史，臧否人物者，皆令禁绝。"著作佐郎王劭[②]的母亲死了，丁忧在家著《齐书》被人揭发，隋文帝遣使收其书，但是看了以后觉得还满意，不仅免了他的罪，还任命为著作郎。隋代

[①] 魏澹，字彦深，钜鹿下曲阳（今河北晋县）人，《隋书》卷五十八有传。
[②] 王劭，字君懋，太原晋阳人，《隋书》卷六十九有传。

修撰的史书大都没有留传下来,见于记载的有李德林[①]在北齐时所预修的纪传体《齐史》二十七卷,开皇初奉诏续撰,增多三十八篇;牛弘[②]有《周史》十八卷;王胄[③]有《大业起居注》等。王劭喜欢讲谶纬、符瑞,他在史馆近二十年,撰《隋书》八十卷,据说是以《尚书》的体例编纂,而且"多录口敕,又采迂怪不经之语及委巷之言,以类相从,为其题目,辞义繁杂,无足称者,遂使隋代文武名臣列将善恶之迹湮没无闻"。这是《隋书》本传中对他的评价,唐代史学家刘知几对他却备加赞扬。

从唐代开始,朝廷设置史馆撰写前朝史书,武德四年(公元621年)起居舍人令狐德棻向唐高祖李渊建议,"近代以来多无正史,梁、陈及齐犹有文籍,至于周、隋多有遗阙。当今耳目犹接,尚有可凭,如更十数年后,恐事迹湮没,无可记录。"第二年十二月二十六日,诏中书令萧瑀、给事中王敬业、著作郎殷闻礼修魏史,侍中陈叔达、秘书丞令狐德棻、太史令庾俭修周史,中书令封德彝,中书舍人颜师古修隋史,大理卿崔善为、中书舍人孔绍安、太子洗马萧德言修梁史,太子詹事裴矩、吏部郎中祖孝孙、前秘书丞魏徵修齐史,秘书监窦琎、给事中欧阳询、秦王府文学姚思廉修陈史。历时数年,未有成书。

唐太宗贞观三年(公元629年),于中书置秘书内省重修五代史,另设史馆由宰相负责"监修国史"。此外除专职的"史馆修撰"以外,还可由品位较高的官员"兼修国史",选拔一些品位不高确有

[①] 李德林,字公辅,博陵安平(今河北深县)人,生于北魏永安三年,卒于隋开皇十年(530—590)。《北史》卷七十二、《隋书》卷四十二有传。

[②] 牛弘,字里仁,安定鹑觚(今甘肃泾川)人,生于西魏大统十一年,卒于隋大业六年(545—610),《隋书》卷四十九有传。

[③] 王胄,字承基,琅邪临沂(今山东临沂)人,《隋书》卷七十六有传。

史才的官员"直史馆"。这样就健全了机构，组织了人才，著名的史学家如刘知几、吴兢、李延寿、韦述等都曾在史馆供职。到贞观十年(公元636年)，梁、陈、北齐、北周、隋五代的帝纪、列传部分同时完成。

《梁书》帝纪六卷、列传五十卷，《陈书》帝纪六卷、列传三十卷，是姚思廉在他父亲姚察①的旧稿基础上补缀续撰而成。这两部书所依据的材料，多出于当时史官之手，姚察在陈代为吏部尚书，撰有《汉书训纂》三十卷等，曾奉敕修撰梁史，陈亡后仕于隋，又受命修撰梁、陈二史，未成即去世。姚思廉在唐初为著作郎、弘文馆学士，继承父业修成两书。

《北齐书》本纪八卷、列传四十二卷，也是由李百药②在其父李德林旧稿基础上续撰而成的。李德林在北齐时修国史，写成纪传二十七卷，后入北周和隋，任内史令，续撰至三十八卷。李百药继承父业，参考崔子发《齐纪》、王劭《齐志》等撰成。

《周书》也是本纪八卷、列传四十二卷，由令狐德棻③、岑文本④主修。《北齐书》和《周书》在流传中有残缺，今本有很大一部分是从李延寿《北史》抄补的。

---

① 姚察，字伯审，吴兴武康(今浙江德清)人，生于梁中大通五年，卒于隋大业二年(533—606)，《陈书》卷二十七、《南史》卷六十九有传。其子姚思廉，字简之，生于陈永定元年，卒于唐贞观十一年(557—637)，《旧唐书》卷七十三、《新唐书》卷一百零二有传。

② 李百药，字重规，博陵安平(今河北深县)人，生于(北齐)天统元年，卒于唐贞观二十二年(565—648)，《旧唐书》卷七十二、《新唐书》卷一百零二有传。

③ 令狐德棻，宜州华原(今陕西耀县)人，生于陈至德元年，卒于唐乾封六年(583—666)，《旧唐书》卷七十三、《新唐书》卷一百零二有传。

④ 岑文本，字景仁，邓州棘阳(今河南南阳)人，生于隋开皇十九年，卒于唐贞观十九年(599—645)《旧唐书》卷七十、《新唐书》卷一百零二有传。

《隋书》本纪五卷，列传五十卷，由魏徵①主修，参预者有颜师古、孔颖达、许敬宗②等。魏徵说："殷鉴不远，在夏后之世。臣愿当今之动静，以隋为鉴，则存亡治乱可得而言之。"其实，五朝史书都是为了总结统治经验。这五部史书最初都是只有纪传，没有表和志。

贞观十五年（公元641年），唐太宗续诏左仆射于志宁、太吏令李淳风、著作郎韦安仁、符玺郎李延寿共同撰修《五代史志》。先是由令狐德棻监修，唐高宗显庆元年（公元656年）完成，由监修人长孙无忌领衔奏上。共十志三十卷：礼仪志七卷、音乐志三卷、律历志三卷、天文志三卷、五行志二卷、食货志一卷、刑法志一卷、百官志三卷、地理志三卷、经籍志四卷。《五代史志》最初是单行，后附在《隋书》之后成为其一部分，《隋书》因而增为八十五卷。但是，十志所叙述的范围，包括梁、陈、北齐、北周、隋五个朝代，《经籍志》更是收集了东汉到唐初书籍流传情况的大量资料，在著录的体例上，吸取过去的经验，分为：经、史、子、集四大类，后世一直沿袭这一图书分类方法。

贞观二十年（公元646年），唐太宗下诏撰修《晋书》。参加编撰的人员，据《册府元龟》及《唐会要》记载，由司空房玄龄③、中书令褚遂良、太子左庶子许敬宗掌其事，中书舍人来济、著作郎陆元仕、刘子翼，守主客郎中卢承基、太史令李淳风、太子舍人李义府、起居郎上官仪、主客员外郎崔行功、起居郎辛玄驭、著作佐郎刘裔

---

① 魏徵，字玄成，钜鹿（今属河北）人，生于北周大象元年，卒于唐贞观十七年（579—643），《旧唐书》卷七十一、《新唐书》卷九十七有传。
② 许敬宗，字延族，杭州新城（今浙江富阳）人，生于隋开皇十二年，卒于唐咸亨三年（592—672），《旧唐书》卷八十二、《新唐书》卷二百二十三有传。
③ 房玄龄，字乔，齐州临淄（今属山东）人，生于北周宣政元年，卒于唐贞观二十二年（578—648），《旧唐书》卷六十六、《新唐书》卷九十六有传。

之、光禄主簿杨仁卿、御史台主簿李延寿、校书郎张文恭约二十人，由前雅州刺史令狐德棻、太子司仪郎敬播①、主客员外郎李安期、屯田员外郎李怀严制定条例，共帝纪十卷、志十篇二十卷、列传七十卷、载记三十卷。书中宣帝司马懿、武帝司马炎两篇本纪，陆机、王羲之两篇列传的"论"，都是唐太宗所作。敬播《晋书叙例》一卷，未见流传，只在刘知几《史通》一书中保存了三条，即："凡天子庙号惟书于卷末"、"班汉皇后除王、吕之外不为作传，并编叙行事，寄出外戚篇"、"坤道卑柔，中宫不可为纪，今编同列传，以戒牝鸡之晨"。

载记之名，出自班固，他在编撰本朝史事时，将平林、新市，以及公孙述等"僭伪"者列为载记。《晋书》沿用这一类目来记述"十六国"的历史，以崔鸿《十六国春秋》为主要资料，记载了各少数民族政权的兴衰始末，按国别共七十八列传，实际上兼有本纪、列传、世家的特点，体现了唐太宗"华夷一家"的民族融合思想。

晋代国史撰述，始于陆机《晋志》，以后有干宝、王隐等多家私人撰修，大都只记西晋或专详东晋。唐代初年还存有十八家。唐太宗《修晋书诏》作了评论，原文是："但十有八家，虽存记注，而才非良史，事方实录，绪烦而寡要，思劳而少功。叔宁课虚，滋味同于画饼；子云学海，涓滴埋于涸流；处叔不预于中兴，法盛莫通于创业。洎乎干、陆、曹、邓，略记帝王；鸾、盛、广、松，才编载记。其文既野，其事罕传。"唐修《晋书》，上距东晋之亡已二百余年，所存十八家晋书都是不完整的，只有臧荣绪所编一百一十卷，包括西晋和东晋的全部史实，唐修《晋书》即以臧书为本，参考其他诸家及晋代文集编成。诏书中的叔宁，指虞预所撰四十四卷，子云指萧子云所

----

① 敬播，蒲州河东（今山西永济）人，生年不详，卒于唐龙朔三年（？—663），《旧唐书》卷一百八十九、《新唐书》卷一百九十八有传。

撰一百零二卷,处叔指王隐所撰九十三卷,法盛指何法盛所撰七十八卷,都是纪传体;干宝所撰二十三卷、陆机所撰四卷、曹嘉之所撰十卷、邓粲所撰十一卷、檀道鸾所传二十卷、孙盛所传三十二卷、徐广所撰四十五卷、裴松之所撰(卷数不详)等,则是用编年体撰写的。唐修《晋书》编成以后,诸家所编均已不传。其中最主要的原因是唐修《晋书》综合了众家晋史之长,反映了两晋历史的全貌。众家晋史私人修撰,受地域时间等限制,不能通贯两晋十六国全部史实。唐代一统的政治局面,又是设馆修史标榜唐太宗"御撰"之书,在政治上处于优势地位,而众家晋史传抄困难,遂致湮没。

李延寿①编撰的《南史》和《北史》,为私人修撰之书,但是由于李延寿参与唐代官修诸史撰述,利用了在史馆任职的条件所接触的大批史料,又是"家有旧本,思欲追终先志"从而编撰的。李延寿的父亲李大师,隋末曾任窦建德政权的尚书礼部侍郎,《北史》序传中说他"常以宋、齐、梁、陈、魏、齐、周、隋南北分割,南书谓北方为索虏,北书指南方为岛夷。又各以其本国周悉,书别国并不能备,亦往往失实。常欲改正,将拟《吴越春秋》,编年以备南北"。李大师仿《吴越春秋》,用编年体;李延寿则改用纪传体裁,撰成《南史》本纪十二卷,列传七十卷;《北史》本纪十二卷,列传八十八卷,先后用了十六年工夫,于唐高宗显庆四年(公元659年)奏上。这两部名为私撰实为史官所修的史书,反映了隋唐统一全国的政治局面对于史书编纂提出的要求,打破朝代界限,不再强调华夷界限,将南北诸朝各帝一概列入本纪,删去了一些不利于统一和民族团结的提法。《南史》和《北史》对宋、南齐、梁、陈、魏、北齐、周、隋八书

---

① 李延寿,字遐龄,相州(今河南临漳)人,《旧唐书》卷七十三、《新唐书》卷一百零二附令狐德棻传,其父李大师,字君威,生于北齐武平元年,卒于唐贞观二年(570—628),《北史》卷一百有传。

的史料，不是简单地抄撮，而是作了增删和改写，"鸠聚遗逸，以广异闻"，参考杂史一千多卷，吸收了许多口语材料，所删的烦冗之词，包括皇帝诏册、大臣奏议、学者诗文等，突出了叙事部分。篇幅与"八书"总和相比，卷数约占三分之一，字数仅及二分之一，比原书简洁易读。另外，因为魏收的《魏书》不记西魏史实，李延寿根据魏澹的《魏书》补了西魏三帝纪，后妃传也补了西魏诸帝后。列传部分将一姓一族的人物集中在一起，按世系而不是按时代先后编次，家传的形式十分突出。《北史》不取魏澹书，只是在魏澹传中存其叙例。

刘知几与史馆修撰

刘知几①《史通》二十卷,成书于唐景龙四年(公元710年)。一般认为这是第一部关于史书编纂的理论性著作,但是它并不只是专讲历史的书。刘知几曾经说过,"若《史通》之为书也,盖伤当时载笔之士其义不纯,思欲辨其指归,殚其体统。夫其书虽以史为主,而余波所及,上穷王道,下掞人伦,总括万殊,包吞千有。"在形式上,这书和《淮南子》所谓"牢笼天地,博极古今"近似,在内容上则吸取扬雄《法言》、王充《论衡》、应劭《风俗通》、刘勰《文心雕龙》等书的方法和特点,强调的是"通识",这一点在本书自叙中说得是很清楚的。汉代诸儒集论经传,定之于白虎观,编成的书叫《白虎通》,刘知几这书是在任职史馆,"退而私撰"写成的,故名《史通》。

《史通》分内、外两篇,内篇三十九,其中体统、纰缪、弛张三篇亡佚已久,仅存篇题且附在自叙之后,可见不是原来编次。外篇十三,叙述史籍源流,杂评古人得失。

景龙年间,侍中韦巨源、纪处纳,中书令杨再思,兵部尚书宗楚客,中书侍郎萧至忠并监修国史,刘知几认为监修者太多,是官修史书最大的弊病。他写了一篇有名的奏记,讲到自己"三为史臣,再入东观,终不能勒成国典",提出了五个"不可",要求罢免史职。

---

① 刘知几,字子玄,徐州彭城(今江苏徐州)人,生于唐龙朔元年,卒于开元九年(661—721),《旧唐书》卷一百零二、《新唐书》卷一百三十二有传。

这篇奏记,《新唐书》本传简述如下:

"古之国史皆出一家,未闻藉功于众。惟汉东观集群儒,纂述无主,条章不建,今史司取士滋多,人自为荀、袁,家自为政、骏,每记一事载一言,搁笔相视,含毫不断,头白可期,汗青无日,一不可。汉郡国计书上太史,副上丞相,后汉公卿所撰,先集公府,乃上兰台,故史官载事为广,今史臣唯自询采,二史不注起居,百家弗通行状,二不可。史局皆深籍禁门,所以杜颜面、防请谒也,今作者如林,倘示褒贬,曾未绝口而朝野咸知,孙盛取嫉权门,王劭见雠贵族,常人之情,不能无畏,三不可。古者史氏各有指归,故司马迁退处士,进奸雄,班固抑忠臣,饰主阙,今史官注记类禀监修,或须直词,或当隐恶,十羊九牧,其令难行,四不可。今监者不肯指授,修者又不遵奉,务相推避,以延岁月,五不可。"

刘知几并不是泛泛地反对官修史书,而是对当时撰修国史中的具体做法提出意见,也牵涉到一些人事关系。如宗楚客就说他,"此人作书如是,欲置我于何地也!"刘知几强调史才、史学、史识,是卓有见地的。

与刘知几同在史馆任职的吴兢①,曾共同编撰《则天实录》。吴兢潜心积思,别撰《唐书》九十八卷,《唐春秋》三十卷,自隋大业十三年至开元十四年。后来吴兢被贬任荆州司马,将此稿带去,唐玄宗令中使往荆州取得五十余卷,认为"记事疏略,不堪行用",其实吴兢编撰史书,本来就以叙事简要著称。

《全唐文》卷二九八载有吴兢上《贞观政要》表,但是《新唐书》和《旧唐书》吴兢传,都没有提及吴兢编《贞观政要》的事。《贞观政

---

① 吴兢,汴州浚仪(今河南开封)人,生于唐咸亨元年,卒于天宝八年(670—749),《旧唐书》卷一百零二、《新唐书》卷一百三十二有传。

要》是一部政论性的历史文献,分类辑录了贞观年间唐太宗和魏徵、房玄龄、杜如晦、王珪、褚遂良等四十五位大臣的政论和奏疏,成书于唐玄宗开元八年至九年(公元720—721年),全书十卷,四十篇,以"君道"始,以"慎终"止,每篇说明一个问题,如为君之道、任贤纳谏、正身修德、固本宽刑等等,都是治国安邦的言论和措施,总结历史的经验和教训,从编纂来说也独具特色。

吕才也是史馆中一个博学多识的人物,他参与纂修、著述的书很多,唐太宗"病阴阳家所传书多谬伪浅恶,世益拘畏",吕才受命与学者十余人刊正《阴阳书》一百卷,诏令颁行。他还参加类书《文思博要》的编纂,《本草》的修订,《姓氏录》的改编,还著有关于逻辑的书:《因明注解立破义图》三卷,《隋记》二十卷,这些书大都散佚殆尽。

谱牒之学

魏晋南北朝时期，修撰家谱的风气盛行，以后成为一种专门的学问——谱学，也叫作谱牒之学。谱学的发达，有其政治和社会需要的因素，直接关系到人们的社会地位和政治权利。当时实行九品中正制的选举制度，不管人才优劣，只凭门第高下，所以有"上品无寒门，下品无世族"的说法。"有司选举，必稽谱籍，考其真伪"。于是谱牒之学应运而生。为了显示门第的高下，除了姓氏以外，还要标举郡望，比如同为王姓，以琅玡王氏为贵。门第不相称的，甚至不能通婚。除了各类家谱以外，还有统谱，挚虞所编《族姓昭穆记》就是最早的一部统谱。

唐太宗贞观五年（公元 631 年）诏吏部尚书高士廉[①]、黄门侍郎韦挺、中书侍郎岑文本、礼部侍郎令狐德棻等人"刊正姓氏"，"于是普集天下谱牒，仍凭据史传考其真伪，忠贤者褒进，悖逆者贬黜，撰为《氏族志》。"唐太宗修撰《氏族志》的目的，是为了"欲崇重今朝冠冕"，他不同意高士廉把那些魏晋南北朝以来旧门阀贵族列为第一等的做法，他说："不须论数世以前，止取今日官爵高下作等级。"唐代第一部官修的谱牒——《氏族志》，成书于贞观十二年（公元 638 年），共一百卷，全书收集了二百九十三个姓氏，一千六百五十

---

① 高士廉，名俭，以字显，渤海蓨（今河北景县）人。生年不详，卒于唐贞观二十一年（？—647），《旧唐书》卷六十五、《新唐书》卷九十五有传。

一家,分为九等,第一等是皇族,第二等是后族,然后才是山东崔氏等名门望族。《氏族志》的修撰和颁行,反映了唐代初期调整统治阶级内部错综复杂的政治关系的需要,也和当时崇尚门阀等第观念的社会风气有着密切联系。

《氏族志》在"颁下诸州,藏为永式"以后,仅仅过了二十年,就已经不适应当时的需要了,先是许敬宗提出,它"不载武后本望",然后是李义府[①]"耻先世不见叙",建议进行修改,于是唐高宗命礼部郎中孔志约、著作郎杨仁卿、太子洗马史玄道、太常丞吕才等人重修,改名为《姓氏录》,共二百卷,于显庆四年(公元659年)颁行。李义府还奏请收天下《氏族志》焚之。《姓氏录》所排列的等级是"各以品位高下叙之,凡九等"。出身士族而官品低下者不入谱,出身庶族位至五品者(包括立军功的)均可升入谱限,这也反映了当时出现的士庶合流的趋势,但是在婚姻关系上还是讲究门当户对,崇尚阀阅的。许多缙绅士大夫则以被甄叙为耻,号此书为"勋格"。

在《氏族志》成书近八十年后,唐玄宗开元二年(公元714年)柳冲[②]等人又撰成《大唐姓族系录》二百卷,先后参加编纂的人有吴兢、徐坚、刘知几等,这是唐代最后一部官修的大型谱牒书,以后还有唐宪宗时期命太常博士林宝[③]撰修的《元和姓纂》十八卷,规模和作用都要小得多了。《元和姓纂》的编纂体例,据原序称:皇族以外各以四声类集,则已经不是按门第高低分等次了。

除了官修谱牒以外,私人撰述的也很多,以家谱为主,如刘知

---

① 李义府,瀛州饶阳(今河北饶阳)人,《旧唐书》卷八十二、《新唐书》卷二百二十三有传。

② 柳冲,蒲州虞乡(今山西永济)人,生年不详,卒于唐开元五年(?—717),《旧唐书》卷一百八十九、《新唐书》卷一百九十九有传。

③ 林宝,济南人,新旧《唐书》无传。

几曾撰《刘氏家史》十五卷。

在唐末农民起义的冲击下,"天街踏遍公卿骨",豪门贵族的势力一落千丈,他们的经济地位和政治特权已经消亡,适应他们的政治需要的谱牒之书逐渐散佚,其学也就不传。宋代以后,《氏族谱》则为《百家姓》所代替。

敦煌佚书中有鲁国唐氏苾刍(即比丘)悟真所记高士廉在贞观年间刊正姓氏的残卷,存三纸五十四行。

唐人选唐诗

以诗赋取士为重要内容的唐代科举制度,是促进唐诗繁荣的直接因素。从诗歌本身的发展来看,经过六朝时期的酝酿,讲究声律,加以大型类书的编纂,适应了律诗发展的需要,作诗成了一种社会风尚,遍及各个阶层。除了个人专集的编纂以外,也出现了当代人所编的唐诗选集。

唐人所选唐诗,流传下来的有乾元三年(公元 760 年)元结[①]所编的《箧中集》一卷,录沈千运、王季友、于逖、孟云卿、张彪、赵微明、元季川七人之诗,共二十四首。这个选集分量很少,但是具有鲜明的特色。这是在"安史之乱"即将结束的时候编辑的,这些诗人的情况以及他们的文学主张,在元结《箧中集》序中说得很清楚:"自沈公及二三子,皆以正直而无禄位,皆以忠信而久贫贱,皆以仁让而至丧亡。"反映了作者们坎坷失意的遭际,所以诗篇内容多悲苦之词,伤悼自身困顿不遇,情调凄恻。体裁则都是五言古诗,而不选近体诗。独树一帜,不同流俗,表明了元结的创作主张和编辑宗旨。

其他有殷璠所编《河岳英灵集》三卷,是一个专选盛唐诗的集子,以王维、孟浩然一系为大宗,录常建至阎防二十四人,诗二百三十四首。姓名之下,各著品题,仿钟嵘《诗品》的体例。全书分上、

[①] 元结,字次山,生于开元七年,卒于大历七年(719—772),《新唐书》卷一百四十三有传。

中、下卷，但也不完全按时代先后，序中称："爰因退迹，得遂宿心"。"璠今所集，颇异诸家，既闲新声，复晓古体，文质丰取，风骚两挟。言气骨则建安为俦，谈宫商则太康不逮。""所录皆淹塞之士，所论多感慨之言。名不副实，才不合道，纵权压梁窦，终无取焉。"此集虽兼收古今诗，但是对于风骨和声律，殷璠更重视的是前者。

芮挺章编《国秀集》三卷，从天宝三年（公元744年）开始编选，收入初唐和盛唐九十人诗二百二十首，其中有芮自作两篇，作序者楼颖也有诗作选入，成书约在乾元年间以后。

令狐楚编《御览诗》一卷，是宪宗元和年间奉敕编进，收录中唐时期三十人，诗二百八十九首，只取近体，不收古诗。

高仲武编《中兴间气集》二卷，从至德初年到大历末年，收录了二十六人，诗一百三十二首。序中称：今之所收，但取"体状风雅，理致清新"之作，也是中唐诗人的观点。

姚合编《极玄集》二卷，取王维至戴叔伦二十一人，诗一百首。姚合自序称"此皆诗家射雕手也"。这书还将各个作者小传、爵里、登科之年一一附载。

唐人选唐诗，流传下来的几种大都不选杜甫诗。顾陶①《唐诗类选》是一个例外。《唐诗类选》二十卷，成书于大中十年（公元856年），收诗一千二百三十二首。以后，光化三年（公元900年），韦庄编选《又玄集》，录"才子一百五十人，名诗三百首"，以杜甫为第一，李白为第二。

唐人所选唐诗，当然不只上述几种，已散佚的据考证有释惠静《续古今诗苑英华》十卷，李康成《玉台后集》十卷，孙季良《正声集》三卷和王贞范《续正声集》五卷。前两种兼选六朝诗，是续昭明太

---

① 顾陶，生于唐建中四年，卒年不详（783—?），新旧《唐书》无传。

子萧统《古今诗苑英华》和徐陵《玉台新咏》的。

武后时期修《三教珠英》，预修者四十七人，崔融将这些人所作的诗收集起来，编为《珠英学士集》五卷，各题爵里，以官班为次，书已散佚，敦煌写本有《珠英集》残卷，编号为斯 2717，伯 3771，共得诗四十九首。高仲武在《中兴间气集》序中曾经提到："《珠英》但记朝士，《丹阳》止录吴人。"前一句指的就是这本书，《丹阳》指殷璠《丹阳集》，收开元时代润州士人诗，其体例是"汇次其诗，前各有评"，与殷璠所编《河岳英灵集》大致相似。

唐人还有许多唱和寄赠的诗作，往往类集成编，如皮日休、陆龟蒙的《松陵集》，段成式与温庭筠、余知古、韦蟾等人的《汉上题襟集》等，传世很少。刘禹锡和白居易的《刘白倡和集》三卷，元稹、白居易的《元白继和集》一卷，都是白居易所编。《元白继和集》序称，元稹取《长庆集》中未对答者五十七首追和之，合一百一十四首寄来，题为《因继集》卷之一，以后又寄卷之二，卷末批"更拣好者寄来"。白居易说："走与足下和答之多，从古未有，足下虽少我六七年，然俱已白头矣，竟不能舍章句，抛笔砚，何僻习如此之甚欤！"《白氏文集》卷六十八、六十九还载有白居易致刘禹锡信，讲到编集《刘白倡和集》情况：先是分作上、下两卷，刘迁苏州刺史后所作《刘白吴洛寄和卷》续编为下卷，将原下卷改为中卷，共收诗一百三十八首。白居易认为："得隽之句，警策之篇，多因彼唱此和中得之，他人未尝能发也，所以辄自爱重。"这些诗集的编纂，可以看出当时诗坛风气。

唐代个人的诗、文选集，通称"别集"，数量很多，有的已经刊版印行，如前蜀王衍乾德五年（公元 923 年）释贯休《禅月集》其门人昙域所作后序中讲到捡寻草稿及阙记忆者约一千首，编为三十卷，在成都刊版印行。

五代时期书籍编纂述略

从公元907年大唐帝国的覆灭,到公元960年赵匡胤陈桥兵变建立北宋王朝,在短短的五十三年间,中原地区像走马灯似的更换了梁、唐、晋、汉、周五个封建王朝,历史上称之为"五代";与此同时,南北各地出现的南唐、吴越、闽、蜀、北汉等封建割据政权,则总称之为"十国"。

五代十国时期是一个社会动荡的年代,政治上是分裂割据的局面,也是中国社会经济重心和文化中心南移的开始。雕板刊印经籍则是这一时期书籍编纂史上的一桩大事。

唐代末年,吴、蜀一带民间刊印书籍很多,但是没有刊印经籍。最初创议刊印经籍的人是后唐宰相冯道[①],他说:"常见吴、蜀之人鬻印版文字,色类甚多,终不及经典,如经典校订雕摹流行,深益于文教矣。"后唐长兴三年(公元932年)由田敏[②]根据唐代开成石经校订刊正,援引证据,联为篇卷,雕板印行。《五代会要》卷八经籍记载了这事经过:

"后唐长兴三年二月,中书门下奏请依石经文字刻九经印板,敕令国子监集博士儒徒,将西京石经本各以所业本经句度,抄写注出,仔细看读,然后雇召能雕字匠人,各部随帙刻印板,广颁天下。

---

① 冯道,字可道,瀛州景城(今河北沧州)人,生于唐中和二年,卒于后周显德元年(882—954),《旧五代史》卷一百二十六、《新五代史》卷五十四有传。
② 田敏,淄川邹平(今山东邹平)人,生于唐广明元年,卒于北宋开宝四年(880—971),《宋史》卷四百三十一儒林传。

如诸色人等要写经书，并须依所印敕本，不得更使杂本交错。其年四月敕，差太子宾客马缟，太常丞陈观，太常博士段颙、路航，尚书屯田员外郎田敏充详勘官，兼委国子监于诸色选人中召能书人端楷写出，旋付匠人雕刻，每五百纸与减一选，如无选可减，等第俱与改转官资。"到后周广顺三年（公元953年），用了二十年时间才完成。"尚书左丞兼判国子监事田敏进印版九经书，五经文字、九经字样各二部，一百三十册。"

与此同时，后蜀宰相毋昭裔捐俸按雍都旧本九经，命平泉令张德钊书，刻石于学官，时间从广政七年到十四年，其中公羊、穀梁二传由后人补完，此所谓"蜀石经"。毋昭裔还令门人句中正、孙逢吉书《文选》、《初学记》、《白氏六帖》，镂版印行。"由是蜀中文学复盛"。可惜这些本子都没有留传下来。

五代诸朝沿唐制，以宰相监修实录、国史。后唐天成四年（公元929年）七月，监修国史赵凤奏，凡关纂述，务合品题，庄宗一朝名为实录，共三十卷，太祖以上是追尊册号，为纪年录二十卷；应顺元年（公元934年）平章事兼修国史李愚与修撰判管事张昭远等进新修唐功臣列传三十卷；清泰三年（公元936年）门下侍郎平章事兼修国史姚颉上明宗实录三十卷。后汉乾祐二年（公元949年）左谏议大夫史馆修撰贾纬、左拾遗直史馆王伸同修高祖实录，成二十卷；又修后晋实录，到后周时又完成后晋高祖实录三十卷，少帝实录二十卷。后周显德三年（公元956年）兵部尚书张昭修太祖实录及后梁、后唐二末主实录，国子祭酒尹拙、太子詹事刘温叟同修，成三十卷。宋初薛居正修五代史，主要依据的就是这些材料。

后晋时期修撰唐史。唐代二百九十年的历史，从高祖到文宗各朝都有实录,武宗以后六十余年实录阙略。贾纬[①]曾经采缀野史遗闻,耆旧传说,按年月编成《唐年补录》六十五卷,作为资料。除实录外,唐初有吴兢所修国史六十余篇;玄宗时韦述又撰国史一百十二卷,史例一卷;肃宗时柳芳、韦述又缀辑吴兢国史一百三十篇;柳芳还撰有《唐历》四十篇,止于代宗大历年间;宣宗时,崔龟从等撰《续唐历》三十卷。安史之乱以后,上述诸史仅存韦述之本,成为后晋修唐史的主要根据材料。

后晋天福六年(公元941年)二月,户部侍郎张昭、起居郎贾纬、秘书少监赵熙、吏部郎中郑受益、左司员外郎李为先等撰修《唐书》,宰相赵莹[②]监修。过了一个多月,贾纬丁忧去职,参与修撰者增加了户部侍郎吕琦、户部员外郎尹拙。到开运二年(公元945年),撰成二百二十卷,时赵莹已出任晋昌军节度使,继任宰相刘昫[③]领衔奏上,遂题名刘昫撰。全书二百卷,本纪二十卷,志十一篇三十卷,别传一百五十卷。北宋宋祁、欧阳修重撰《唐书》出,后人称此书为《旧唐书》以示区别。

在文学作品中,五代时期的诗歌承唐代余绪,而词的成就更为显著。后蜀广政三年(公元940年),卫尉少卿赵崇祚编《花间集》十卷,是最早的一部词集,收有晚唐以来约一个半世纪时间,温庭筠、韦庄等十八人的作品,共五百首。欧阳炯作序,称之为"不无清绝之辞,用助娇娆之志",花间派的词在当时风靡一时。《花间集》

---

① 贾纬,真定获鹿(今河北获鹿)人,卒于后周广顺二年(? —952),《旧五代史》卷一百三十一、《新五代史》卷五十七有传。
② 赵莹,字玄辉,华阴(今陕西华阴)人,《旧五代史》卷八十九、《新五代史》卷五十六有传。
③ 刘昫,字跃远,涿州归义(今河北雄县)人,生于唐光启四年,卒于后汉天福十二年(888—947),《旧五代史》卷八十九、《新五代史》卷五十五有传,均未载其修《唐书》事。

的姊妹篇《尊前集》二卷,不著编纂者名氏,不分卷,收唐、五代词三百五十八首。这两部词集所收都是以妇女为题材,写儿女恋情,闲愁绮怨,曲牌名称如"望江南"、"隔江仙"、"南歌子"、"巫山一段云"等,偏重南方。花间派词人开启了北宋词坛风气,成为当时乐府诗的正宗,又是《玉台新咏》这部诗集的继承者。

唐诗选集有韦縠《才调集》十卷,每卷一百首,共一千首,其中未收杜甫之诗。还有一种不著编纂者名氏的《搜玉小集》,收三十七人,六十三首,已有残阙。

刊本篇

从《宋刑统》到《元典章》

公元960年,赵匡胤通过"陈桥兵变,黄袍加身",推翻了后周政权,从而结束了延续二百年藩镇割据的局面,建立了北宋王朝的统治。为了巩固政权,在统一战争还继续进行的情况下,就采取了统一律例,重定刑事法典的措施。

建隆四年(公元963年),工部尚书判大理寺窦仪[①]与苏晓、奚屿、张希逊等人根据后周的律令重新编纂,刻印颁行。称为《宋建隆重详定刑统》,简称《宋刑统》,共三十卷,五百零二条。这是宋代官方刻书的开始,也是中国历史上第一部刊板印行的封建法典。

所谓"刑统",也就是"刑律统类",是从唐代末年开始出现的刑律编纂的一种体例。它以刑律为主,而将其他刑事性质的敕、令、格、式分载在各条律文之后,依律目分门别类地汇编在一起。宋因唐法,《宋刑统》律文可以说是《唐律》的翻版,甚至连《律疏》也照引无遗,但是,它又收集了唐代开元以来一百五十年间敕、令、格、式中的刑事规范,这是两者之间的重要区别。在编纂体例上,《宋刑统》仍为自名例至断狱十二篇,每篇之下却又分为若干门,合计二百一十三门。

在编纂《宋刑统》的同时,窦仪等人还编定了《建隆新编敕》四卷,共一百零六条。编敕是皇帝临时下达的规定,作为正式刑法的

[①] 窦仪,字可象,蓟州渔阳(今天津蓟县)人,生于五代后梁乾化四年,卒于北宋乾德四年(914—966),《宋史》卷二百六十三有传。

补充同时颁布。以后累朝续编，律所未备者随时可以编敕补充，《太平兴国编敕》已增至十五卷，《大中祥符编敕》增加为三十卷，神宗时设立了编修敕令所，置提举等官，完成《熙宁编敕》二十卷，而统编前朝敕、令、格、式的工作，用了十几年时间，到元丰年间才告完成。还编撰了《熙宁法寺断例》，所谓例就是成例，律令格式之外，"有司引例以决"。这些做法，"终宋之世，用之不变"。

对《宋刑统》作注释的，有律学博士傅霖的《刑统赋》二卷，不但注释律文的含义，而且用韵文体裁改写，以便于记诵。这可说是一种通俗解释法律知识的读物。

与宋王朝相对峙的少数民族，先后有契丹族建立的辽国和女真族建立的金国。辽、金的法律制度既有其民族固有特点，也深受中原文化影响。辽兴宗重熙五年（公元1036年）颁布了《重熙新定条制》和辽道宗咸雍六年（公元1070年）颁布了《咸雍重修条制》，契丹民族开始有了自己的法典。而金熙宗皇统年间（公元1141—1149年）以女真旧制为基础，"兼采隋唐之制，参辽宋之法"，编修《皇统制》，是它的第一部成文法典。泰和元年（公元1201年）编成的《泰和律令敕条格式》，其中包括以《唐律疏义》为蓝本而稍加修改的《泰和律义》三十卷，以及《律令》二十卷；《新定敕条》三卷六部；《格式》三十卷。

《泰和律》的制定，对元朝的法律很有影响，元世祖忽必烈统一全国以后，曾下令禁行金律，并着手编纂法典，由何荣祖"以公规、治民、御盗、理财等十事，辑为一书，名曰《至元新格》"，至元二十八年（公元1291年）刻板颁行，使百司遵守，这是元朝颁布的第一部法典，凡二十篇，一千零七十六条。元仁宗时又将关于吏治、纲纪的格例分类辑为《风宪宏纲》，与《新格》并行。元英宗至治三年（公元1323年）又在这两书基础上增删，修定《大元通制》八十八卷，共有二千五百三十九章,分为制诏、条格、断例、别类四个部分,祭祀、户令、学令、选举、仓库、捕亡、赋役、狱官等二十七目。原书已佚,仅存明写本《通制条格》残卷。与此同时,还将元世祖以来五十余年间的制诏律令集为一编,称《大元圣政国朝典章》,即《元典章》六十卷,前集分十类,诏令一卷,圣政二卷,朝纲一卷,台纲二卷,吏部八卷,户部十三卷,礼部六卷,兵部十五卷,刑部十九卷,工部三卷,记事至延祐七年为止;新集则随事立名,不分卷,记事到至治二年止,编纂体例与前集有所不同。由于是原始文牍资料汇编,文体特殊,有不少元人口语。此书有元代刻本现存台北。

徐元瑞编《习吏幼学指南》则是一部法学词典,原附录在《居家必用事类全集》一书,是元代的官厅手册,又是词汇例解。

《大藏经》与《道藏》

隋唐以来，由于统治阶级的提倡，佛教十分兴盛，大量佛教经典传入中国。北宋开宝四年（公元971年），宋太祖赵匡胤派高品、张从信去益州监雕《大藏经》五千零四十八卷，这是历史上第一部刊印的佛教总集，也叫作《开宝藏》，或《蜀藏》。这部藏经早已失传，残存不足十卷，所以无从考定它的目录。其次，辽代所刻的《契丹藏》，据《金石萃编》所载咸雍四年"旸台山清水院创造藏经记"记载，所印《大藏经》凡五百七十九帙，山西应县木塔近年来曾出土残卷。北京房山云居寺辽刻石经也是根据《契丹藏》复刻的。

在这以后，各大寺院也竞相雕印《大藏经》。有先后在福州雕印的《崇宁万寿大藏》六千四百三十四卷和《毗卢大藏》六千一百十七卷；在湖州雕印的《思溪圆觉藏》五千四百八十卷；在安吉州雕印的《思溪资福藏》五千七百零四卷；在平江雕印的《碛沙藏》六千三百六十二卷。

当时佛教中出现了许多宗派，如天台宗、华严宗等，比较流行的是禅宗。禅宗主张"不立文字"，只有口头讲说，主要史料是《六祖坛经》，禅宗又分南北两派，六祖即惠能，是南派禅宗的创始人。敦煌遗书有写本，题名《南宗顿教大乘摩诃般若波罗密经六祖惠能大师于韶州大梵寺施法坛经》，一卷，不分品目，共五十七节。此外，还有按世次记载禅宗历史的灯录，最早的是释道原所撰《景德传灯录》三十卷，宋真宗景德年间进呈，曾诏杨亿等人删定颁行。传灯的意思是传法，这书是谱录体，又是记言体，与传记有所不同。

宋代著名的传灯录有五家：除《景德传灯录》以外，北宋时期有李遵勖编《天圣广灯录》三十卷、惟白所集《建中靖国续灯录》三十卷，南宋时期有悟明所集《联灯会要》三十卷、正受所编《嘉泰普灯录》三十卷。宋释普济删繁就简，撮其要旨，合五灯为一，撰《五灯会元》二十卷。

在崇佛的同时，也提倡道教，刊印了道教经书的总集《道藏》。道教经书的篇名，在《汉书·艺文志》已有著录，散见于道家、房中、神仙等类。魏晋以来，不断有道经目录出现。唐玄宗开元年间开始汇集成"藏"，称作《三洞琼纲》，约三千七百多卷，即所谓《开元道藏》。当时虽然下令传写流布，唐末以后，大都散失。

北宋初期，宋太宗召见华山道士陈抟，赐予封号，并在东京和苏州修建道观，校正道书三千七百三十七卷，缮写成书，贮藏在大内后苑太清宫。宋真宗时，又将秘阁和太清宫道书送往余杭，命学士戚纶[①]、漕运使陈尧佐、道士朱益谦、冯德之等专事修校，王钦若总领其事，共得四千三百五十九卷，分为三洞、四辅、十二类，赐名《宝文统录》。宋徽宗更是有名的道君皇帝，他命道士刘道元校定大藏，增至五千三百八十七卷，于政和年间送往福州闽县万寿观，命福州知州黄裳鸠工刻板刊印，称之为政和《万寿道藏》。这是第一部刊印的《道藏》，确定了编纂的体例，后世不过在这个基础上续修补辑而已。

《道藏》按三洞、四辅、十二类分类。三洞，即洞真部、洞玄部、洞神部，凡托名元始天尊所作的经书，归于洞真部；托名太上道君所作的经书，归之于洞玄部；凡以老子名义出现的经书，如《道德经》，则收入洞神部。四辅，是对三洞所作的补充，太玄部收补充洞

[①] 戚纶，字仲言，应天楚丘（今河南商丘）人，《宋史》卷三百零六有传。

真部的经书,如《山海经》;太干部收补充洞玄部的经书,以《太平经》为主;太清部补充洞神部的经书,收《墨子》、《韩非子》等诸子书;正乙部则补充三洞部和三大部经书。十二类,分为本文类,神符类,玉诀类(道经注解和疏义),灵图类,谱录类,戒律类,威仪类,方法类,众术类(炼丹、药饵、养生等方术),纪传类,赞颂类,章表类。《道藏》内容十分丰富,卷帙浩繁,全藏采用《千字文》编号,明代正统年间刊印的《万寿道藏》,从天字号编到英字号,万历年间续刊《道藏》自杜字号编到缨字号,共五百十二函。

宋代"四大书"

宋太宗到宋真宗年间,朝廷聚集南北文士,编纂前代文史典籍,其中主要的有四部书,后人称之为宋代"四大书",即:《太平御览》一千卷,《太平广记》五百卷,《文苑英华》一千卷,《册府元龟》一千卷。这四部书篇幅巨大,卷帙浩繁,由于雕板刊印书籍盛行,而得以完整地保存下来。

"四大书"的编纂体例并不完全相同。《太平御览》和《册府元龟》是类书,只是取材不同;《太平广记》分类纂辑笔记小说、野史故事;《文苑英华》则是文集性质。

《太平御览》自太平兴国二年(公元977年)开始编纂,用了六年半的时间,完成于太平兴国八年(公元983年)。参与编纂的有翰林学士李昉[1]、扈蒙[2],左补阙知制诰李穆,太子少詹事汤悦,太子率更令徐铉,太子中允张洎,左补阙李克勤,右拾遗宋白,太子中允陈鄂,光禄寺丞徐用宾,太府寺丞吴淑,国子寺丞舒雅,少府监丞吕文仲、阮思运等人,在《修文殿御览》、《艺文类聚》、《文思博要》等书的基础上"参详条次,分定门目"编成。原名《太平总类》,书成之后,宋太宗日览三卷,并改名《太平御览》,全书一千卷,分作五十五部,是取《周易·系辞》"凡天地之数五十有五",表示包罗万象之

---

[1] 李昉,字明远,深州饶阳(今河北饶阳)人,生于后唐同光三年,卒于北宋至道二年(925—996),《宋史》卷二百六十五有传。

[2] 扈蒙,字日用,幽州安次(今河北安次)人,生于后梁乾化五年,卒于北宋雍熙三年(915—986),《宋史》卷二百九十五有传。

意。各部目次如下：天、时序、地、皇王、偏霸、皇亲、州郡、居处、封建、职官、兵、人事、逸民、宗亲、礼仪、乐、文、学、治道、刑法、释、道、仪式、服章、服用、方术、疾病、工艺、器物、杂物、舟、车、奉使、四夷、珍宝、布帛、资产、百谷、饮食、火、休征、咎征、神鬼、妖异、兽、羽族、鳞介、虫豸、木、竹、果、菜茹、香、药、百卉。部以下分类，共有四千五百五十八类，每类之中有若干条目，每条先列引证的书名，其次录原文，按时代先后排列，不加编者意见。所采多为经史百家之言，小说、杂书引用较少。编排体例引文正文作大字，注文双行小字，保存了古书原来面目。卷首有《经史图书纲目》，载所引书目一千六百九十种，实际不止此数。所引也并非采撷原书，而是以前代类书为蓝本，修葺增删而成。此书目也可能是后来刻书者所编，如当时欧阳修《新唐书》尚未修成，而书目中却有新、旧唐书并列。

《太平广记》也是在太平兴国二年开始修纂的，李昉监修，扈蒙、李穆、汤悦、徐铉、宋白、王克贞、张洎、董淳、赵邻几、陈鄂、吕文仲、吴淑十二人同修。这书广泛采择汉晋至北宋小说、笔记、野史故事，每个故事均标小题，照抄原文一段或数段，注明出处，引书大约近五百种，谈神仙鬼怪、因果报应的占很大比重，全书分九十二大类，神仙类五十五卷，女仙类十五卷，神类二十五卷，鬼类四十卷，妖怪类九卷，报应类三十三卷，其他有的一类一卷，或二三卷不等。分门别类编纂小说故事，也反映了魏晋以来志怪小说的兴盛。书末杂传记九卷，尽载唐人传奇。

《文苑英华》是依《文选》体例辑录的，收梁末至唐代诗文一万九千一百零二首，分赋、诗、歌行、杂文、启、书、疏、序、论、议、墓表、行状、祭文等三十七类，每类又分子目。这书先是在太平兴国七年（公元982年）李昉、扈蒙、徐铉、宋白等人奉敕分类编纂前代名家文集，以后又命苏易简、王祐参加编纂，到雍熙四年（公元987年）成书。

南宋嘉泰年间,周必大曾与彭叔夏①校刻此书,跋语中指出原书修纂非出一人之手,丛脞重复,姓名差互,先后颠倒,不可胜计。因而将校出的文字详注逐篇之下。彭叔夏则认为,"散在本文,览者难遍,因荟粹其说,以类而分,各举数端,不复具载,小小异同在所弗录,原注颇略,今则加详,其未注者,仍附此篇。"勒成《文苑英华辨正》十卷。彭叔夏考核谨严,凡别有依据或义可两存者都不以意轻改。

《册府元龟》则是宋真宗景德二年(公元1005年),命资政殿学士王钦若②、知制诰杨亿③等所修,开始称作《历代君臣事迹》,参与编纂者有:钱惟演④、杜镐、刁衎、李维、戚纶、王希逸、陈彭年、姜屿、宋贻序、陈越等十人。不久,又特派内臣刘承珪、刘崇超专门典章其事,后来又有陈从易、刘筠、王曙、夏竦等人参加,共用了八年时间,大中祥符六年(公元1013年)成书。宋真宗重视此书编纂,篇目、凡例、门类、内容、引书范围、编排次序、增删取舍等等,无不亲自过问。《册府元龟》的命名,取典策的渊薮,可以作为龟鉴之意,宋真宗说:"所编君臣事迹,盖欲垂为典法,异端小说,咸所不取。"所以同是类书,但与《太平御览》有所不同。所取材料以正史为主,兼及经、子,不采说部,没有罕见异闻。引用旧史文,如南北朝史"索虏"、"岛夷"等提法,宋真宗接受了王旦所提意见,诏"欲改者注释其下"。所引用的书籍,并不注明出处,而且往往摘录大意,截取片断,并不照抄原文。

---

① 彭叔夏,庐陵(今江西吉安)人,生平事迹不详。
② 王钦若,字定国,临江军新喻(今江西新余)人,《宋史》卷二百八十三有传。
③ 杨亿,字大年,建州浦城(今福建蒲城)人,生于北宋开宝七年,卒于天禧四年(974—1020),《宋史》卷三百零五有传。
④ 钱惟演,字希圣,吴越王钱俶之子,《宋史》卷三百一十七有传。

《册府元龟》全书正文一千卷，目录十卷，另有孙奭所撰音义十卷已佚。共分三十一部，目次为：帝王、闰位、僭伪、列国君、储宫、宗室、外戚、宰辅、将帅、台省、邦计、宪官、谏诤、词臣、国史、掌礼、学校、刑法、卿监、环卫、诠选、贡举、奉使、内臣、牧守、令长、宫臣、幕府、陪臣、总录、外臣。每部有总序，言其经制，等于本部门的一篇小史，文字几百到几千字。部下有门，共一千一百零四门，每门又各有小序，述其指归，等于一篇总论，几十字到二三百字不等。小序之后即罗列历代人物事迹。全书体例一致，去取严谨。

每部总序、小序，原由编修官分别撰写，宋真宗认为序出众手，体例不一，定为李维、钱惟演、刘筠、夏竦、陈彭年六人撰述，由杨亿审定。宋真宗对编修人员给以优厚俸禄，并亲自到编修处所了解情况，勤惰差错各有赏赐和诘问。参与撰修的人员，都是擅长文史的知名人物，杨亿和钱惟演都是西昆体诗的代表人物。钱惟演是吴越王钱俶的儿子。王钦若是有名的奸相，杨亿为人耿介，并不附和，遭到王钦若忌恨诋毁。陈彭年也是有才华的人，深受宋真宗赏识。

"四大书"以外，还编过其他一些书，如宋太宗时所编医方一千卷，名《神医普救》，又诏翰林承旨苏易简、道士韩德纯、僧赞宁集三教圣贤事迹各五十卷，书成命赞宁为首座，其书不传。宋真宗编纂《册府元龟》时，不欲把后妃妇女事编入此书，遂由王钦若别纂为《彤管懿范》七十卷，又命陈文禧将历代帝王文章编为《宸章集》二十五卷，又集妇女文章为十五卷。宋仁宗时命翰林学士晏殊编选《册府元龟》节本，名《天和殿御览》四十卷，诸书均不传。

参加编纂《太平御览》等书的吴淑[①]，还编纂过《事类赋》三十

[①] 吴淑，字正仪，丹阳（今江苏丹阳）人，生于后汉天福十二年，卒于北宋咸平五年（947—1002），《宋史》卷四百四十一有传。

卷。这是一部用四六对偶句形式编纂的类书,共分十四部(天、岁时、地、宝货、乐、服用、什物、饮食、禽、兽、草木、果、鳞介、虫),一百子目,每个子部只有一个字(如宝货部的金、玉、珠等),所以这书原名《一字题赋》,分二十卷,后来宋真宗要吴淑附加注释,扩大到三十卷。

个人编纂的类书,这里附带提到的有南宋王应麟①所编《玉海》二百卷和《小学绀珠》十卷。《玉海》一书是专为应博学鸣词科考试者使用的类书,标分门类与一般类书不同,多录关于典章制度的文献和吉祥善事,分天文、律宪、地理、帝学、圣制、艺文、诏令、礼仪、车服、器用、郊祀、音乐、学校、选举、官制、兵制、朝贡、宫室、食货、兵捷、祥瑞二十一部,每部各分子目,共二百四十余类,书后附有辞学指南四卷。征引的书,经史子集以至各家传记杂书范围很广,于宋代掌故大都据实录、会要记述。记事按年代先后排列,始于上古,止于宋代。它不是仅仅分类摘录材料,而是用提要的形式撮述事实,或略作考证。体例与《通典》及会要书相近,也兼采诗文辞藻。已见于旧类书的,只是书题目不抄原文。

---

① 王应麟,字伯厚,庆元府(今浙江宁波)人,《宋史》卷四百三十八有传。

崇文校书修史

北宋校书修史的处所，是在昭文馆、集贤院、史馆三馆基础上成立的崇文院，这里藏书丰富。宋仁宗时，翰林学士王尧臣、史馆检讨王洙、馆阁校勘欧阳修等，仿唐代开元年间《群书四部录》体例编成《崇文总目》六十六卷。宋代大规模校书修史，比西汉有过而无不及，许多原来只有写本，传抄中不少脱误的书，都得以校勘改正，镂版印行，这在书籍编纂的历史上，也占有着重要的一页。

宋太宗端拱元年（公元 988 年），孔维、秦奭等人校正孔颖达《五经正义》，由国子监镂版刊行。以后，又经孙奭、邢昺等人先后多次复校，直到宋真宗咸平三年（公元 1000 年）才最后完成[①]。与此同时，李至[②]校刻了《七经义疏》，包括贾公彦《周礼疏》、《仪礼疏》各五十卷，《公羊疏》三十卷，杨士勋《穀梁疏》十二卷，元行冲《孝经疏》、皇侃《论语疏》、孙炎和高琏《尔雅疏》二十三卷，共一百六十五卷，摹印颁行。

在这以前两年，雍熙三年（公元 986 年）徐铉[③]、句中正、葛湍、王惟恭等，奉敕对《说文解字》重加校定。徐铉等不仅将内容作了

[①] 孔维，字为则，开封雍丘（今河南杞县）人；邢昺，字叔明，曹州济阴（今山东菏泽）人；孙奭，字宗古，博州博平（今山东茌平）人；生平事迹均见《宋史》卷四百三十一儒林列传。

[②] 李至，字言几，真定（今河北正定）人，生于后晋开运三年，卒于北宋咸平四年（946—1001），《宋史》卷二百六十六有传。

[③] 徐铉，字鼎臣，扬州广陵（今江苏扬州）人；句中正，字坦然，益州华阳（今四川成都）人。《宋史》卷四百四十一均有传。

整理，还在每部末尾作了补录，增加了四百零二个"新附字"。补充的解释注明"臣铉等案"，以示区别。并把原书十四篇、叙目一篇重分为三十卷，每卷分上下，卷首标目。许慎编《说文》时没有反切，后人附益，互有异同，徐铉根据孙愐《唐韵》在每个字下面加注了反切读音。总之，"务援古以证今，不循今而违古"。校正后由国子监雕板印行。徐铉本为南唐旧臣，归宋后官左散骑常侍，其弟徐锴作《说文解字系传》四十卷，前三十卷是许慎原书，名曰通释；后十卷中部叙二卷，说明五百四十部的编次，模拟《周易·序卦》体例，通论三卷，祛妄、类聚、错综、疑义、系述各一卷。祛妄专斥李阳冰新解之谬；类聚则举字之相比为义者；错综旁推"六书"之旨，通诸人事，以尽其义；疑义举《说文》偏旁所有而缺字及篆体笔画相承而小异者；系述则为自述。

韵书实际上也是字书，按声韵编排，供写作诗词的人查检协韵之用。宋真宗时，陈彭年、丘雍奉诏重修《广韵》，是在隋代陆法言《切韵》一书的基础上增订而成。《切韵》这部最早的韵书，当时只剩残卷，唐代孙愐刊定的《唐韵》也已残缺。《广韵》一书以平上去入四声为纲，分为五卷，平声字多有上下两卷，其他各一卷，共二百零六韵。宋仁宗时，宋祁、郑戬等人认为这书"所载疏漏，子注乖殊，宜弃乃留，当收复缺，一字两出，数文同见，不详本义，迷惑后生"，已经不适当时需要，于是重撰《集韵》十卷，平声四卷，上、去、入声各两卷，收字五万三千五百二十五字，成书于宝元二年（公元1039年）。

史书方面，宋太宗在淳化五年（公元994年）即诏选官分校《史记》、《汉书》、《后汉书》，真宗咸平年间，命刁衎、晁迥、丁逊复校《两汉书》板本，曾校定三百四十九条，笺正三千余字。宋仁宗景祐元年（公元1034年），余靖上言国子监所印两汉书文字舛讹，又命国子监直讲王洙与余靖同赴崇文院校对，到景祐三年完成，书名称《新校史记前后汉书》。余靖参括众本，旁据他书，自录其校雠之说另撰成《三史刊误》四十五卷。除三史外，《三国志》、《晋书》、《南史》、《北史》、《隋书》、《唐书》，也都经过校勘后雕板印行。嘉祐六年（公元 1061 年），宋仁宗以宋、齐、梁、陈、魏、北齐、周七史舛谬亡阙，命史馆进行校雠，参与其事的有曾巩、丁宝臣、孙洙、孙觉等人。曾巩认为单凭秘阁所藏不足以定著，于是诏天下藏书之家悉上异本，到第二年冬天才收集到一些，用以进行校勘。到宋英宗治平年间，曾巩校定南齐、梁、陈三书，刘恕上后魏书，王安国上北周书，一直到徽宗政和年间才由国子监刊印。《北齐书》只残存十七卷，《魏书》也残缺不全，只好用《北史》相同的纪、传抄补，或者从《太平御览》、《册府元龟》等类书中抄补。

宋代官修史书，除了纪传体的国史和编年体的实录以外，还专设机构修撰会要，称作会要所，直属秘书省。会要这种体裁，是把类书编纂的方法应用到史书上来，即把史实分类编辑，成为一种便于检寻的工具书。它的产生是唐代苏冕所撰《会要》四十卷，以事类为中心叙述一定时期或某一朝代的史事。苏冕的书，断限在唐高祖至德宗时期，宣宗年间崔铉监修杨绍复纂修《续会要》四十卷。到了宋代，王溥[①]在这两本书的基础上，续撰唐宣宗以后之事，止于唐末，编成《唐会要》一百卷，于建隆二年（公元 961 年）奏上。《唐会要》共立子目五百一十四，主要部分撰成于中唐及晚唐时期，资料丰富为新、旧《唐书》所不及，如"修撰"一项，详列宣宗以前唐代官修诸书和私撰而奏进于朝之书的撰修经过，史馆之事也占了

---

① 王溥，字齐物，并州祁（今山西祁县）人，生于后梁龙德二年，卒于北宋太平兴国七年（922—982），《宋史》卷二百四十九有传。

两卷的篇幅。与此同时,王溥还编撰《五代会要》三十卷。

政府设官编撰本朝会要,始自宋代。宋仁宗庆历四年(公元1044年)编成《三朝国朝会要》,神宗元丰四年(公元1081年)在前书基础上,增补为《六朝国朝会要》,以后陆续增补,有《中兴会要》、《孝宗会要》,以及李心传编的《十三朝会要》等等,止于宁宗时期,理宗以下没有再续修。《宋会要》在明代宣德年间宫内失火时全部焚毁,后人有辑佚本。

南宋嘉定四年(公元1211年),徐天麟①编纂《西汉会要》七十卷和《东汉会要》四十卷。两书将汉代典章制度以类相从,分为十五门汇编资料,不同之处是:《西汉会要》取材不出《汉书》,《东汉会要》则除《后汉书》外,引用其他材料作为补充,并且一一注明出处。自从徐天麟编纂前代会要以来,明、清时代仿作的人很多。

宋代金石之学大盛,利用古代文物考订史籍的书编纂了不少,主要的有欧阳修的《集古录》十卷、赵明诚的《金石录》,都是根据商周青铜器铭文,秦汉以至隋唐的石刻碑志拓本,所作的考释、题跋,荟萃编成。洪适的《隶释》二十七卷、《隶续》二十一卷,专门收集汉魏碑刻文字,附以解说和论证,"抉剔幽隐,考核旧闻"。吕大临的《考古图》、《续考古图》,王黼《宣和博古图》则是摹绘当时所见商周青铜器的形制和器物款识,附以释文和考释。黄伯思②的《东观余论》二卷,大都是碑帖书籍的题跋,以及他任秘书省校书郎时校定《楚辞》、焦赣《易林》、《师春书》等序,其中《汉简辨》一文,则是根据出土文物校正了《后汉书》中的错讹。

---

① 徐天麟,字仲祥,临江(今江西清江)人,事迹附见《宋史》卷四百三十八儒林传其父徐梦莘传。

② 黄伯思,字长睿,邵武(今福建邵武)人,生于元丰二年,卒于政和八年(1079—1118),《宋史》卷四百三十三有传。

经史之外，对医书也进行了大规模整理。早在开宝六年（公元973年），刘翰、马志等奉敕以《唐新本草》和《蜀本草》为据，修成《开宝本草》二十一卷，载药物九百八十三种。天圣四年（公元1026年），集贤校理晁宗悫、王举正等校定《黄帝内经》、巢氏《诸病源候论》。景祐二年（公元1035年）正式设立了校正医书局，由林亿、苏颂①等人校定了《千金翼方》，并在《开宝本草》的基础上修成《嘉祐本草》二十卷，所载药物增至一千零八十二种，并且将各地州郡所绘的药草图整理编纂为一部《图经本草》。据林亿称："顷在嘉祐中，仁宗念圣祖之遗事将坠于地，乃诏通知其学者俾之是正。臣等承乏典校，伏念旬岁，遂乃搜访中外，哀集众本，寖寻其义，正其讹舛，十得其三四，余不能具。窃谓未足以称明治副圣意，而又采汉唐书录古医经之存于世者，得数十家，叙而考正焉。贯穿错综，磅礴会通，或端本以寻枝，或溯流而讨源，定其可知，次以旧目，正谬误者六千余字，增注义者二千余条，一言去取，必有稽考，舛文疑义，于是详明。"私人撰著如唐慎微《证类本草》，也经政府整理，在大观二年（公元1108年）刻板印行，名为《大观经史证类备用本草》，以后又一再重修、校定印行。

宋神宗元丰年间，令武学博士何去非校勘，国子司业朱服审定，并由国子监颁行钦定的《武经七书》，包括《孙子》、《吴子》、《司马法》、《李卫公问对》、《尉缭子》、《三略》、《六韬》七种。根据何去非的儿子何薳在《春渚记闻》中记载，何去非怀疑《六韬》和《李卫公问对》是伪托之作，朱服却认为此书行之已久，不易遽废。但是，南宋时《武经七书》刊本却把《六韬》提到《孙子》之前。朱服曾提出只

---

① 苏颂，字子容，泉州南安（今福建南安）人，生于北宋天禧五年，卒于建中靖国元年（1021—1101）。《宋史》卷三百四十有传。

印原文，不加注解，朝廷下诏却定为《孙子》用魏武帝曹操注，其他六书不注，今天所能见到的南宋刊本，则全都没有加注。

校书修史的主要人物之一是曾巩[①]。曾巩仿效刘向校书的办法，广求诸本，详细校勘，重定编次，而且写成序录。如《战国策》目录序中指出："刘向所定三十三篇，访之士大夫家，始尽得其书，正其误谬而疑其不可考者，然后三十三篇复完。"曾巩所定的三十三篇，四百八十六首的次第，以后在鲍彪注本中又作了改动，已非曾巩所编原貌。元代吴师道校注《战国策》时，保存鲍本篇第之旧，而将刘向、曾巩所定旧第为鲍彪所改窜者，"别存于首，附录原次，以存其旧"。

《新序》刘向集次为三十篇，目录一篇，可见者十篇而已；《说苑》二十篇，《崇文总目》云今存五篇，从士大夫间得十三篇，与旧为十有八篇，只能"正其缺谬，疑者阙之"。刘向所序《列女传》凡八篇，《隋书·经籍志》著录为十五篇，曹大家注。曾巩指出："盖离七篇为十四，与《颂义》凡十五篇，而益以陈婴母及东汉以来凡十六事，非向书本然也。向书佚，嘉祐中集贤校理苏颂始以《颂义》为编次，复定其书为八篇，与十五篇并藏馆阁。古书或有录而亡，或无录而在者，亦众矣。"说明曾巩整理古书，不仅是校正文字，尤其重视篇章离合及篇目考订。他所校订的《鲍溶诗集》，史馆旧题为《鲍防集》五卷，收二百篇。宋敏求提出，此集诗见于《文粹》、《唐诗类选》者，皆称鲍溶作，可见原书名错了。欧阳修所藏《鲍溶集》与此集同，其中三十三篇是史馆书中所没有的，曾巩别为一卷附在后面。

[①] 曾巩，字子固，建昌军南丰（今江西南丰）人，生于北宋天禧三年，卒于元丰六年（1019—1083），《宋史》卷三百一十九有传。

曾巩"典五朝史事",修撰国史、会要,还曾集古今篆刻,为《金石录》五百卷,他去世以后,文稿等经后人编为《元丰类稿》五十卷、《续元丰类稿》四十卷,《外集》十卷。

欧阳修与《新唐书》

宋仁宗庆历五年（公元1045年）开设书局，改撰《唐书》，由王尧臣、余靖主其事。刊修官大都不能始终其事，未能成书，只有宋祁[①]在天圣末年开始着手，用了二十多年时间写成列传一百五十卷，也没有最后定稿。

至和元年（公元1054年），欧阳修[②]被任为刊修官，修撰《唐史》本纪、志、表部分。欧阳修认为，唐代从会昌年间以后，档案图籍多已散失，他曾疏请派吕夏卿去洛阳整理官府中所藏的唐至五代以来的奏议、案簿等文献资料、以备修史之用。在编书过程中，他主要依靠范镇、王畴、宋敏求、吕夏卿、刘羲叟、梅尧臣等人的力量，这些人学有专长，各有著述。范镇、王畴"在唐书局十数年如一日"，吕夏卿"通谱学，创为世系诸表，于《唐书》最有功"，宋敏求熟悉唐代史事，曾"补唐武宗以下六世实录百四十八卷"，刘羲叟"专修律历、天文、五行志"。分修诸稿由欧阳修最后删定。嘉祐五年（公元1060年）全书告成，包括本纪十卷，志十三篇五十卷，表四篇十五卷，列传一百五十卷，共二百二十五卷，由宰相兼提举官曾公亮[③]具表奏上。

---

① 宋祁，字子京，安州安陆（今湖北安陆）人，生于北宋咸平元年，卒于嘉祐六年（998—1061），《宋史》卷二百八十四附其兄宋庠传。

② 欧阳修，字永叔，号醉翁，晚年又号六一居士，庐陵（今江西吉安）人，生于北宋景德四年，卒于熙宁五年（1007—1072），《宋史》卷三百一十九有传。

③ 曾公亮，字明仲，泉州晋江（今福建泉州）人，生于北宋咸平二年，卒于元丰元年（999—1078），《宋史》卷三百一十二有传。

《新唐书》列传部分由宋祁撰,文字简古,欧阳修所撰本纪、表、志部分则比较通畅,两者风格不同。据高似孙《纬略》卷十二记载,当时曾要求欧阳修润饰全书,统一文笔,欧阳修推尊宋祁,说:"宋公于我前辈人,所见不同,讵能尽如己意。"竟不易一字。

魏晋以来所修各史,一般都只有纪传部分,《新唐书》恢复了纪、传、志、表的完整体例。欧阳修重视总结唐代典章制度的因革兴废,这是由于宋代大体上继承了唐代的制度。如新增的《仪卫志》、《选举志》和《兵志》,后两种系统地整理了唐朝科举制和兵制演变的资料。其他各志不仅内容详备,体例方面也有改进。如地理志方面,《史记·河渠书》只列山川梗概,《汉书·地理志》增加郡县户口,《隋书·地理志》虽然比较详密,但往往附会旧制,所述疆域风俗和实际情况有时不符,《新唐书·地理志》则依开元年间十五道分述诸道疆域沿革,然后是州府诸县,层次分明,并且还记述了两京宫阙规模、物产分布、交通道里、军府设置、水利兴废等等。在《艺文志》方面,废除了以部类为"家"的名称,以学术流别作为部勒典籍的标准,又删略子目,与《旧唐书·经籍志》比较,著录的书增加不少,特别是开元以后的书。《新唐书》还增加了《宰相表》三卷、《方镇表》六卷、《宰相世系表》十一卷、《宗室世系表》二卷,有唐三百年间宰相和宗室的升降兴替,藩镇势力的消长离合,可以一目了然地看出一个大体轮廓。欧阳修强调春秋笔法,注重褒贬义例,他在《旧唐书》类传的基础上,增添了卓行、奸臣、叛臣、逆臣等类传,并且将《忠义》传列在最前面。

曾公亮在进《唐书》表中讲到:《旧唐书》"纪次无法,详略失中,文采不明,事实零落",而《新唐书》"其事则增于前,其文则省于旧","义类凡例,皆有据依"。文字简约,锤词炼句,的确是欧阳修《新唐书》的一大特点。也有人评论说,事增文省是《新唐书》的缺失,北宋初期唐代史料大量出现,重要史实不宜删略太多。这是要作些具体分析的。《旧唐书》本纪三十万字,《新唐书》仅九万字,减少三分之二,除高祖、太宗、高宗三纪各为一卷以外,其余均并合成卷,第八卷甚至包括五个皇帝,删掉的主要是用骈体文写的诏诰章疏,有的则是改为散文体的记述,可能考虑到宋绶、宋敏求父子已汇集唐代各朝诏令,另编《唐大诏令集》(熙宁三年成书)的缘故。另外,也有许多增补,主要是皇帝的德政涓细不遗,特别是开国皇帝李渊,则天武后,文字均比《旧唐书》为详,甚至顺宗、穆宗做太子时的事迹也有所记述。列传部分也增补了一些《旧唐书》未载的史料,采自小说、笔记、传状、碑志、家谱、野史,与《旧唐书》比较,删去了六十一篇,增加了三百三十一篇传记。黄巢传则从一千六百字增至六千字。编排方面,在纪、传、志、表之间避免了互相重复的现象,对照来看,材料的安排还是作了通盘考虑的。从资料角度来看,《新唐书》确实删掉了一些重要诏令章奏,如狄仁杰谏太后营大像疏、陆贽代德宗罪己诏等,经济史料如州县户口统计、币制、赋税、财政变革,文化大事如永徽四年颁孔颖达《五经正义》于天下,每年明经令依此考试,七年长孙无忌进史馆所撰梁、陈、周、齐、隋《五代史志》三十卷等,都没有记载。这可能与欧阳修编书的目的有关。

《新唐书》编成以后,遂即刊刻问世。以后,有吴缜[①]著《唐书纠谬》二十卷,专门驳正欧阳修书中的错误之处。南宋王明清《挥麈录》记载,吴缜初登第时,要求参与重修《唐书》,曾被欧阳修拒绝。其实他登第是在治平年间(公元1064—1067年),那时《新唐书》早已修成;也有人说请求参预修书的是他父亲吴师孟,根据也

---

① 吴缜,字廷珍,成都(今四川成都)人,《宋史》无传。

不充分。吴缜此书提了四百六十条批评意见，措词激烈，据自序说是他在巴峡做官时所撰，绍圣元年（公元1094年）由侍读胡宗愈推荐表进于朝。吴缜还有一本《五代史记纂误》，是专门考证欧阳修《五代史记》一书中的错误的，共三卷，一说五卷，已佚。

　　北宋开宝六年（公元973年）四月，宋太祖下诏撰修梁、唐、晋、汉、周书，参与其事的有卢多逊、扈蒙、张澹、李昉、刘兼、李穆、李九龄等人，由薛居正监修。五代时期一共五十三年，各朝不过一二十年，其中后汉仅四年，官吏大都通仕各朝，修撰者也都是历任史职，目睹亲历五代纷争史实，加以各朝实录完整保存，收集史料比较容易，到开宝七年成书一百五十卷，目录二卷。体例仿陈寿《三国志》，五代相承各为一书，又各有纪传若干卷。欧阳修所修《五代史记》，是以私人名义改编官修史书，是他在被贬为地方官的时候编撰的，时间比薛居正修《五代史》晚一百年，于皇祐五年（公元1053年）脱稿。欧阳修生前不肯轻易示人，他在给梅尧臣的信中说："闲中不曾作文字，只整顿了五代史，成七十四卷，不敢多令人知，深思吾兄一看，如何可得极有义类，须要好好商量。此书不可使俗人见，不可使好人不见，奈何奈何！"请梅尧臣"勿漏史成之语"。后来朝廷下令征索，熙宁十年（公元1077年）始正式颁行。计本纪十二卷，列传四十五卷，考两篇三卷，世家及年谱十一卷，四夷附录三卷，共七十四卷，目录一卷。后人为了和薛居正《五代史》区别，称之为《新五代史》。薛书称《旧五代史》，宋元时已湮废不传。

　　欧阳修在主持编纂《新唐书》的同时，已经着手收集五代史料，他所依据的材料，除了薛书以外，有王溥《五代会要》、陶岳《五代史补》、王禹偁《五代史阙文》、孙冲《五代记》、路振《九国志》、马令《南唐书》、徐铉《吴录》、陈彭年《江南别录》、钱俨《吴越备史》、钱惟演《家王故事》、李昊《蜀书》、张唐英《蜀梼杌》等，体例仿李延寿《南史》《北史》，打破朝代界限，按时间先后编排史料。和《新唐书》比较，虽同出一手，体例却有不同之处。赵与时《宾退录》指出："梁太祖本纪初称温，赐名后称全忠，封王后称王，至即位始称皇帝。……而《新唐书》本纪，高祖之生即称高祖，太宗方四岁已书太宗。"这可能是一为官修一属私撰的缘故。另外，欧阳修采用类传形式，如一行传、义儿传、伶官传、宦者传等，各传都有序论，说明作传的原因及意义。

欧阳修作为唐宋八大家之一文章写得平易近人，删繁就简，记载人物事迹连贯翔实，主题突出。

欧阳修的主要助手之一宋敏求[①]，庆历年间曾任《新唐书》编修官。宋敏求《春明退朝录》一书中，翔实地记录了书局成立时间、刊修官和编修官的姓名和人数、成书情况等。宋敏求本人编撰书籍很多，他继乐史《太平寰宇记》之后，撰《东京记》三卷、《河南志》二十卷、《长安志》二十卷，被司马光誉为"博物之书"。他的父亲宋绶编纂《唐大诏令集》没有完成，经他整理厘定为一百三十卷，分十三门，熙宁三年（公元1070年）成书。这书与《旧唐书》所收诏令互有出入，宋敏求集自唐人文集、制诏总集、实录等，所以个别篇内容还有重复，但是篇题并不相同。

---

① 宋敏求，字次道，赵州平棘（今河北赵县）人，生于北宋天禧三年，卒于元丰二年（1019—1079），《宋史》卷二百九十一附其父宋绶传。

司马光与《资治通鉴》

宋代史书编纂最突出的成就,是司马光①主编的《资治通鉴》。这是一部编年体的通史,全书正文二百九十四卷,以朝代为纪,包括:周纪五卷、秦纪三卷、汉纪六十卷、魏纪十卷、晋纪四十卷、宋纪十六卷、齐纪十卷、梁纪二十二卷、陈纪十卷、隋纪八卷、唐纪八十一卷、后梁纪六卷、后唐纪八卷、后晋纪六卷、后汉纪四卷、后周纪五卷,记述了从周威烈王二十三年(公元前403年)到五代后周显德六年(公元959年)为止,总计一千三百六十二年的历史。另目录三十卷,考异三十卷,总共三百五十四卷。

宋英宗治平三年(公元1066年),司马光受诏修史,编集历代君臣事迹。第二年,神宗即位以后,赐名《资治通鉴》,到元丰七年(公元1084年)完成,前后用了十九年时间。在《进资治通鉴表》中,司马光说他"研精极虑,穷竭所有,日力不足,继之以夜,遍阅旧史,旁采小说,简牍盈积,浩如烟海,抉摘幽隐,校计毫厘。臣今筋骸癯瘁,目视昏近,齿牙无几,神思衰耗,目前所为,旋踵遗忘,臣之精力,尽于此书"。在这以后两年,司马光在六十八岁的时候就去世了。

《资治通鉴》的编纂,是为了给皇帝提供巩固封建统治的历史经验,也就是司马光所说的:"删削冗长,举撮机要,专取关国家盛

---

① 司马光,字君实,陕州夏县(今山西夏县)人,生于北宋天禧三年,卒于元祐元年(1019—1086),《宋史》卷三百三十六有传。

衰,系生民休戚,善可为法,恶可为戒者,为编年一书,使先后有伦,精粗不杂。"他先把战国和秦代的史事写成了八卷,称为《通志》,进呈英宗,得到了赞赏,正式在汴京的崇文院成立书局开始编修,并且允许他就秘阁翻阅旧闻。司马光先是推荐了刘攽[①]、刘恕[②]两个主要助手,以后又有范祖禹[③],以及司马光的儿子司马康参与,书局也迁到洛阳。《资治通鉴》的编纂,先分别收集资料作丛目,具体做法正如司马光与范内翰论修书帖中所说:"凡稍干时事者,皆须依年月注所出篇卷于逐事之下,实录所无者亦须以年月日添附。无日者附于其月之下,称是月;无月者附于其年之下,称是岁;无年者附于其事之首尾;有无事可附者,则约其时之早晚附于一年之下,但稍与其事相涉者即注之。"丛目整理成为长编,又经删为广本,最后由司马光统一润色笔削成书。分工情况是:刘攽负责两汉部分,刘恕负责三国至隋以及五代部分,范祖禹负责唐代,各用其所长。司马光认为"长编宁失于繁,无失于略",以范祖禹所整理的唐纪六百卷为例,最后删定下来只有八十卷。

　　《资治通鉴》编纂体例,采用《左传》编年述事之体,但不是接续《春秋》来写,不以十二诸侯年表的共和元年,也不以六国年表的周元王元年为准,而是从周威烈王二十三年韩、赵、魏初为侯起始,过去史书中不曾有过这样划分时代。下限以五代末年为止,因为宋代自有国史。取材方面,司马光认为"实录正史未必皆可据,杂史小说未必皆无凭"。他"左右采获,错综铨次",对于不同的史料,

---

　　[①] 刘攽,字贡父,临江新喻(今江西新余)人,生于北宋天圣元年,卒于元祐四年(1023—1089),《宋史》卷三百一十九附其兄刘敞传。
　　[②] 刘恕,字道原,筠州高安(今江西高安)人,生于北宋天圣九年,卒于元丰元年(1031—1078),事迹见《宋史》卷四百四十四文苑传。
　　[③] 范祖禹,字淳甫,一字梦得,成都华阳(今四川成都)人,生于北宋康定二年,卒于绍圣五年(1041—1098),事迹附《宋史》卷三百三十七范镇传。

记载分歧较大的,选择其证据分明,情理近实者修入正文,其余另行编录,辨其谬误,说明舍取之故,别成《通鉴考异》。目录则用年表形式,分为三格,上为纪年,中列事目,下记卷数,以便检寻。有关历法朔闰甲子,采用刘羲叟的《长历》。《资治通鉴》全书共有一百八十六篇"论",司马光本人的评论,则用"臣光曰",其他人则署名,如"班固论曰"、"袁宏论曰"等等。

南宋人撰,托名于司马光的《通鉴释例》一书,记编纂的凡例,并附司马光与刘恕、范祖禹等人的通信。刘恕之子刘羲仲撰《通鉴问疑》一书,也记有司马光与刘恕讨论编纂意见的事。刘恕本人的《通鉴外纪》十卷,起自三皇五帝,共和以后至周威烈王二十二年这四百三十八年间取编年形式,可作为《资治通鉴》的补编。全书体例严谨,脉络分明,史料虽辑自众书,经过编辑加工,文字风格如出一人之手。

司马光编《资治通鉴》的手迹,留传下来的有永昌元年的一份提纲。

《资治通鉴》成书以后,刘安世曾作《音义》十卷,史炤作《通鉴释文》三十卷,但都比较简略。胡三省[①]曾参照唐代陆德明撰《经典释文》的方法,作《资治通鉴广注》九十七卷,并"著论十篇,自周迄五代,略述兴亡大致"。宋末避难新昌时把稿子全部丢失了,后来又重新作了详尽的注释,"凡纪事之本末,地名之同异,州县之建置离合,制度之沿革损益,悉疏其所以然。"若释文之舛谬,悉改而正之,著《辨误》十二卷。对史炤注释之误,予以驳正。胡三省注《资治通鉴》,不仅是注读音、解释字义,还指明不能死扣,以辞害

---

① 胡三省,字身之,号梅磵,台州宁海(今浙江宁海)人,生于南宋宝庆六年,卒于元大德六年(1230—1302),《宋史》、《元史》均无传。

义;他注典章制度、人名、地名,甚至服饰,作了考证,对典章制度的利弊得失、历史事件和人物也有所评论,校勘的功夫也很深。全书成于元世祖至元二十二年,南宋已亡六载,胡三省在自序中只书甲子,不用元朝年号,注中凡涉及宋代之事,仍用"本朝"、"我宋"字样。

司马光的主要助手范祖禹的《唐鉴》十二卷,是他在《资治通鉴·唐纪》的基础上独力辑成的。全书三百二十二条,五万多字,以编年体形式叙述了有唐一代治乱兴替的简明历史。重点不在于提供史实,而偏重于政治。叙事多沿用《资治通鉴》原文,评论达二百九十四条,也有五万多字。为什么在《通鉴》之外又编《唐鉴》呢?因为范祖禹是反对王安石新法的,虽然没有留下公开抨击的言词,但是《唐鉴》的编纂,其选材及评论都是有针对性的。

《唐鉴》宗法《春秋》强调褒贬,如不以武则天称帝的年号纪元,只用中宗嗣圣年号,称中宗为帝,武则天为太后,每年必书帝在何处,仿效鲁昭公被季氏赶出去后,每年正月必书"公在乾侯"一样。这是和宋代逐渐形成新的治史的学风分不开,虽有复古崇圣之弊,但是敢于反对和摆脱旧习,重议论,活跃了学术空气,在史书编纂中也充分反映了新的历史时期的要求。

南宋孝宗时期,袁枢[①]编纂《通鉴纪事本末》一书,开创了"纪事本末体"的编纂史书的新体裁。此书是袁枢在乾道九年(公元1173年)出任严州教授时完成的。"枢常喜诵司马光《资治通鉴》,苦其浩博,乃区别其事而贯通之,号《通鉴纪事本末》。"史实材料全部取自原书,文字照录,一字不改,只是选择了上自"三家分晋",下至"周世宗征淮南"等二百三十九件重大的历史事件,另附有六十

[①] 袁枢,字机仲,建州建安(今福建建瓯)人,生于南宋绍兴元年,卒于开禧元年(1131—1205),《宋史》卷三百八十九有传。

六件有关的历史事件,每事一篇,详记始末,自立标题,各编年月,编为四十二卷。编年体的史书,按年编排,某一个历史事件的发生、发展的全部过程,往往要跨越好多年,完整的史实往往因之割裂而散见于若干卷之内,脉络淹没在其他众多的历史事件之中,不容易理出头绪。袁枢的《通鉴纪事本末》解决了这个问题,重大历史事件标有明显的标题,又按时间先后记述了详尽的史实,篇幅只占《资治通鉴》原书的二分之一。所以,受到当时人的重视,后人仿效这种体裁编书的也很多。

另一种改编《资治通鉴》的书,是朱熹的《资治通鉴纲目》五十九卷,另凡例一卷。撰于孝宗乾道八年(公元1172年)。"纲目体"是编年体史书形式的一个新的发展,朱熹以编年形式叙事,每事分为纲要和细节两个部分,先以大字书为概括的提纲,其下以分注的形式详述细节,所以称作纲目。这种形式更为通俗,便于普及。

朱熹立纲仿效《春秋》,叙目则仿效《左传》,论事皆以凡字开始。《资治通鉴》以魏继汉,《纲目》改为以蜀汉为正统,这与南宋王朝所处的局势有关。又,武后改国号为周,《纲目》则记唐中宗之年,而书帝在某地,这也是模仿《春秋》书鲁昭公被季氏逐出鲁国寓居乾侯之例。《纲目》的凡例均是朱熹所定,纲或为自撰或门人分撰,目则为门人赵师渊所撰。取材范围也不出于司马光《资治通鉴》、《通鉴目录》、《举要历》,以及胡安国《资治通鉴举要补遗》四书,主要强调书法、褒贬。

运用司马光的体例编纂本朝史实的,是李焘[①]所作《续资治通鉴长编》九百八十卷,起自太祖建隆,迄于钦宗建康,记述了北宋一

---

① 李焘,字仁甫,号巽岩,眉州丹棱(今四川丹棱)人,生于北宋政和五年,卒于南宋淳熙十一年(1115—1184),《宋史》卷三百八十八有传。

代的史实,另:总目五卷、举要六十八卷、修换事目十卷,共一千零六十三卷(今本清代辑自《永乐大典》,重编为五百二十卷)。

李焘早年在四川做地方官,任成都华阳县主簿时就开始收集资料,以后又为司马光的《宋兴以来百官公卿表》作了续编,总一百四十二卷。宋孝宗隆兴元年(公元1163年)完成了太祖一朝的长编,并进之于朝。到淳熙四年(公元1177年)九朝长编全部完成,以后,李焘又全面地进行了一次修订。

据周密《癸辛杂识》记载:"昔李仁甫为《长编》,作木厨十枚,每厨作抽替匣二十枚,每替以甲子志之,凡本年之事有所闻必归此匣,分日月先后次第之,井然有条。"李焘按照司马光编《资治通鉴》的义例,但是对于司马光的著述有所取也有所不取,《资治通鉴》中所记载与正史、实录不同的,"盖所见所闻所传闻之异,必兼存以求是",《长编》的特点在于:正文往往表达李焘的见解,注文则列出不同的说法及其根据,然后有简明扼要的按语作说明,以便读者比较和判断。李焘以"改元之月别为纪"这是与司马光所不同的,如宋太宗太平兴国元年从十二月起,十一月则记为太祖开宝九年,而司马光《资治通鉴》所用的年号皆以后来者为定,武德元年六月唐高祖才称帝,但从正月起就不称隋义宁二年而称武德元年了。司马光为《资治通鉴》所作的长编早已散失,从李焘的《长编》可以看出其编纂体例"宁失之繁,毋失之略"以及"近则事详,远则事略"的特点。

所谓修换事目十卷,记述了李焘根据宋孝宗诏旨对九朝长编所作的修订,本传记载:李焘"依熙宁修三经例,损益修换四千四百余事"。王安石在熙宁年间奉敕作《三经新义》,儿子王雱和同僚吕惠卿参与修撰,书成以后王安石上《乞改三经义札子》,提出了一些增损修换的则例,李焘参照当年王安石修改《三经新义》的则例,对九朝长编作了修改,并将四千四百余条更换的史文编为修换事目十卷。

接续李焘《长编》,以编年形式记述南宋本朝历史的,有李心传①《建炎以来系年要录》二百卷,记建炎元年至绍兴三十二年之事,取材以国史、日历为主,参之以野史、杂记。与此书内容同为记高宗一朝三十六年之事,体例也相似的,有熊克《中兴小历》四十卷(今本清代辑自《永乐大典》,避乾隆讳,改署《中兴小纪》),比较简略。徐梦莘②的《三朝北盟会编》三百五十卷则专记徽、钦、高宗三朝与金国的和战关系,自政和七年宋与女真从登州泛海结盟开始,至绍兴三十二年金主亮南侵败盟为止共计四十六年之事,分政宣上帙二十五卷、靖康中帙七十五卷、炎兴下帙一百五十卷。依年月日次序记事,不同于《资治通鉴》等书者,一是每事先列提纲,而详叙其事于下,并广泛引证有关史料;二所引之书多系当事人所记,并直录原文。自序中说:"其辞则因原本之旧,其事则集诸家之说,不敢私为去取,不敢妄立褒贬,参考折中,其实自见,使忠臣义士乱臣贼子善恶之迹,万世之下不得而淹没也。自成一家之书,以补史官之阙,此《会编》之本意也。"

关于辽、金历史,有叶隆礼《契丹国志》二十七卷,宇文懋昭《大金国志》四十卷,两书体例大致相同,帝纪均为编年,列传部分《大金国志》只有开国功臣和文学翰苑两卷,张邦昌与刘豫别为楚、齐二录,诏诰章表则别录为卷,不入编年正文。

---

① 李心传,字微之,井研(今四川井研)人,生于南宋乾道二年,卒于淳祐四年(1166—1244),《宋史》卷四百三十八有传。
② 徐梦莘,字商老,临江(今江西清江)人,生于北宋宣和六年,卒于南宋开禧元年(1124—1205),《宋史》卷四百三十八有传。

方志之书

方志之书到宋代有了很大发展,不仅表现在数量增多,记载范围扩大,而且编纂体例也日趋完备。旧日的图经、地记逐渐被方志之书所代替。方志编纂体例别具一格,但是由于记述内容繁多,也并非拘于一例。

北宋时代总志性质的书,主要有乐史[①]撰修的《太平寰宇记》,王存、曾肇、李德刍等人共同撰修的《元丰九域志》,欧阳忞撰修的《舆地广记》三种。分别记述了北宋初期、中期以及北宋末年的历史地理概况。

北宋王朝建立初期,宋太祖赵匡胤先是用兵征服了南唐、后蜀、吴越、南平等南方地区的割据政权,到太平兴国四年(979年)宋太宗赵光义出征北汉,消灭了黄河流域河东地区的北汉,算结束了五代十国长期分裂割据的局面,除北方的劲敌辽国以外,实现了海内一统。在这样的历史条件下,"职居馆殿,志在坤舆"的乐史,修撰了《太平寰宇记》一书,于雍熙四年(987年)完成。

《太平寰宇记》以唐代李吉甫《元和郡县图志》的疆域区划为基础,而加以发展扩充,除沿革、户口、贡赋、山川外,增加列朝人物、古迹题咏两个项目,记载不仅比过去的地理志详细,体例也有变化。《元和郡县志》仅四十卷,《太平寰宇记》扩充为二百卷,另目录

---

① 乐史,字子正,抚州宜黄(今江西宜黄)人,生于后唐长兴元年,卒于北宋景德四年(930—1107),事迹附见《宋史》卷三百零六其子乐黄目传。

两卷。在《进书表》中,乐史提出:"贾耽有十道述,元和有郡国志,不独编修太简,抑且朝代不同,加以从梁至周,郡邑割据,更名易地,暮四朝三,……至若贾耽之漏落,吉甫之阙疑,此尽收焉。"乐史取材于前代地理诸志,旁及诗赋、杂记,作了大量的补阙考证工作。记述的范围,也不限于北宋王朝当时实际统治地区,而远追汉、唐,最后二十九卷的篇幅,记载边远地区少数民族的社会经济情况,以便了解"万里山河,四方险阻,攻守利害,沿袭根源",达到"不下堂而知五土,不出户而观万邦"的目的。

宋代地理区划是到宋神宗时期才确定下来的。神宗熙宁八年(1075年),王存[1]、曾肇、李德刍奉敕撰修《元丰九域志》十卷,所载政区沿革以本朝为主。此书源于唐代的《十道图》,原来是一本全国性的综合地图,附载各地州县及其等第,山川,文武官员人数,俸料数额及贡赋所出等,作为考定官吏俸给、赋役依据。沿用到宋代,大中祥符年间经王曾、李宗锷修成《九域图》,由于行政区划改变,又由王存、曾肇、李德刍重修,书成后改名为志。此书原为地图注记和说明,所以内容简略,风俗、历史、人物皆不载。绍圣四年(1097年),兵部侍郎黄裳拟补缀阙遗,增加民俗、物产、古迹之类,即《新定九域志》。

欧阳忞撰修《舆地广记》三十八卷,反映北宋末年政和年间情况,前四卷记历代疆域,五卷以后专述宋代之事。序中指出:要做到"统之有宗,会之有源","繁而不能乱,众而不能惑"。此书今仅存四卷。

南宋时期则有王象之撰修的《舆地纪胜》二百卷,自序说成书于

---

[1] 王存,字正仲,润州丹阳(今江苏丹阳)人,生于北宋天圣元年,卒于建中靖国元年(1023—1101),《宋史》卷四百三十一有传。

嘉定十四年（1221年），所载皆南方疆域，内容以府或州各为一篇，"以郡之沿革见之编首，而诸邑次之，郡之风俗又次之，其他如山川之英华，人物之奇杰，吏治之循良，方言之异闻，故老之传说，与夫诗章文翰之关于风土者，皆附见焉。"此书引《九域志》之文甚多。

宋室南渡后，有著名的临安三志，即乾道三年（1167年）府尹周淙①始纂，淳祐十二年（1252年）施鄂重辑，咸淳四年（1268年）潜说友又大事增补的三部《临安志》。体例虽同，各有所长。《乾道志》纂述最早，原本十五卷，仅存前三卷；《淳祐志》五十二卷，仅存卷五至十，共六卷；《咸淳志》纂修年代迟于《乾道志》一百年，共一百卷，残缺最少，仅缺第九十卷及末三卷。

方志书记述内容繁多，如何编纂并不拘于成例，如范成大②《吴郡志》，全书门目平行罗列，分为沿革、分野、户口、租税、土贡、风俗、城郭、学校、营寨、官宇、仓库、坊市、古迹、封爵、牧守、题名、官吏、祠庙、园亭、山、虎丘、桥梁、川、水利、人物、进士题名、土物、宫观、府郭寺、郭外寺、县记、冢墓、仙事、浮屠、方技、奇事、异闻、考证、杂咏、杂志等门，不相统摄。周应合撰修的《景定建康志》则与史书的纪传体类似，在修志本末中讲到："先修留都宫城录冠于书首"，然后依次为地图、年表、十志、十传。"传之后为拾遗，图之后为地名辨"，表则分为时（年时甲子）、地（疆域都邑）、人（牧守官职）、事（史事叙述）等四个方面。先归类，类下分细目，层次比较清晰。高似孙撰修《剡录》，用嵊县古地名剡作为书名。此书首为"县纪年"，编年记载本地大事，书中还有本地人著述的目录，这两项在编纂体例上都可以说是创新。

---

① 周淙，字彦广，湖州长兴（今浙江长兴）人，《宋史》卷三百九十有传。
② 范成大，字致能，吴郡（今江苏苏州）人，卒于南宋绍熙四年，《宋史》卷三百八十六有传。

《通志》与《文献通考》

南宋初期和元代初期,分别有两部私人撰述的通史性质的书问世。一部是郑樵①的《通志》二百卷,另一部是马端临的《文献通考》三百四十八卷。

郑樵生于北宋末年,他隐居在夹漈山,读书三十年,志在"集天下之书为一书",编纂一部通贯古今的通史。他主张"会通",在《上宰相书》中称:"天下之理不可以不会,古今之道不可以不通。史家据一代之史,不能通前代之史;本一书而修,不能会天下之书。散落人间,靡所底定,安得为成书?"他认为,孔子"总诗、书、礼、乐而会于一手",司马迁"世司典籍,工于制作,故能上稽仲尼之意,会诗、书、左传、国语、世本、战国策、楚汉春秋之言,通黄帝、尧、舜至于秦汉之世,勒成一书,分为五体:本纪纪年,世家传代,表以正历,书以类事,传以著人。使百代而下,史官不能易其法,学者不能舍其书。六经之后,惟有此作"。郑樵反对断代为史,《通志》采取纪传体,帝纪十八卷,附后妃二卷,国同姓世家一卷,附宗室传八卷,国异姓世家二卷,列传九十八卷,载记八卷,四夷传七卷,年谱(即表)四卷,二十略(即志)五十二卷。纪、传止于隋,综合诸史,直录旧文;二十略则止于唐或宋。

二十略的性质与杜佑《通典》相近,编纂形式亦同。杜佑《通

---

① 郑樵,字渔仲,兴化军莆田(今福建莆田)人,生于北宋崇宁三年,卒于南宋绍兴三十二年(1104—1162),《宋史》卷四百三十六有传。

典》以礼为重心,郑樵在《通志》总序中说"志之大原起于《尔雅》",他认为历代史志"皆详于浮言,略于事实,不足以尽《尔雅》之意"。他重视编书的条理和系统,"总天下之大学术而条其纲目,名之曰略,凡二十略。百代之宪章,学者之能事,尽于此矣。其五略,汉唐诸儒所得而闻,其十五略,汉唐诸儒所不得而闻也。"

二十略共五十二卷,其中:氏族略六卷,六书略五卷,七音略二卷,天文略二卷,地理略一卷,都邑略一卷,礼略四卷,谥略一卷,器服略二卷,乐略二卷,职官略七卷,选举略二卷,刑法略一卷,食货略二卷,艺文略八卷,校雠略一卷,图谱略一卷,金石略一卷,灾祥略一卷,昆虫草木略二卷。与杜佑《通典》所分的九门,分类详,范围广,次序也有不同,确有自己的不同体系。

杜佑《通典》重视礼制、官制、财政,而很少涉及一般文化,而郑樵则比较重视文化方面的考察,注意文物资料,对经济、政治制度方面兴趣却不大。如校雠略,是关于古籍整理的专著,郑樵认为"学术之苟且,由源流之不分,书籍之散亡,由编次之无纪"。在校雠略中,他对于书籍类例编次之法,作了详细的探讨。在这方面,元代初年成书的马端临的《文献通考》,取法《通典》,重析门类,补充了文化史方面的内容,使杜佑所开拓的典章制度史的编纂形式,达到了它自身所能容纳的完善的程度。

马端临[①]的父亲马廷鸾,宋末任右丞相兼枢密使,曾任国史院编修官和实录院检讨官,著有《读史旬编》,以十年为一旬,起帝尧,迄后周显德七年,共三十八帙,还有其他书籍,均佚。宋亡之后,马端临隐居不仕,编写《文献通考》三百四十八卷,历时二十余年,元

---

① 马端临,字贵与,饶州乐平(今江西乐平)人,生于南宋宝祐二年,卒于元泰定元年(1254—1324),《宋元学案》卷八十九有传。

成宗大德十一年(公元1307年)成书。马端临亲自校勘,于泰定元年(公元1324年)刻成。

马端临继郑樵之后,发展了"会通"的观点,《文献通考》的内容,自上古至南宋宁宗嘉定年间,中唐以前以《通典》为基础,宋代部分则广收采博,所载资料比后来官修《宋史》各志为详。全书篇目如下:田赋考七卷,钱币考二卷,户口考二卷,职役考二卷,征榷考六卷,市籴考二卷,土贡考一卷,国用考五卷,以上八门二十七卷是关于经济制度方面的;选举考十二卷,学校考七卷,职官考二十一卷,以上三门四十卷是关于政权机构的;郊社考二十三卷,宗庙考十五卷,王礼考二十二卷,乐考二十一卷,以上四门八十一卷是关于礼乐制度的;兵考十三卷,刑考十二卷,以上二门二十五卷是关于古今兵制沿革和刑法制度的;经籍考七十六卷,帝系考十卷,封建考十八卷,象纬考十七卷,物异考二十卷,这五门是《通典》所未有的;舆地考九卷,四裔考二十五卷。

杜佑《通典》以食货七卷为首,但是礼典一百卷占全书二分之一。马端临《文献通考》则食货八门二十七卷,郊社考等三门六十卷,不及全书五分之一。《通典》重在类从条贯,供检阅故事之便利,比较简严,而《文献通考》形式上类似《通典》,目的则在于研究历代制度"变通弛张之故"。即甄择材料,从可靠的文献材料中得出恰当结论,内容详赡。"凡叙事,则本之经史,而参之以历代会要,以及百家传记之书。信而有征者从之,乖异传疑者不录,所谓文也。凡论事,则先取当时臣僚之奏疏,次及近代诸儒之评论,以至名流之燕谈,稗官之记录,凡一语一言可以订典故之得失,证史传之是非者,则采而录之,所谓献也。其载诸史传之记录而可疑,稽诸先儒之论辩而未当者,研精覃思,悠然有得,则窃注己意,附其后焉。"

《文献通考》是适应科举考试制度的需要而产生的,科举考试以策论为主,要求应试者熟悉古今典故、历代制度和名人议论。在编排形式方面,引诸史事实顶格,补充材料低一格,议论又低一格,眉目清楚,查阅方便。

理学思想与书籍编纂

宋代学术思想上占统治地位的是理学,在治学方面重视义理,而不斤斤于文字的训诂考释,对于传统的经说往往提出怀疑。于是,唐代以来钦定的《五经正义》的地位开始动摇。刘敞①的《七经小传》,废弃了汉儒专事训诂名物的传统,开创了以己意解经的新学风。欧阳修则提出了"十翼"非孔子所作,并奏请删修经疏。王安石②黜《春秋》为"断烂朝报",他主持修撰《周官新义》等,晚年罢相后所撰《字说》二十四卷,更是通过训释阐明义理,反对章句传注,他的学派被称为新学。人们从汉学产生以前的经籍,主要是《周易》、《春秋》、《周礼》中寻找根据,特别是借《易》立言,蔚然成风。这是宋代理学的主要特点之一,其产生也由于受到佛教和道教思想的渗透和影响,佛教主要指华严宗和禅宗,道教则主要是太极和阴阳学说。当然,宋代州县学校兴起,民间书院林立,不仅私人讲学,还大量编纂刊印书籍,对于思想文化的交流和普及,都起着很大的推动作用。

宋代理学的奠基人是周敦颐③和张载。周敦颐撰《太极图说》、《易通》,用《易》来说明陈抟所传太极图的义蕴。朱熹在乾道

---

① 刘敞,字原父,临江新喻(今江西吉安)人,生于北宋天禧三年,卒于熙宁元年(1019—1068),《宋史》卷三百一十九有传。

② 王安石,字介甫,抚州临川(今江西临川)人,生于北宋天禧五年,卒于元祐元年(1021—1086),《宋史》卷三百二十七有传。

③ 周敦颐,字茂叔,道州营道(今道县)人,人称濂溪先生。生于北宋天禧元年,卒于熙宁六年(1017—1073),《宋史》卷四百二十七有传。

年间编定《易通》时说:"右周子之书一编,今春陵、零陵、九江皆有本,长沙本最后出,乃熹所编定,视他本最详密矣。"过了十年,朱熹又重新编定此书,写了校记。《易通》四十章,只有两千六百一十字,文字简约,风格摹拟《论语》。

张载[①]也是宋代理学的奠基人之一,他反对王安石新政,隐居在故乡关中地区,人称横渠先生。熙宁九年(公元1076年),他收集自己一生的言论,选其精华,成《正蒙》一书,传门人苏昞,苏昞依《论语》、《孟子》体例,编定章次,共十七篇。张载门生很多,形成了当时新、洛、关、蜀四大学派之一的关学。

程颢、程颐兄弟[②]则是洛学的开创者,他们的著作经后人辑成《河南二程全书》。二程语录,门人弟子所记,在当时已有失真之处,朱熹编定的《程氏遗书》二十五卷、《程氏外书》十二卷,就是一个选本。朱熹给吕祖谦的一封信中写道:"愚意所删去者,亦须用草纸抄出,逐条略注删去之意,方见不草草处。若暗地删却,久远却惑人。"《外书》也是门人所记拾遗,朱熹认为取之杂或者不能审所自来,遂作为传闻杂记收入。《伊川易传》四卷,是程颐的代表作。这书根据王弼注,只解释经文和《彖》、《象》、《文言》,又用李鼎祚《周易集解》例,将《序卦》分置六十四卦之首,《系辞》、《说卦》、《杂卦》则无注。

邵雍[③]也是以隐居不仕著称,人称康节先生,所著有《皇经极

---

① 张载,字子厚,长安(今陕西西安)人,生于北宋天禧四年,卒于熙宁十年(1020—1077),《宋史》卷四百二十七有传。

② 程颢,字伯淳,人称明道先生,生于北宋明道元年,卒于元丰八年(1032—1085),弟程颐,字正叔,人称伊川先生,生于明道二年,卒于大观元年(1033—1107),《宋史》卷四百二十七有传。

③ 邵雍,字尧夫,先世河北范阳(今河北涿县)人,后移家衡、漳、洛阳,生于北宋大中祥符四年,卒于熙宁十年(1011—1077),《宋史》卷四百二十七有传。

世书》十二卷,诗集《击壤集》二十卷。当时有一种编写从古到今编年史的风气,除了司马光的《资治通鉴》以外,南宋胡宏《皇王大纪》、张栻《经世纪年》等都是这类的书。邵雍则根据象数之学来概括宇宙间的一切,他从传说中的帝尧即位的甲辰年起,到五代后周显德五年己未(公元 958 年)为止,三千多年的历史,归纳在元、会、运、世的时间体系之内,除了年代推算和历史罗列之外,也贯穿了他的历史哲学,即陈抟传授的所谓伏羲画八卦的"先天之学",以《周易》卦象为基础,把宇宙万物纳入数的范畴,作为象数的佐证。朱熹认为这书类似扬雄的《太玄》,在形式上说,"《太玄》拟《易》,方、洲、部、家皆自三数推之。玄为首;一以生三,为三方;三生九,为九州;九生二十七,为二十七部;九九乘之,斯为八十一家。"邵雍之数则是加倍之说,依据《系辞》,"《易》有太极,是生两仪,两仪生四象,四象生八卦"而来。

蜀学的代表人物则是苏轼①、苏辙兄弟,以及黄庭坚等苏门学士,他们主张将儒、佛、道三教糅合在一起如苏轼《毗陵易传》、苏辙《老子解》。他们主要是文学家。

朱熹②是宋代理学的集大成者。他重义理而不废训诂,对北宋以来理学家的著述,作了许多注解和编纂工作。他平生精力用得最多的是《四书》,把《大学》、《论语》、《孟子》、《中庸》四种书抬高到和五经相同的地位。《大学》和《中庸》本来是收入小戴《礼记》中的两篇,朱熹作《大学章句》,改定了原来的编次,还写了《格物致

---

① 苏轼,字子瞻,眉州眉山(今四川眉山)人,生于北宋景祐三年,卒于建中靖国元年(1036—1101);苏辙,字子由,生于北宋宝元二年,卒于政和七年(1039—1117)。《宋史》卷三百三十八、三百三十九有传。

② 朱熹,字元晦,徽州婺源(今江西婺源)人,生于南宋建炎四年,卒于庆元六年(1130—1200),《宋史》卷四百二十九有传。

知》章补缀在原书后面。对《中庸》也作了章句,而《论语》、《孟子》则称为集注,重出之章不删,错简缺文也不增补。由于朱熹作了比较通俗浅近的注释,这四种书成为普及的启蒙读物,流传很广。

朱熹撰有《孝经刊误》,将《孝经》分为经一章,指为孔子曾子问答之言,传十四章,又删改经文二百二十三字。朱熹对韩愈的文集作了详密的校勘考订,撰《韩文考异》十卷,其体例仿陆德明《经典释文》例,摘正文一二字大书,所考夹注于下。在这以前,方崧卿撰《韩集举正》十卷,曾搜罗众本加以校勘,朱熹在这书基础上重加考订,自序中称:"辄因其书更为校定,悉考众本之同异,而一以文势义理及它书之可证验者决之,苟是矣则虽民间近出小本不敢违,有所未安则虽官本、古本、石本不敢信。"朱熹还撰有《阴符经考异》、《周易参同契考异》各一卷,随文诠释,并不限于校勘文字。

朱熹所编《资治通鉴纲目》,前文已经述及。《纲目》的义例和书法,见之于朱熹手订之凡例,都是通过史事的论述,扶纲常,植名教,严夷夏之防,可说是十分精密,"会归于一理",即纳入他的理学体系。

在这同时,朱熹还编了《八朝名臣言行录》,包括太祖、太宗、真宗、仁宗、英宗的《五朝名臣言行录》十卷,神宗、哲宗、徽宗的《三朝名臣言行录》十四卷。序言中讲到了编纂的缘由:"予读近代文集及记事之书,观其所载国朝名臣言行之迹,多有补于世教者,然以其散出而无统也,既莫究其始终表里之全,而又汨于虚浮怪诞之说,予常病之,于是撮取其要,聚为此录,以便记览。"这书是根据碑传行状、笔记杂史编撰的,后来有李幼武编续集八卷,别集二十六卷,外集十七卷。

朱熹在编纂《程氏遗书》和《程氏外书》以后,又编了《伊洛渊源录》十四卷,记录周敦颐、张载、二程以来的理学家,按传授关系排了一个谱系,可说是一部学术史著作,从此洛学成为宋代学术正统。这书从计划编写到搜集资料、写作序文,都与东莱吕祖谦[①]共同商量,两人交往密切,淳熙二年(公元1175年)又合编《近思录》十四卷,这是周敦颐、张载、程颢、程颐"四君子"的选集。朱熹说他与吕祖谦读了四人的书,"叹其广大宏博,若无津涯,而惧初学者不知所入也,因共掇取其关于大体而切于日用者以为此编,总六百六十二条,分十四卷。盖凡学者所以求端用力,处己治人之要,与夫辨异端观圣贤之大略,皆粗见其梗概。"

朱熹在四十年的讲学著书活动中,编撰了大量的书籍,此外还留下了文集一百卷,续集十一卷,别集十卷。门人记录他的讲学问答,编成《朱子语类》,后人整理分类编为《朱子语录大全》一百四十卷。

朱熹门人弟子著作,著名的有蔡沉[②]《书集传》、王柏[③]的《书疑》九卷、《诗疑》二卷,都是疑经辨伪之作。熊节[④]编《性理群书句解》二十三卷,则是宋代理学著作的选辑,分类编次。

与朱熹学派并立的是陆象山[⑤],即一般所谓"心学"的开山祖,他的著述由其子陆持之编为《象山集》二十八卷,外集六卷。此外,还有永嘉学派的叶适[⑥],所著有《习学记言》五十卷。

---

① 吕祖谦,字伯恭,婺州(今浙江金华)人,生于南宋绍兴七年,卒于淳熙八年(1137—1181),《宋史》卷四百三十四有传。

② 蔡沉,字仲默,号九峰,建州建阳(今福建建阳)人,生于南宋乾道三年,卒于绍定三年(1167—1230),《宋史》卷四百三十四附其父蔡元定传。

③ 王柏,字会之,号鲁斋,婺州(今浙江金华)人,生于南宋庆元三年,卒于咸淳十年(1197—1274),《宋史》卷四百三十八有传。

④ 熊节,字端操,建州建阳(今福建建阳)人,《宋史》无传。

⑤ 陆象山,名九渊,字子静,抚州金溪(今江西金溪)人,生于南宋绍兴九年,卒于绍熙三年(1139—1192),《宋史》卷四百三十四有传。

⑥ 叶适,字正则,人称水心先生,浙江永嘉人,生于南宋绍兴十二年,卒于嘉定十六年(1142—1223),《宋史》卷四百三十四有传。

诗文词曲与话本小说

在宋初几十年内,所谓"西昆体"的诗风靡一时。"西昆体"得名于杨亿①所编的《西昆酬唱集》一书。这是杨亿、刘筠、钱惟演等十七人在秘阁参加编纂《册府元龟》期间互相唱和的诗集,采用了西王母在昆仑山之西有玉山、册府的典故,把这部诗集命名为《西昆酬唱集》。全书两卷,共收五七言律诗二百五十首,杨亿、刘筠、钱惟演三人的诗就占了二百零二首。

西昆诗人宗法李商隐,他们的诗篇词藻华丽,声律和谐,对仗工稳,文坛唱和,竞相仿效。从内容来说,大都是当时文学侍从之臣对宫廷故事,以及上层人物生活的描述,是他们修书和写作制诰的余暇,"历览遗编,研味前作,挹其芳润,发于希慕,更迭唱和,互相切靡"的产物。这一类的唱和诗集,本来不会受到人们广泛注意,可是在它问世之后,遂即遭到下诏谴责,说是"属词浮靡,不遵典式",因而,除了雕章俪句为当时人们好慕之外,朝廷的禁止也促使了它的流传。到宋仁宗时,欧阳修、梅尧臣等人出现,提倡诗文革新,西昆诗派才逐渐衰落下去。

郭茂倩②编《乐府诗集》一百卷,收集了从传说时代的陶唐氏之作到五代时的乐府诗歌,郭茂倩生平湮没难考。

乐府,是汉武帝时设立的掌管音乐的官署名称,汉代曾大规模

---

① 杨亿,字大年,建州浦城(今福建蒲城)人,生于北宋开宝七年,卒于天禧四年(974—1020),《宋史》卷三百零五有传。

② 郭茂倩,史书无传。

收集民歌,魏晋时期虽然仍有乐府机构的设置,但是没有采集民歌的记载,只是保存和演唱流传下来的民间歌辞,这些歌辞在沈约《宋书·乐志》中曾有所收录。南北朝时期又开始收集民歌俗曲以及文人袭用旧题的仿作。中唐以后,元稹和白居易创新乐府,"即事名篇,无所依傍",不但不依旧谱,甚至连旧题也不用了。这种新乐府并不入乐,只不过在创作方法和表现手法上有所继承和模仿而已。《隋书·乐志》分乐府诗为四类,已经不能够反映魏晋以后乐府诗的变化情况。

郭茂倩分乐府诗为十二类:郊庙歌辞十二卷,是祭祀用的歌辞;燕射歌辞三卷,是宴会用的歌辞;鼓吹曲辞五卷,是短箫铙歌;横吹曲辞五卷,是军乐;相和歌辞十八卷,是汉代街陌讴谣;清商曲辞八卷,源出于相和三调(即平调、清调、瑟调);舞曲歌辞五卷,是雅乐、杂舞;琴曲歌辞四卷;杂曲歌辞十八卷,内容有写心志,抒情思,序宴游,发怨愤,言征战行役,或缘于佛老,或出于夷虏,兼收并载;近代曲辞四卷,是隋唐杂曲;杂谣歌辞七卷,是徒歌、谣、谶、谚语等;新乐府辞十一卷,是唐代新歌,辞拟乐府而不配乐,或寓意古题,刺美人事,或即事名篇,无复依傍。这种分类方法比较概括。编辑体例,则是每类先列乐府古辞,文人拟作附在后面,每一类都有解题。

宋词盛极一时,散见于诸家笔记或词话中的无名氏作品为数也不少。曾慥《乐府雅词》三卷,所收无名氏作品即有一百首之多,经编选而得以流传。黄昇所编《花庵词选》二十卷,前十卷称《唐宋诸贤绝妙词选》,选录唐、五代、北宋作品;附方外、闺秀各一卷;后十卷称《中兴以来绝妙词选》,选南宋作品,黄昇自作三十八首附在最末。

宋人所选唐诗,有王安石《唐百家诗选》二十卷(一说此书为宋敏求所编）和洪迈《万首唐人绝句诗》一百卷。南宋末年,方回编《瀛奎律髓》四十九卷,兼选唐宋两代之诗,分四十九类,皆五七言近体,故名"律髓",自序称取十八学士登瀛洲,五星聚奎之义,故名"瀛奎"。方回选诗,大旨排西昆而宗江西诗派。元代杨士宏[①]编《唐音》十四卷,始音一卷录王杨卢骆四家,正音六卷以诗体分,遗响七卷。此书不收李白、杜甫、韩愈之诗,凡例中称三家世多有全集,故不录。

　　元曲,是继唐诗宋词以后中国文学发展史上的又一光辉成果。曲本来是民间歌曲,又是由词蜕变而来,它既是有一定字数及声律长短的词调,又夹以方言俚语,曲调平易,可以写景抒情,叙事咏物,随时披之管弦,元代上自达官贵人,下至教坊妓女都善于作曲,散曲盛行,流传极广,由散曲而套曲,发展到可以表演故事的杂剧。

　　元代杂剧由科(动作)、白(说白)、曲(唱词)三者组成,结构为一本四折,即用四个套数安排故事情节,每折用同一宫调的若干曲牌组成套曲,中间加以对白,情节需要处再加"楔子",通常则将"楔子"放在开场介绍人物。元代末年,钟嗣成编《录鬼簿》所著录的杂剧和散曲作家,一部分是他的同时代人,一部分是他所不及见的"前辈已死名公才人",所谓"录鬼簿",即因所载作家多半已经物故。著名的有关汉卿、马致远、郑光祖、白朴等"四大家",剧作五百余种。

　　关汉卿,号已斋叟,大都人,生卒年月不详,作品有六十五种,今存十八种。明代臧懋循《元曲选》序中说他"躬践排场,面傅粉墨",可见也是演员。代表作有《窦娥冤》、《望江亭》、《单刀会》等。

　　马致远,号东篱老,大都人,剧作十三种,今存有《汉宫秋》等

---

① 杨士宏,字伯谦,襄城(今河南襄城)人。

八种。

郑光祖，字德辉，平阳襄陵人，剧作十七种，今存《倩女离魂》等八种。

白朴，字仁甫，又字太素，号兰谷先生，真定人，剧作十五种，今存《梧桐雨》、《墙头马上》等三种。

除四大家外，其他名作尚多，如王实甫以金代董解元《西厢记诸宫调》为依据改作的《西厢记》等。元代散曲留传下来的有四种：杨朝英选辑的《乐府新编阳春白雪》，选录元人散曲六十余家；《朝野新声太平乐府》九卷，一至五卷为小令，六至九卷为套数；《梨园试按乐府新声》上中下三卷，为元人所选辑。

编选有唐一代文章的总集，有姚铉[①]《唐文粹》一百卷，分二十二类，子目三百十六。自序说此书"类次之，以嗣于《文选》"，对《文选》分类作了归纳，如骚、七、辞、连珠四类，归之于赋；上书、启、弹事、奏记四类，归之于表奏书疏；移，归之于檄；符命、谏、哀文、吊文、祭文，归之于文；笺，归之于书；史论，归之于论；墓志，归之于碑等。新增立的则有状、露布、文、议、故、记、诫、物铭八类。

稍后，有真德秀[②]《文章正宗》正续集各二十卷，正集选《左传》、《国语》至晚唐作品，续集选北宋作品。自序中说："正宗云者，以后世文词之多变，欲学者识其源流之正也。自昔集录文章者众矣，若杜预、挚虞诸家，往往湮没弗传。今行于世者，惟梁昭明《文选》、姚铉《文粹》而已。由今观之，二书所录果得源流之正乎？"他提出："故今所辑以明义理、切世用为主，其体本乎古而指近乎经

[①] 姚铉，字宝之，庐州合肥（今安徽合肥）人，生于北宋乾德五年，卒于天禧四年（967—1020），《宋史》卷四百四十一有传。

[②] 真德秀，字景元，后更名希元，建州蒲城（今福建蒲城）人，生于南宋淳熙五年，卒于端平二年（1178—1235），《宋史》卷四百三十七有传。

者,然后取焉,否则辞虽工亦不录。其目凡四:曰辞令、曰议论、曰叙事、曰诗赋。"

此外,吕祖谦编《宋文鉴》一百五十卷,分为六十一类,元代苏天爵①编《元文类》七十卷,分为四十三类,都是当代人编的断代的总集。苏天爵曾三任史馆职务,编辑此书"以载事为首,文章次之"。和姚铉、吕祖谦相比,"去取多关于政治"。他所编的《国朝名臣事略》十五卷,收元代文臣、武将、学者四十七人传记,仿南宋杜大珪《名臣碑传琬琰集》体例,直接利用各家文集、碑传原始资料成编,但不是全文照录,而是按编年、按事选辑有关记载,分段注明其出处,去详取简,弃去重复和芜词,文字首尾一贯,传前有提要,文中有小字补注,这是传记类书籍的一种创新体裁。

宋代话本,是民间艺人说书讲故事用的底本,用口语铺述描绘,传神动听。短篇话本最初大都是单篇流传,经过不断地增删润色,到元、明时代大都编集成书。讲史的长篇有:《新编五代史平话》、《大宋宣和遗事》、《大唐三藏取经诗话》三种流传至今,其成书约在宋末元初。

《新编五代史平话》每代两卷,每卷以诗起诗结,中间叙述史事,重要情节皆本正史,对人物、战争场面则加以渲染、夸张,类似历史小说体裁。

《大宋宣和遗事》分元、亨、利、贞四集,节抄旧书而成,体例不一,有典雅的文言,有流利的白话,结构上并无严密组织。

《大唐三藏取经诗话》,共三卷十七章,每章标明题目次序,是最早的章回小说,各章内容长短不一,长者千余字,短者不到一百

---

① 苏天爵,字伯修,兰溪(今浙江兰溪)人,生于元至元二十年,卒于至正四年(1283—1344),《元史》卷一百八十三有传。

字。第一、八两章题目缺佚,其余各章题为:行程遇猴行者处第二、入大梵天王宫第三、入香山寺第四、过狮子林及树人国第五、过长坑大蛇岭处第六、入九龙池处第七、入鬼子母国处第九、经过女人国处第十、入王母池之处第十一、入沉香国处第十二、入波罗国处第十三、入优钵罗国处第十四、入竺国渡海之处第十五、转至香林寺受心经本第十六、到陕西王长者妻杀儿处第十七。全书叙玄奘与猴行者西天取经故事,但与今本《西游记》故事情节、叙述方法都有不同。

从唐代传奇到话本小说,反映了小说创作的发展逐渐趋于成熟,到明代,开始出现了长篇小说,最初是《三国演义》和《水浒传》,以后又有《西游记》和《金瓶梅》,被称之为"四大奇书"。所谓"奇",就在于它们所塑造的人物形象,已经突破了历史上真人真事的束缚,而加以典型化了,从而使作品具有更深刻的感人力量;它所描述的历史事件,也往往根据史料、笔记和传闻,作了大胆的想象,从而叙述得绘声绘色,波澜起伏,引人入胜。

三国故事,早在唐代末年就已经在民间流行。李商隐的骄儿诗中有"或谑张飞胡,或笑邓艾吃"。宋代话本和金元杂剧中也有搬演三国史事的,元刊本《全相三国志平话》,就是民间说话人的底本。元末明初,罗贯中[①]将它改编成一本雅俗共赏的历史小说《三国志通俗演义》,共二十四卷,每卷十节,每节有一小目,为七言句。"演义"与"平话"不同之处,在于增加了史料和篇幅,删削了过于荒诞的无稽之谈,做到"义不甚深,言不甚俗"。以罗贯中本为主,出现了许多新刊本,有的加音释,有的加插图,有的加评点,也有的作增删。今本《三国演义》是清代康熙年间毛宗岗的改定本,卷首有

---

① 罗贯中,名本,钱塘人,生平事迹不详。

凡例十条,说明它的改作意见。

《水浒传》描述了宋代农民起义的广阔的社会背景,封建社会的黑暗与腐败,把农民"逼上梁山"。在人物性格的描述方面,比《三国演义》更为丰富,写出了某些人物性格的发展变化。《水浒传》从宋代到明代晚期四五百年间经过许多说书人以及书坊主人之手,不断增补、修订和删削,今天人们所知道的最早的本子,是在元代末叶用词话体写成,中间有诗赞,也有散文的说话。明代嘉靖年间,或者就是武定侯郭勋把词话改为现在的百回本的底本。

《西游记》塑造了神话英雄人物孙悟空的动人形象,在神魔小说中成为一株别开生面的鲜葩。而《金瓶梅》则摆脱了帝王将相、神佛妖魔,而写了市民社会的现实生活,不加粉饰地刻画了人物性格的复杂性。清代乾隆年间,曹雪芹的《红楼梦》,则是在这基础上继承和发展了其思想和艺术的成就,把小说创作推向新的高峰。

至于短篇小说,最早的结集是《京本通俗小说》,这是一个写本,残存九卷。最早的刊本则是嘉靖年间洪楩[①]编刊的《清平山堂话本》,分为雨窗、长灯、随航、欹枕、解闲、醒梦六集,每集上下两卷,每卷收话本五篇,总名为《六十家小说》,今存二十七篇。书中体例不一,如蓝桥记、风月相思两篇,全为文言;快嘴李翠莲记则以韵语为主。书中宋、元作品不少,也有明人之作。

冯梦龙[②]以毕生精力从事于民间文学、通俗作品的收集、编纂和刊行。《古今小说》四十卷题名茂苑野史编纂,以后又刻二、三集,名为《警世通言》、《醒世恒言》,各四十卷,初集则改名《喻世明言》,总称"三言"。《醒世恒言》书前有可一居士序,称"六经国史而

---

① 洪楩,字子美,钱塘人,清平山堂是他的书斋名。
② 冯梦龙,字犹龙,又字子犹,号墨憨斋主人,江苏长洲(今江苏苏州)人,生于明万历二年,卒于南明唐王隆武二年(1574—1646)。

外,凡著述皆小说也。而尚理或病于艰深,修辞或伤于藻绘,则不足以促里耳而振恒心。此《醒世恒言》四十种所以继《明言》、《通言》而刻也。明者取其可以导愚也,通者取其可以通俗也、恒则习之而不厌,传之而可久,三刻殊名,其义一耳。"说明了这一百二十篇话本小说的作用。冯梦龙对这些话本小说作了润饰加工,主要是改定题目和删略游词赘语,统一文字风格,有的则保留情节,加以改写。他把前后两篇各自独立的小说,加上两两对偶的回目,如"晏平仲二桃杀三士","沈小官一鸟害七命"等。

以后,又有凌濛初[①]编纂《拍案惊奇》初、二刻,共八十篇,简称"二拍"。二刻第二十三篇"大姊魂游完宿愿,小姨病起续前缘"与初刻重复,另第四十篇"宋公明闹元宵"是杂剧,实收话本小说七十八篇。初刻多述人事,二刻多言神鬼。"三言"是编辑古本,"二拍"大都是凌濛初创作。凌濛初是湖州著名刻书家,所刻小说、戏曲都附有精美插图。

抱瓮老人从"三言"中取二十九篇,"二拍"中取十一篇,编成《今古奇观》一书,这是话本小说的一个选本,约刊于崇祯末年。

[①] 凌濛初,字玄房,号初成,别号空观主人,浙江乌程(今浙江吴兴)人,生于明万历八年,卒于崇祯十七年(1580—1644)。

元代官修诸书

蒙古族最早是使用畏兀字母（即古回鹘文字）拼写蒙古语言，并曾用来翻译汉文典籍，如《孝经》、《贞观政要》、《资治通鉴》等书。元世祖忽必烈即位以后，并没有全盘汉化，而是采取了许多措施保留和发展本民族文化，他曾命吐蕃人八思巴创制新字，共四十一个字母，既可以拼写蒙语，也可以拼写汉语，一般称之为"八思巴文"，见之于碑刻、官印者很多。最早的蒙古族史籍，是在十三世纪中叶官修的《元朝秘史》，写于"鼠儿年"，确切年份不详。此书保留下来的只有汉语音译本，书中记载成吉思汗的祖先及其本人生平业迹，一直到窝阔台汗统治时期的历史。关于蒙古历史的书籍，还有一部《圣武亲征录》，成书于元世祖至元年间，与《元朝秘史》的内容有同有异，同一事件的叙述详略有差。

元代建成了多民族的统一国家，唐末以来藩镇割据，南北对峙，长期分裂和战乱的状态结束了，由于海外贸易和东西交通的发达，内地和边疆的联系加强，具备了多种文化互相融汇的时代特色。蒙古太宗八年丙申（公元1236年），耶律楚材就奏请在燕京、平阳两地设置编集经史的机构，在燕京的叫编修所，在平阳的叫经籍所，"召儒士梁陟充长官，以王万庆、赵著副之"。燕京和平阳在金代就是两个主要的文化中心，北宋灭亡后，金人将汴梁的刻书工人全部迁到平阳，元代平阳刻书业也极为发达，如蒙古太宗九年（公元1237年）雕板到乃马真皇后三年（公元1244年）完成的《道藏》，共七千八百余帙；蒙古己酉年（公元1249年）刊印的《重修政和经史证类备用本草》、宪宗三年癸丑岁(公元 1253 年)所刻宋代吕祖谦辑《增节标目音注精义资治通鉴》等。这些刊本的年代印记，都是从泰和四年(公元 1204 年)算起，这一年是甲子，所以写作"泰和甲子下已酉冬"、"泰和甲子下癸丑岁"等。

元代官修书中，《经世大典》和《一统志》是主要的两部大书。至元二十二年(公元 1285 年)，由札马剌丁、虞应龙等开始编纂地理总志，到至元三十一年完成初稿七百五十五卷，以后又得到《云南图志》、《甘肃图志》、《辽阳图志》，继续修纂，索兰盼、岳铉主其事，大德七年(公元 1303 年)成书一千三百卷，定名《大元大一统志》。此书继承《元和郡县图志》、《太平寰宇记》、《舆地纪胜》等书体例，分为建置沿革、坊郭乡镇、里至、山川、土产、风俗形胜、古迹、宦迹、人物、仙释等部门，介绍各路、州、府情况，是最大的一部古代地志书。明代编《一统志》以此书为蓝本。原书已散佚，仅存残本。

元文宗至顺元年(公元 1330 年)纂修《皇朝经世大典》，赵世延任总裁，虞集①任副总裁，第二年五月成书八百八十卷，目录十二卷，附公牍一卷，纂修通义一卷。全书共分十篇，君事四篇：帝号、帝训、帝制、帝系，臣事六篇：治典、赋典、礼典、政典、宪典、工典。此书参考唐宋会要体裁编撰，篇目有所增加，各篇目正文之前有叙文说明其内容梗概。原书也已散佚，明初修《元史》时多有引用。

元世祖忽必烈入主中原以后，逐步抛弃了原来的游牧生活方式，采取了一系列发展农业生产的措施，朝廷一再下诏"敦谕劝课农桑"，并且设置了专门机构大司农司，不治他事，"遍求古今所有农家之书，披阅参考，删其繁重，摭其切要，纂为一书。"这就是至元

---

① 虞集，字伯生，号邵庵、道园，先世蜀人，南宋咸淳八年生于衡阳，卒于元至正八年(1272—1348)。《元史》卷一百八十一有传。

十年(公元1273年)司农司奉敕编撰的《农桑辑要》七卷。司农司派员巡察各地,督促农桑,推广技本,主要依据此书。全书分为典训、耕垦、播种、栽桑、养蚕、瓜菜、果实、竹木、药草、孳畜十门,约六万字,大致以《齐民要术》为蓝本,芟除浮文琐事,博采其他书籍,所引资料均注明出处,并按时代先后排列。有元一代,此书曾多次刊印,至顺三年(公元1332年)的一次,印行达万部。在当时来说,影响是很大的。从内容看,如农作物种类、耕作方法、气候特点等,所反映的是北方农村情况,这和此书问世时,元朝的统治还未越过长江以南有关。

仁宗皇庆二年(公元1313年),王祯①所撰《农书》则打破了南北的畛域,并且特别注重生产工具的改革和创新。全书二十二卷,分农桑通诀、百谷谱、农器图谱三个部分。全书有三百零六幅插图,画出了各种农具、农业机械、灌溉工具、纺织机械,并附有文字说明其构造和使用方法。

《农书》问世的第二年,至顺元年六月,鲁明善②撰《农桑衣食撮要》二卷,按十二月令记述岁用杂事,件系条别,简明易晓,记述了一年四季的农事活动,内容包括耕作、水利、气象、瓜菜、果树、竹木、药草、蚕桑、养蜂、畜牧、酿造,以及农畜产品的加工等各个方面。张槃为鲁明善所作序言中称:"延祐甲寅,明善鲁公出监寿郡",这是公元1314年,"谋诸同列,访诸著艾,考种艺敛藏之节,集岁时伏腊之需,以事系月,编类成帙,繁简得中,名为撮要。"这书明代还有一种刻本,书名叫作《养民月宜》。用月令作为编写农书的体裁,比较通俗实用,如东汉崔寔《四民月令》、唐代韩鄂《四时纂

---

① 王祯,字伯善,东平(今山东东平)人,《元史》无传。
② 鲁明善,维吾尔族,名铁柱,以父字鲁为氏,身世不详。

要》等都是,元代也还有其他一些农书,都没有保存下来。

　　元代农书用"农桑"的名称,说明了当时对经济作物是十分重视的。上述三书中都用了很多篇幅记述有关蚕桑的内容。

辽、金、宋史与《元史》

元代初年,元世祖曾经下诏编纂辽、宋、金三史,底本是三朝所遗留下来的国史、实录,纪传表志大体具备,修成的初稿,因体例未定,没有成书。当时大臣们对于王朝正统以及三史的体例争论不休,有人主张以宋为正统,立本纪,列辽、金事为载记;有人主张以辽、金为《北史》,北宋至靖康年间为《宋史》,建炎以后为《南宋史》。至正三年(公元1343年)中书右丞相脱脱[①]奏请设局,重修三史,脱脱为监修人兼都总裁,他主张分别撰修为三部史书,各系年号,解决了争论很久的谁为正统问题。

三史同时修撰,《辽史》于至正四年三月先成,共一百一十六卷,目录一卷。同年十一月《金史》成书,脱脱已经罢相,遂由继任监修人阿鲁图领衔奏上,共一百三十五卷,目录二卷。《宋史》四百九十六卷,目录三卷,于至正五年十月成书,也由阿鲁图领衔奏上,撰书人则题脱脱之名。人们往往认为脱脱只不过是挂名的都总裁而已。其实,首先是由于他革除了前丞相伯颜弊政,才使撰修工作提上了日程;他又筹措经费、遴选史官、确定凡例,对三史撰修作出了不少贡献。当然,此书实际以翰林学士欧阳玄[②]主持规划之力

[①] 脱脱,字大用,蒙古蔑里乞氏,生于元延祐元年,卒于至正十五年(1314—1355),《元史》卷一百三十八有传。

[②] 欧阳玄,字原功,号圭斋,浏阳人,生于元至元二十年,卒于至正十七年(1283—1357),《元史》卷一百八十二有传。

最多,其次为揭傒斯①、张起岩②等。

《宋史》资料源于宋代所修国史、各朝实录、会要,以及家传、行状等,保存官私资料丰富,叙事则较繁冗。而且由于战争丧乱,北宋详于南宋。五代时十国则列为世家。

《辽史》则最为简略,本纪和志占全书篇幅二分之一以上,列传仅占四分之一,一般传文每篇不过数十字。元代修撰《辽史》,主要依据辽、金两代所修史书。辽圣宗统和九年(公元911年)始撰成实录十二卷,兴宗时有补撰,天祚帝时,耶律俨③撰诸帝实录七十卷。金灭辽后熙宗时,萧永祺修《辽史》七十五卷,金章宗又命党怀英、陈大任等重修,广搜碑志文集史料,自大定二十九年至泰和七年,历时十九年写成初稿,由于体例未定,未颁行。阿鲁图《进辽史表》讲到:"耶律俨语多避忌,陈大任辞乏精详,五代史系之终篇,宋旧史坿诸载记。"辽代书禁最严,不得传布于境外,修史资料寥寥无几,所以很多疏略之处。耶律俨的《辽实录》幸赖耶律楚材搜集保存。

《辽史》营卫、兵卫、地理、百官诸志,保存辽代制度较详。最后一篇《国语解》,对书中若干音译的名词注明了汉文意义。

三史中,《金史》较《宋史》简洁,较《辽史》则内容充实。金代灭亡时,其秘府图书为元将张柔所收,元世祖中统二年(公元1261年)献之于朝,时王鹗④领国史院,创议修撰辽、金二史,曾据实录

---

① 揭傒斯,字曼硕,龙兴富州(今江西丰城)人,生于元至元十一年,卒于至正四年(1274—1344),《元史》卷一百八十一有传。
② 张起岩,字梦臣,济南人,生于元至元二十二年,卒于至正十三年(1285—1353),《元史》卷一百八十二有传。
③ 耶律俨,字若思,析津(今北京大兴)人,本姓李。《辽史》卷九十八有传。
④ 王鹗,字百一,曹州东明(今山东东明)人,生于金明昌元年,卒于元至元十年(1190—1273),《元史》卷一百六十有传。

写成初稿。阿鲁图《进金史表》说:"张柔归金史于其先,王鹗辑金事于其后。"说明《金史》即依此为底本。

三史的体例是统一的。帝纪,各史书法准《史记》、《汉书》、《新唐书》;各国称号准《南史》、《北史》;各史所载,取其重者作志;表与志同;人臣有大功者,虽父子各传,余以类相从,或数人共一传,金宋死节之臣皆合立传,不须避忌;疑事传疑,信事传信,准《春秋》。

明太祖洪武元年(公元1368年)二月诏修《元史》。第二年,以中书左丞相李善长①监修,宋濂②、王袆③任总裁,开设史局于南京天界寺,到八月即修成一百五十九卷,计本纪三十七卷,志五十三卷,表六卷,列传六十三卷。《元史》取材于元代官修各朝实录,但是顺帝一朝三十六年之事,既无实录可据,又无参稽之书,无从撰述。第二年二月,重开史局,在欧阳祐采访的遗闻资料基础上续编,七月间又修成五十三卷,计本纪十卷,志五卷,表二卷,列传三十六卷。两次修撰用时不过一年,合编为二百一十卷,又目录二卷。

《元史》记载了从成吉思汗元年(公元1206年)到至正二十八年(公元1368年)共计一百六十余年的历史。从内容来说,详略不均,如《世祖本纪》十四卷,《顺帝本纪》十卷,占本纪篇幅一半以上,而太宗、定宗共一卷,定宗卒后三年未记一事,这是受到原始资料多寡的限制。列传部分,汉人往往有碑传可考,而蒙古将相大臣则缺乏资料。其中耶律楚材、张柔、董俊均为元初之人,却列在顺帝

---

① 李善长,字百室,定远(今安徽定远)人,生于元延祐元年,卒于明洪武二十三年(1314—1390),《明史》卷一百二十七有传。
② 宋濂,字景濂,号潜溪,浦江(今浙江义乌)人,生于元至大三年,卒于明洪武十四年(1310—1381),《明史》卷一百二十八有传。
③ 王袆,字子充,义乌(今浙江义乌)人,生于元至治二年,卒于明洪武六年(1322—1373),《明史》卷二百八十九有传。

时期余阙、福寿、月鲁不花等人之后,可能是因为第二次纂修之稿,因前稿已进呈,史臣未能再作调整的缘故。

宋濂所定《元史》纂修凡例,共五项:"本纪准两汉史,事实与言辞并载;志准《宋史》,条分件列,览者易见;表准《辽史》、《金史》;传准列代史而参酌之;纪志表传之末不作论赞,据事直书,使其善恶自己。"这最后一条,是朱元璋的意见。朱元璋提倡文字浅显,进《元史》表中称:"欲求议论之公,词勿致于艰深,事迹务令于明白,苟善恶了然在目,庶惩劝有益于人。此皆天语之丁宁,愈见圣心之广大。"

《元史》选举、百官、食货、兵、刑法诸志,底本是虞集主编的《经世大典》;天文、历等志,本于郭守敬《授时历》;地理志本于岳铉所修《大元大一统志》,河渠志本于欧阳玄的《河防记》等书。成书之快,这也是原因之一。《元史》修成以后,就有人提出顺帝三十六年之事既无实录,只凭采访,事未必核。永乐年间,解缙曾奉命改修,作《元史正误》。明清两代有不少人对《元史》作过考证、补充和改编。

明代史书编撰

对于元代所修《宋史》,从明代起就有人认为荒杂舛谬,有意改编。其实,主要原因在于它和辽、金并列,如王洙[①]《宋史质》一百卷,以明继宋,辽、金皆列为外国,连元代也删掉了。又如王惟俭[②],"苦《宋史》繁芜,手删定,目为一书",名《宋史记》。嘉靖年间,柯维骐[③]《宋史新编》二百卷,先后用了二十多年工夫,主要把宋、辽、金三史合一,订正了原书的一些疏误。在体例上也是把辽、金列为外国,而增宋末景炎、祥兴二王于本纪。崇祯年间当过宰相的钱士升[④],撰有《南宋书》六十八卷,材料不出《宋史》,只是删略而已。

这一时期编年体史书,主要是对朱熹《资治通鉴纲目》所作的增补,如薛应旂、王宋沐所纂《宋元资治通鉴》等,无可述者。至于纪事本末体的史书,陈邦瞻[⑤]的《宋史纪事本末》二十八卷和《元史纪事本末》六卷,则是继《通鉴纪事本末》之作,万历三十二年(公元1604年)开始编撰,宋史分立一百零九目,元史立二十七目。凡例称:以至元十六年宋亡以前之事归入宋编,朱元璋起兵以后之事列为明史,所以《元史纪事本末》较为简略,目录之名附元诸帝纪年,

---

① 王洙,台州临海(今浙江临海)人,《明史》无传。
② 王惟俭,字损仲,祥符(今河南开封)人,《明史》卷二百八十八有传。
③ 柯维骐,字奇纯,莆田(今福建莆田)人,《明史》卷二百八十七有传。
④ 钱士升,字抑之,嘉善(今浙江嘉善)人,《明史》卷二百五十一有传。
⑤ 陈邦瞻,字德远,高安(今江西高安)人,生年不详,卒于明天启三年(?—1623)。《明史》卷二百四十二有传。

取材以明代官修《续通鉴纲目》和薛应旂编的《宋元通鉴》为主。两书叙事条理分明,互相衔接,重要事件都有概括叙述。

国史、翰林在唐宋以来是各有分工的,前者掌记注、修史,后者备文学顾问。明代沿旧制设翰林院,但将两者合而为一,翰林院设编修、修撰、检讨等官。洪武六年命詹同与宋濂为总裁官纂修《大明日历》,自朱元璋起兵淞濠到即位六年,凡征伐次第、礼乐沿革、行政设施、群臣功过、四夷朝贡之类莫不具载,合一百卷。宋濂又建议仿《贞观政要》分类,更辑《皇明宝训》;自敬天到制蛮夷,分四十类,厘为五卷,以后随类增入。永乐年间,这种修日历的做法就废止了。明代的实录与历代实录相同,是编年体的史料长编。洪武三十一年敕修太祖实录,明成祖即位以后,又命夏原吉、姚广孝重修。英宗复辟以后也又重修实录,在记载中有曲笔讳饰之处是必然的。明代修撰的实录,自太祖到熹宗,共记十五帝事迹,二千九百二十五卷。

私人撰修史书,从明代中叶以后发达起来,著名的有李贽[①]《藏书》六十八卷、《续藏书》二十七卷,体裁仿纪传体,战国至元代人物约八百人,取材于历代正史及《资治通鉴》,《续藏书》叙述至明神宗以前人物约四百人,取材于传记和文集。李贽将历史人物分类叙述,并有所评论,如大臣总论、富国名臣总论、智谋名臣总论等等。

另一部是谈迁[②]的编年体史书《国榷》。黄宗羲在《谈孺木墓表》中讲到他"汰十五朝之实录,正其是非;访崇祯十七年之邸报,

---

① 李贽,号卓吾,又号宏甫,泉州晋江(今福建泉州)人,生于明嘉靖六年,卒于万历三十年(1527—1602)。

② 谈迁,原名以训,字观若,明亡以后改名迁,字孺木,盐官(今浙江海宁)人,生于明万历二十一年,约卒于清顺治十四年(1593—1657)。《清史稿》卷五百零一有传。

补其阙文"。从天启元年(公元1621年)开始,六年完成初稿,以后又陆续修订补充,六易其稿。不料花费二十多年辛勤劳动的书稿竟被人盗去,又重新动手收集资料,写成一百零八卷。其中卷首四卷,汇集有明一代典章制度,正文编年记载史事,上起元天历元年(公元1328年),到南明弘光元年(公元1645年)为止。在义例方面指出:"事辞道法,句权而字衡之,大抵宁洁毋靡,宁塞毋猥,宁裁毋赘。若亥豕之讹,雌黄之口,尤其慎旃,不敢恣臆于百襫之下。"谈迁要求文字简洁,据实以书,阙疑传信。

张岱①《石匮藏书》二百二十卷,则为纪传体明史。自叙中说:"第见有明一代,国史失诬,家史失谀,野史失臆,故以二百八十二年总成一诬妄之世界。"此书在崇祯元年(公元1628年)开始编撰,明亡之后,隐居山村继续完成全书二百二十卷,分本纪、志、世家、列传四个部分,叙述到天启朝为止。此书之志,有天文、地理、礼乐、科目、百官、河渠、刑名、兵革、马政、历法、盐法、漕运、艺文,分类有其特点;列传则以类传为主,计循吏、独行、义人、儒林、文苑、妙艺、方伎、隐侠、名医、列女、宦者、佞幸、群雄、胜国遗臣、盗贼,并附有评论。康熙初年,张岱曾应谷应泰邀请参与《明史纪事本末》的撰写,以后补撰《石匮书后集》六十三卷,叙述明崇祯朝及南明史事,两书材料相同但体例不一,取舍也有出入。

王世贞②推崇司马迁的《史记》,重视纪传体史书的编撰。他所撰《嘉靖以来首辅传》八卷,继自嘉靖有其深刻用意。另有《弇山堂别集》一百卷,是史料集性质,卷一至十九,包括皇明盛事述五

---

① 张岱,字宗子,号陶庵,浙江山阴(今浙江绍兴)人,生于明万历二十五年,卒于清康熙十五年(1597—1676)。

② 王世贞,字元美,号凤洲,太仓(今江苏太仓)人,生于明嘉靖五年,卒于万历十八年(1526—1590),《明史》卷二百八十七有传。

卷,皇明异典述十卷,皇明奇事述四卷,记述朝章典故、君臣事迹、社会经济、人物轶事、民族关系等;卷二十至三十为史乘考误,前八卷考国史、野史之误,后三卷考家乘之误;卷三十一至三十六记述帝系和宗藩;卷三十七至六十四为吏表,上自功臣公侯下至督府守备,共分七十二目;卷六十五至六十九为亲征、巡幸诸考;卷七十至七十五为谥法考;卷七十六至八十四为赏赉、赏功、科试诸考;卷八十五至八十八为诏令杂考;卷九十至一百为中官考。

王世贞更重要的贡献是在文学方面。

《永乐大典》

朱元璋去世以前,曾经在洪武三十一年(公元1398年)下诏编纂一部类书,包括经史百家之言,称作《类要》,由侍读唐愚士等人纂修,但是并没有成书。燕王朱棣从建文帝手中夺得了帝位以后,遂即在永乐元年(公元1403年)七月命翰林学士解缙①等纂修此书,饬谕中说:"天下古今事物散载诸书,篇帙浩穰,不易检阅。朕欲悉采各书所载事物类聚之,而统之以韵,庶几考索之便,如探囊取物尔。尝观《韵府》、《回溪》二书,事虽有统而采摘不广,记载太略。尔等其如朕意,凡书契以来经史子集百家之书,至于天文、地志、阴阳、医卜、僧道、技艺之言,备辑为一书,毋厌浩繁。"解缙等人受命之后立即开馆纂修,第二年纂集成书,上表进呈,赐名《文献大成》。由于时间匆促,内容简略,朱棣感到并不满意,又加派太子少师姚广孝等监修,参加编纂、校对、录写的达三千人,到永乐六年(公元1408年)全书告成,共二万二千八百七十七卷,凡例和目录六十卷,共一万一千零九十五册,重新定名为《永乐大典》。

《明史》解缙本传记载,早在洪武年间,解缙就曾上书朱元璋,提出编纂此书的设想。他说:"《说苑》出于刘向,多战国纵横之谈,《韵府》出自元之阴氏,抄辑秽芜,略无可采。陛下若喜其便于检阅,则愿集一二志士儒英,臣请得执笔随其后,上诉唐虞夏商周孔,

---

① 解缙,字大绅,吉水(今江西吉水)人,生于明洪武二年,卒于永乐十三年(1369—1415),《明史》卷一百四十七有传。

下及关闽濂洛,根实精明,随事类别,勒成一经,上接经史,岂非太平制作之一端欤!"《永乐大典》的编纂,正是模仿宋代阴幼遇《韵府群玉》和钱讽《回溪史韵》两书的体例,以《洪武正韵》为纲,"依韵以统字,用字以系事"。每一单字之下,先注《洪武正韵》的音义,然后录各韵书、字书的反切与解脱,又用唐代颜真卿《韵海镜原》(已佚)的方式,并列这个字的楷、篆、隶各种书体,然后分类汇辑和这一单字有关的天文、地理、人事、名物,以及诗文词曲等各项记载。单字注解中的书名和作者名,全用醒目的红字标出,所录材料根据原书整篇整段抄入,一字不改。自先秦至明初八千余种古籍,都分门别类收入本书。

《永乐大典》修成以后,先是收藏在南京文渊阁,以后移到北京。嘉靖四十一年(公元1562年)禁中失火,幸未被焚,诏阁臣徐阶照式抚抄,抄录过一个副本,由书手一百人,每人日抄三纸,到隆庆改元才完毕。副本收藏在皇史宬,正本则下落不明。后人有许多猜测,有人以为清初收藏在乾清宫内,毁于嘉庆年间的一场大火;也有人认为毁于明亡之际;还有人怀疑藏于皇史宬夹墙,或殉葬于明世宗永陵内。清代乾隆年间,从《永乐大典》中衷辑佚书,发现副本也有残缺,八国联军入侵北京,副本遂损失殆尽,残存于世的不过四百册,约计八百卷,大部分已经影印。

明代私人编纂的类书,有俞安期编纂的《唐类函》二百卷,此书将唐代类书删除重复汇为一编,分四十五部,以《艺文类聚》条目为主,不加删削,然后以《初学记》、《北堂书钞》、《白氏六帖》作为补充,删去重复。另外,兼取韩鄂《岁华纪丽》、杜祐《通典》中的某些材料。徐元太编《喻林》一百二十卷,专收譬喻词语,分十门,五百八十余子目。王志庆编《古俪府》十二卷,专收六朝唐宋骈文辞藻。王圻及其子王思义合撰《三才图会》是一种附图的类书性质的书,普及性读物，分十四门，自成卷第，计天文四卷，地理十六卷，其他人物、时令、宫室以至鸟兽草木八十六卷，共一百零六卷。一般绘图于前，缀论说于后，"人"这一部分占内容的五分之四，其中如器用、衣服、仪制，更具有实用性，用文字不易说清楚的，看图则可以一目了然。

丛 书 一 瞥

  丛书,是在印刷术发明以后产生的一种书籍编纂形式,它的特点是集众书为一书,在这方面与类书有共同之点。不同的地方是类书大都有特定的编纂体例,或者以类分,或者按韵编,便于按图索骥,它所适应的是手抄写本时代摘编汇纂诸书的需要。而丛书则是将不同的书直接汇集在一起,并不打乱原书本身的编次,内容则兼收并蓄,各书之间先后也并无一定次序,再加上编纂者各有所好,互相之间也有重复现象。丛书是由于印刷条件的方便而产生;许多佚书由此得到保存和流传。

  最早的丛书是在南宋嘉泰二年(公元 1202 年)俞鼎孙、俞经同编的《儒学警悟》,篇幅不多,收有宋人著作七种,四十一卷。其次是咸淳九年(公元 1273 年)左圭辑刊的《百川学海》十集,收有六朝、唐、宋人著述一百种,一百七十七卷。编者在序中称:"余旧袞杂说数十种,日积月累,殆逾百家,虽编纂各殊,醇疵相半,大要足以识言行,裨见闻,其不悖于圣贤之指归则一。"

  唐代陆龟蒙有《笠泽丛书》,虽然也用丛书的名称,其实只是个人的笔记,他在自序中解释说:"丛书者,丛脞之书也,丛脞犹细碎也。"是他卧病笠泽之滨所写的"歌诗颂赋铭记传序,从从杂发,不类不次,混而载之,得称为丛书。"

陶宗仪①《说郛》一百卷,分类选辑历代罕见的经史、小说、杂记一千余家,共数万条,仅摘录各书部分内容,仍保留原书名,可说是汇编丛书的又一种体例。原本早已不存,明代景泰年间的校印本即已非原貌。后来有人仿其体例,汇编丛书,或者用该书旧版裁取数种,分类重编,别取书名,原书面目已不可见。

最初的丛书大都是各类兼收,包罗四部。明代比较著名的丛书,有何镗辑目,程荣、何允中先后刊行的《汉魏丛书》,胡文焕的《格致丛书》,钟人杰的《唐宋丛书》等。胡震亨的《秘册汇函》,只刻印了二十多种就毁于火,残版归常熟汲古阁主人毛晋②,增补为《津逮秘书》十五集,一百三十九种。毛晋曾从钱谦益学经史诗文,和冯梦龙关系也很好,他藏书丰富,刊刻的书也很精致。毛晋刊印的《六十种曲》一百二十卷,所收除《西厢记》为元代杂剧以外,其他都是明代传奇。在这之前,他还刊印过《十三经注疏》、《十七史》、《汉魏六朝百三家集》,都是丛书性质的书。

正德、嘉靖年间,顾元庆辑刊《阳山顾氏文房》,是唐朝小说的汇编,共四十种。因顾家住长洲阳山大石下,所以用这个名称选印善本书籍。

丛书刊印的范围不断扩大,内容也从唐宋说部和琐言僻事逐渐发展到经史子集无所不包。范钦③辑刊的《范氏二十一种奇书》,绝大部分是与《周易》有关的书。周子义等辑刊的《子汇》,收书二十四种,三十四卷,其中儒家七种,道家九种,名家三种,法家、

---

① 陶宗仪,字九成,黄岩(今浙江黄岩)人,生卒年月不详,《明史》卷二百八十五有传。
② 毛晋,字子晋,原名凤苞,字子久,常熟(今江苏常熟)人,生于明万历二十七年,卒于清顺治十六年(1599—1659)。
③ 范钦,字尧卿,一字安卿,鄞县(今浙江宁波)人。

纵横家、墨家各一种,杂家二种。赵标辑刊的《三代遗书》,收有《竹书纪年》、《穆天子传》、《汲冢周书》等七种,二十九卷。这类书都是不拘门类,兼收并蓄。有的丛书则专于一门或者限于一地,如郎奎金辑刊的《五雅全书》,收有《尔雅》、《广雅》、《释名》、《埤雅》、《小尔雅》五种以"雅"字命名的词书,其中《释名》别称《逸雅》。王肯堂辑、吴勉学刊印的《古今医统正脉全书》,自《黄帝内经素问》到历代医家著述共四十四种,二百零四卷。天启年间,樊维城辑刊的《盐邑志林》,是他在海盐做官时辑录历代该县人的著述,共四十一种,六十五卷。

《农政全书》及其他

明代嘉靖年间以后,中国封建社会经济的发展,进入了一个新的历史时期,其主要表现为江南地区的商品经济繁荣起来,出现了资本主义因素的萌芽,手工业生产方式和生产技术有了普遍的发展和提高。从十六世纪中叶到明代末年将近一百年的时间里,有一大批反映这一时期生产技术和科学成就的巨著编纂问世,人们把这一时期称作中国科学技术发展史上一个群星灿烂的时代。

首先是集古代农业科学大成的,徐光启[①]编撰的《农政全书》六十卷,总括农家诸书,裒为一集,计农本三卷、田制二卷、农事六卷、水利九卷、农器四卷、树艺六卷、蚕桑四卷又蚕桑广类二卷(包括木棉、麻苎之类)、种植四卷、牧养一卷、制造一卷、荒政十八卷(包括备荒、救荒本草、野菜谱等)。徐光启生前没有最后定稿,经陈子龙整理并作了增删后刊印。徐光启还曾笔录利玛窦口译的欧几里得《几何原本》前六卷,崇祯初年主持修订历法,采用西方科学成就,编成《崇祯历书》一百三十余卷。

宋应星[②]于崇祯十年(公元1637年)完成了《天工开物》十八卷,这是第一部关于农业和手工业生产技术的百科全书,包括作物栽培、粮食加工、熬盐、制糖、酿酒、榨油、养蚕、纺织、染色、采矿、冶

---

① 徐光启,字子先,号玄扈,吴淞(今上海)人,生于明嘉靖四十一年,卒于崇祯六年(1562—1633),《明史》卷二百五十一有传。

② 宋应星,字长庚,生于明万历十五年,卒于清顺治十八年(1587—1661)。

铸、锤锻、兵器和舟车制造、制瓷、烧制石灰、造纸、养蚌取珠等,全书附有二百多幅插图,形象地描述具体的生产过程。

李时珍①从嘉靖三十一年(公元 1552 年)起着手编撰《本草纲目》五十二卷。他取诸家本草荟萃成书,"复者芟之,阙者补之,讹者纠之",共记载了药物一千八百九十余种,有三百七十四种是李时珍所补充的。书前附图一千一百一十幅,其一二卷为序例,三四卷为百病主治药,五至五十二卷为药品各论,共十六部六十二类,每一种药标正名为纲,附释名为目,然后是集解、辨疑、正误等,书后附药方一万一千零九十六个。这是一本集历代本草大成的书。另外,在临床医学方面进行了总结的,有张介宾②的《景岳全书》。此书包括传忠录三卷,统论阴阳六气及前人得失,然后是脉神章三卷、伤寒典、杂证谟、妇人规、小儿则、痘疹诠、外科钤,凡四十一卷,本草正二卷,新方二卷,古方九卷。

徐弘祖③撰《徐霞客游记》,则是一部关于地理学的专著,又是以日记体裁写下的游记。作者遍游名山大川,考察风土人情,所经之地从山川源流、地形地貌,动物植物,矿产手工业等,均有翔实记录,特别是对西南地区石灰岩溶洞的特征作了具体细致的考察记述,是重要的科学文献。与过去的地理志书偏重于疆域、沿革、山川、物产记述不同,徐弘祖通过实地考察,主要记述了地貌,包括岩石、水文、植物、气候等方面。但是,徐弘祖生前没有来得及将这部巨著整理成书,死后由王忠级、季梦良叙次补缀,因地分集,录为一

---

① 李时珍,字东璧,号濒湖,蕲州(今湖北蕲春)人,生于明正德十三年,卒于万历二十一年(1518—1593),《明史》卷二百九十九有传。

② 张介宾,字会卿,号景岳,山阴(今浙江绍兴)人,生于明嘉靖四十二年,卒于崇祯十三年(1563—1640)。

③ 徐弘祖,字振之,号霞客,江阴(今江苏江阴)人,生于明万历十四年,卒于崇祯十四年(1586—1641)。

编。以后辗转传抄,清代乾隆年间才有刊本问世。

这一时期还有一位不大为人所知的科学和艺术巨匠,即郑王世子朱载堉①。他的《乐律全书》包括《律历融通》四卷附《音义》一卷,《圣寿万年历》二卷,《万年历备考》三卷,《律学新说》四卷,《算学新说》和《乐学新说》不分卷,《律吕精义》内篇十卷、外篇十卷,以及《操缦古乐谱》、《旋宫合乐谱》、《乡饮诗乐谱》、《小舞乡乐谱》、《久代小舞谱》、《灵星小舞谱》、《二佾缀兆图》等。朱载堉身为皇族,但是他辞爵让国,潜心研究,在天文、历法、数学、物理、音乐、舞蹈多方面学科中作出了贡献。明朝行用的历法叫作《大统历》,一切数据和计算方法直接依据元代郭守敬《授时历》,长期沿用不作修改,和实际天象已经发生差错,嘉靖二十三年,朱载堉以万历为元,参考《授时历》与《大统历》,"和会两家,酌取中数,立为新率,编撰成书。"进《圣寿万年历》和《律历融通》。他的最主要成就是在《律吕精义》中所发明的十二平均律,即"新法密率",解决了音律学上长期存在的难题。他不宗黄钟九寸之说,不用三分损益之法,不拘隔八相生之序,不取围径皆同之论,创建了新的音律理论,却没有受到应有的重视。

---

① 朱载堉,字伯勤,号句曲山人,生于明嘉靖十五年,卒于万历三十九年(1536—1611),《明史》卷一百十九有传。

经世致用之书

在清代初年的学术界,顾炎武[①]提倡"经世致用",关心国计民生的"当世之务",开创了一代新的学风。他的主要著作有《日知录》、《音学五书》、《天下郡国利病书》和《肇域志》。

《日知录》是顾炎武多年读书笔记的结集。他在自序中说:"愚自少读书,有所得辄记之,其有不合,时复改定;或古人先我而有者,则遂削之,积三十余年乃成一编,取子夏之言,名曰《日知录》。"又说:"平生之志与业皆在其中。"撰著此书的目的,"意在拨乱涤行,法古用夏,启多闻于来学,待一治于后王。"顾炎武以求实精神和严密考订的治学方法,发表自己的见解,达到"规切时弊"的目的。全书以类相从,上篇经术,中篇治道,下篇博闻,生前所刻为八卷本,康熙年间门人潘耒从其家中取得手稿,刻成为三十二卷本。

顾炎武认为他的主要成就是音韵之学,通过音韵明了古义,从而可以考证古制。他"列古今音之变,而究其所以不同,为《音论》二卷;考正三代以上之音,注三百五篇,为《诗本音》十卷;注《易》,为《易音》三卷;辨沈氏(指沈约)部分之误,而一一以古音定之,为《唐韵正》二十卷;综古音为十部,为《古音表》二卷。"

《天下郡国利病书》和《肇域志》两书的编纂过程是,崇祯十二

[①] 顾炎武,初名绛,字宁人,号亭林,江苏昆山人,生于明万历四十一年,卒于清康熙二十一年(1613—1682),《清史稿》卷四百八十一有传。

年(公元 1639 年)，"秋闱被摈，退而读书，感四国之多虞，耻经生之寡术，于是历览二十一史以及天下郡县志书，一代名公文集及章奏文册之类，有得即录，共成四千余帙，一为舆地之记，一为利病之书。"大概在康熙元年(公元 1662 年)告一段落，以后又有个别增补。顾炎武说他并没有先定义例，而是取《一统志》及各省府州县志，然后以二十一史参互书之，"凡阅志书一千余部，本行不尽，则注之旁，旁又不尽，则别为一集曰备录。年来雳口四方，未遑删定，以成一家之书。"所以只是一部初稿。

现存的还有另一部《肇域记》，共六卷，又称《山东肇域记》。大约在康熙十二年(公元 1673 年)顾炎武寓居山东时编成。序称："刘昭承班固之书，但录中兴以来郡县改异及春秋三史会同征伐地名，以为郡国志，以后汉二百年之志，而春秋之事备焉。愚今略仿其意，以有明一代郡邑、藩封、官守为一书，参以六经二十一史，上接元史，迄于崇祯，后人既以知今亦可验古。但唐宋地志久亡，近时之书又大半齐东野语，且不能尽得。余老矣，日不暇给，先成此数卷为例，以待后之人。"

与顾炎武同时代的顾祖禹[①]，撰《读史方舆纪要》一百三十卷，也是一部经世致用之书。计历代州域形势九卷，直隶、江南及十三省所属府州县一百十四卷，山川、漕河、海道六卷，天文分野一卷，总叙三篇，凡例二十六则。以地志为主，详论各地山川险要，以古代史实贯串其间，说明其在军事上的价值，用兵战守、兴亡成败经过一一叙列，而不谈景物名胜，编写体裁与历代地理志书不同。

[①] 顾祖禹，字端五，号景范，江苏常熟人，生于明崇祯四年，卒于清康熙三十一年(1631—1692)。

王夫之[①]的《读通鉴论》三十卷,成书于康熙二十六年(公元1687年),则是根据《资治通鉴》所载史实,针对时弊,作了系统的评论,其目的也是从中找出"经世之大略"。王夫之的著作,后人汇集了七十余种,编为《船山遗书》二百八十八卷。

经世致用之学,一反明末束书不观、空谈性理的学风。浙东学派的创始者黄宗羲[②]也是代表人物之一。黄宗羲的《明夷待访录》,写于清康熙二年(公元1663年),书仅一卷,却是对明朝覆亡的经验教训作了思考和总结。黄宗羲的《明儒学案》六十二卷,则创造了一种新的史学体裁,这部书从内容、编写方法、形式上都有特色,可以说是具备了学术思想史的雏形。书中把明代各家各派学者,按时代顺序,编为十九个学案。各个学派的沿革、师承,有关人物的传略、重要著作和语录,一共介绍了二百零八人。在凡例中说:"此编以有所授受者分为各案,其特起者,后之学者不甚著者,总列诸儒之案。"黄宗羲认为,在这以前孙奇逢所编《理学宗传》,内容比较简略,他从明人各种文集、语录中搜集资料,取材以王阳明学派为中心,这是由于明代中叶以来,王阳明学派在社会上风靡一时,成为占统治地位的显学,应予符合实际情况的反映。凡例中说:"此编所列,有一偏之见,有相反之论。学者于其不同处正宜着眼理会,所谓一本而万殊也。"

《明儒学案》完成于康熙十五年(公元1676年)。在这之前,黄宗羲纂辑《明史案》二百四十二卷,选录《明文海》四百八十二卷,有明一代三百年间史料网罗略备。在这以后,黄宗羲还发凡起例,续

---

① 王夫之,字而农,号姜斋,衡阳人,人称船山先生,生于明万历四十七年,卒于清康熙三十一年(1619—1692),《清史稿》卷四百八十一有传。

② 黄宗羲,字太冲,号梨洲,浙江余姚人,生于明万历三十八年,卒于清康熙三十四年(1610—1695),《清史稿》卷四百八十有传。

纂《宋元学案》，没有来得及完成就去世了。他最小的儿子黄百家继续编纂，也未能完成。《宋元学案》的底稿也散失了，后来才由黄宗羲的孙子黄千人取回，由全祖望[①]加以补修。今本《宋元学案》一百卷，大都经过全祖望增删修订，划分卷第，还写了概括全书内容的序录，前后约十年时间，也没有最后定稿，全祖望在《鲒埼亭集》中叙述了此书纂修经过。此书又经后人根据几种稿本整理，刊刻问世。

《宋元学案》以人物之间的师承传授关系，即学术渊源为线索划分学派，共立八十六学案，每一学案前有图表和序录，以阐明各学派之间错综复杂的关系，师友弟子，来龙去脉，可以开卷了然；然后以人物立传，简述其生平事迹、学术活动，后为语录，并附遗闻逸事，当时及后人的评论等，并一一注明资料出处。全祖望曾有志重修《宋史》，他所立的小传有详于《宋史》本传的。宋代两次大规模的查禁书籍，即元祐党禁、庆元党禁，新旧两党倾轧，事关道学兴废，牵涉人数很多，从中可以看出宋代学术发展起伏的线索，以及学者之间的门户之见。

在提倡经世致用的学者之中，章学诚[②]是一位值得提到的人物，尽管他所处的时代不同，其具体表现也不相同。章学诚生活在汉学盛行的乾嘉时代，当时学风以音韵训诂、名物考据为主，章学诚却继承了黄宗羲、万斯同等浙东学派的余绪，反对埋头故纸堆里脱离实际的学风，强调一切学术著述都是经世致用的手段。他的主要著作有《文史通义》八卷、《校雠通义》三卷。

[①] 全祖望，字绍衣，一字谢山，浙江鄞县人，生于清康熙四十四年，卒于乾隆二十年(1705—1755)，《清史稿》卷四百八十一有传。

[②] 章学诚，字实斋，号少岩，浙江会稽人，生于清乾隆三年，卒于嘉庆六年(1738—1801)。《清史稿》卷四百八十五有传。

章学诚自述称:"郑樵有史识而未有史学,曾巩具史学而不具史法,刘知几得史法而不得史意,此汝《文史通义》所为作也。"对史书体例,章学诚推崇纪事本末体,他说:"司马《通鉴》病纪传之分而合之以编年,袁枢《纪事本末》又病《通鉴》之合而分之以事类。按本末之为体也,因事命篇,不为常格,非深知古今大体、天下经纶,不能网罗隐括,无遗无滥,文省于纪传,事豁于编年,决断去取,体圆用神,斯真《尚书》之遗也。"对校雠学,章学诚认为不应限于校勘书籍,而是应该考求各种书籍的得失,并按不同学术源流加以区分,进行整理。以变古通今,成一家之言。但是,章学诚的这些见解与当时朝廷提倡宋学而学者趋向汉学的学术风气不合,遭到许多人反对,他的撰著生前也很少有人读到,后人搜集他的遗稿,编为《章氏遗书》,那已经是近代的事了。

　　章学诚还系统地提出了一套编纂地方志的原则和方法,对于地方志书的性质、编纂体例、取材标准、内容,以及设立专门编纂机构等等都有所论述。他主张修方志要分立三书,即:"仿纪传正史之体而作志,仿律令典例之体而作掌故,仿文选文苑之体而作文征。三书相辅而行,阙一不可,合而为一,尤不可也。"他自己编纂的地方志,据记载有《和州志》、《永清县志》、《荆州府志》和《湖北通志》等。

清代官修类书

清代初年，官修各种类书、丛书，种类之多，规模之大，在历史上是罕见的。这主要是由于多民族国家的统一和巩固，经济上也呈现了发展繁荣，封建统治者重视吸收汉族传统的封建文化。诸如《古今图书集成》、《渊鉴类函》、《佩文韵府》，以及《四库全书》，都是在康熙、雍正、乾隆三朝编纂成书的。

《古今图书集成》的编者陈梦雷[①]，在康熙二十一年平定三藩后，曾以附耿精忠的罪名，被谪戍到奉天。康熙三十七年东巡时召回京师，侍皇三子诚亲王胤祉读书，他在这时纂修了一部《汇编》，从一万五千余卷图书中，摘录材料，分类汇编为一部大类书，分历象、方舆、明伦、博物、理学、经济六编，三十二志，六千一百零九部。分类较细，编排也有系统，每部先列汇考，次总论，有图表、列传、艺文、选句、纪事、杂录、外编等项目。大致是汇考记大事，总论录经史子集的议论，图表插图列表，列传叙人物生平，艺文采择诗文，选句多择俪句、对偶，纪事则集不见于汇考的琐细事迹，杂录收不宜于列入汇考、总论、艺文三项的材料，外编则载荒唐无稽之言。所辑录的内容，往往把原书整部、整篇或整段抄入，不加改动。其中引证一一详列出处，标明书名、篇名和作者，便于查对。分门别类也纠正了以往类书部类重复，分合不当的毛病，而且逐项排比事

---

① 陈梦雷，字则震，福州侯官人。

文,去取谨严,颇有条理。陈梦雷在《进汇编启》中讲到:"《三通》、《衍义》等书,详于政典,未及虫鱼草木之微,《类函》、《御览》诸家,但资词藻,未及天德王道之大。必大小一贯,上下古今,类列部分,有纲有纪,勒成一书,应足以大光圣朝文治。"这部大类书,陈梦雷一人"独肩斯任",自康熙四十年(公元1701年)十月开始,到康熙四十五年(公元1706年)四月初稿完成。

初稿完成以后,陈梦雷先将目录和凡例呈请诚亲王胤祉审阅,受到赞许。以后又继续整理,过了十年,在康熙五十五年进呈,赐名《古今图书集成》,并于同年设馆继续增辑,参加纂修者八十人。康熙五十九年奉旨用铜活字刷印六十部(实际印数为六十四部)。

康熙皇帝晚年,诸皇子各树党羽,阴谋争夺帝位的斗争十分激烈。康熙六十一年十二月,雍正即位,深得诚亲王胤祉信赖的陈梦雷第二次被遣戍关外,罪名当然是莫须有的,参加纂修的门生、亲属,也都被驱逐回籍。雍正元年正月初五日,派蒋廷锡为总裁继续将刷印工作做完。全书一万卷,当时已经完成一半以上,蒋廷锡只是作了校阅以及厘定、补充未刷印部分,体例方面除了改"志"为"典"以外,未作其他变动。这部经胤祉、陈梦雷等人二十余年心力完成的大类书,就成为蒋廷锡编辑或重辑,真正的编纂者的名字却被抹煞了。

康熙四十九年(公元1710年)张英等编纂的《渊鉴类函》四百五十卷,是在明代俞安期所编《唐类函》的基础上增补而成,明代后期文坛上有一种复古倾向,甚至说唐以后的书不读,俞安期编纂的这部类书,断自唐代以前,分四十三部,三千五百三十六小类,以《艺文类聚》为主,补充《初学记》、《北堂书钞》、《白氏六帖》材料,删除重复,汇为一函。关于政典方面则采录杜佑《通典》。《渊鉴类函》则又采《太平御览》、《玉海》等十七部类书的材料,补充到明代嘉靖年间为止。每类的内容各分五项，全以释名、总论、沿革为第一，典故为第二，对偶为第三，摘句为第四，诗文为第五。

以韵目为纲编纂的类书有两部，一是《佩文韵府》四百四十四卷，张玉书根据《韵府群玉》、《五车韵瑞》二书增补而成，分韵一百零六，齐字尾归韵，单字下注明音训，词语下记述释文故典，引书不列篇名，诗文不注标题，所采词语以二、三、四字相从，又各以经史子集为序，成书于康熙五十年。续辑有《韵府拾遗》一百一十二卷，前编已有之字唯增韵书之音切；前编未收之字从他韵增入者则兼注音义；前编未载的文句典故谓之"韵藻"；前编已载而未齐备的则予补注。另一部是《骈字类编》二百四十卷，收两字词语，与《佩文韵府》不伺皆齐句首一字，分十二门：天地、时令、山水、居处、珍宝、数目、方隅、采色、器物、草木、鸟兽、虫鱼，又补遗一门：人事。共采词藻一千六百零四。这两部书都是供作词赋的人查找典故之用。

在清代官修类书中，还有所谓"九通"的编纂。

乾隆十二年（公元 1747 年）六月，命经史馆校刊内府所藏《通典》、《通志》、《文献通考》缮本，称之为"三通"。过了几天，又谕大学士张廷玉、尚书梁诗正、汪由敦纂修《续文献通考》。

马端临的《文献通考》断自宋宁宗，明代万历年间上海人王圻撰《续文献通考》三十门，二百五十四卷，起宋代嘉定年间，下止于明代万历三十年左右，不仅是续撰而是增补。自序中说："贵与氏之作《通考》，穷搜典籍，以言乎文则备矣，而上下数千年，忠臣、孝子、节义之流及理学名儒类皆不载，则详于文而献则略，后之说礼者能无杞宋之悲乎？余既辑辽、金、元暨国朝典故以续其后，而又增节义、书院、氏族、六书、谥法、道统、方外诸考以补其遗。"清高宗上谕中贬它"烦芜寡要"，重新修纂，实际上袭用了他的材料。

参与编纂《续文献通考》的正副总裁及纂修官，可考者还有齐召南、刘纶、冯浩、蒋溥、张映辰、博明、陈召崟、刘沅勋、钱大昕、程景伊、宋弼等人先后参加，馆址设宣武门内。到乾隆三十二年（公元 1767 年）编成初稿进呈，清高宗又认为《文献通考》原踵杜佑《通典》、郑樵《通志》而作，三书相辅而行，不可偏废。于是又分别续修《通典》、《通志》，而且古今分帙，清朝开国以后，别自为书，以乾隆三十一年为断限。三通馆正副总裁增为各三员，馆址也移到午门之内。当时虽有"增添各卷，即速缮呈览，以便刊板"之语，实际上到乾隆五十一年才全部告成，下限则为断自乾隆五十年。

修撰《续文献通考》，原定在马端临所定二十四门之外，增加朔闰、河渠、氏族、六书等四考，但拟增者均在《通志》范围之内，故仍按原目，只是在《宗庙考》和《郊祀考》中分出《群庙》、《群祀》，共为二十六门，二百五十卷。《续通典》篇目与《通典》相同，惟兵、刑分列，共九门，起自唐肃宗至德元年（公元 756 年），止于明末，共一百五十卷。《续通志》篇目也与《通志》相同，分作纪、传、谱、略几大部门，惟略作形式上调整，统一各史所用的不同名称，如《宋史·道学传》并入《儒林传》，《元史·释老传》并入《方技传》。与郑樵《通志》衔接，叙述至明末为止，共六百四十卷。

《清文献通考》本名《皇朝文献通考》，分类与《续文献通考》相同，二十六门，其中《田赋考》增《八旗田制》，《钱币考》增《银色银值》及《回部普儿》，《户口考》增《八旗壮丁》，《土贡考》增《外藩》，《学校考》增《八旗官学》，《宗庙考》增《崇奉圣容之礼》，《封建考》增《蒙古王公》，都是以清代现有制度增加的，有些非当时制度所有则予删除，如《市籴考》删《均输》、《私买》、《和籴》，《选举考》删《童子科》，《兵考》删《车战》等，共计三百卷。《清通典》体例与《续通典》相同，分九门，《食货典》中《榷酤》、《算缗》，《礼典》中《封禅》，均以未行于清代而删。《州郡典》以《清一统志》为准，全书则取材于《大清通礼》、《大清会典》为主,共一百卷。《清通志》的体例,馆臣仅撰成《二十略》,一百二十六卷,以凑成"三通"之数。

《通典》、《通志》、《文献通考》成书于不同时代,性质相近,某些部分重复不可避免,清代官修续撰,贪大求全,专从形式着眼,以至叠床架屋,遂扩大为"九通"。

所谓"钦定"、"御纂"诸书

清代官修书中,绝大多数是以"钦定"、"御纂"的名义出现,这一方面是为了表示封建皇帝"稽古右文",另一方面也是为了在思想文化领域加强控制,以巩固其统治的客观需要。

在经籍注释方面,提倡程朱理学,特别受到推崇的是朱熹。康熙时所谓"御纂"之书,有《性理精义》十二卷、《朱子全书》六十六卷、《周易折中》二十二卷、《日讲四书解义》二十六卷,以及所谓"钦定"的《诗经传说汇纂》二十卷、《书经传说汇纂》二十四卷、《春秋传说汇纂》三十八卷等。雍正时有御纂《孝经集注》一卷、《日讲春秋解义》六十四卷等。到乾隆时,这类书就更多,大都刊印成书。如《周易述义》十卷、《诗义折中》二十卷、《春秋直解》十五卷,以及《周官义疏》、《仪礼义疏》各四十八卷、《礼记义疏》八十二卷等等。

清代官修各朝实录,根据内阁、各部调入的上谕、奏本,按年月日编年排列;各朝皇帝的诏谕、言论,则分类汇编为《圣训》。雍正时除《圣训》外,还命允禄编纂《上谕内阁》一百五十九卷,按编年体每月一编;与此同时又编纂了《朱批谕旨》三百六十卷,内容收载二百二十三位总督以下道员以上以及地方官员所上奏折,以及清世宗所作的朱笔批语。

康熙二十一年(公元1682年)编撰《平定三逆方略》六十卷,后来这类所谓"方略"的书又有续撰,如《平定罗刹方略》四卷、《皇清开国方略》三十二卷等,都是为了宣示武功,纂辑重大军事活动始末的书。作为一种编书体裁来说,"方略"类似军事史。

康熙三十三年(公元 1694 年)开始修纂《清会典》,用《明会典》编纂体例。以后,雍正、乾隆年间又重加修纂,将则例由会典各条下分出,别为一书,即《大清会典》一百卷、《大清会典则例》一百八十卷。以后仍有重纂,其内容基本一致,事例则大为增加而已。

清代的第一部成文法典,是顺治四年(公元 1647 年)制定的《大清律》。康熙二十八年(公元 1689 年)曾将现行则例附入大清律,并在每篇正文后面加注,疏解律义。雍正三年(公元 1725 年)朱轼等纂修《大清律集解附例》三十卷,律文四百三十六条,附例八百二十四条。这是一部法律和注释的合集,卷首有六赃图、五刑图、狱具图、丧服图、纳续诸例图。到乾隆五年(公元 1740 年),才以三泰为总裁,编定《大清律例》四十七卷。这部中国历史上最后的封建法典,其制定过程长达一百年之久,在结构形式上与明律相同,内容却十分详尽严密。

地理方志书籍,如《日下旧闻考》、《满洲源流考》、《皇舆西域图志》、《热河志》等,都署以"钦定"字样;一统志和各省通志等虽未冠以钦定名称,实际上也都是奉敕撰修的书。

康熙十一年(公元 1672 年),大学士卫周祚进奏,各省宜纂修地方志,以便为纂修一统志准备材料,以后又将顺治年间纂修的《河南通志》颁著天下以为式,河南巡抚还发了修志牌照列具凡例以统一纂修体例。雍正六年(公元 1728 年)下谕,对采集人物事迹提出了明确要求,必须慎重核实,"著各省督抚将本省通志重加修辑,务期考据详明,采摭精当,既无阙略,亦无冒滥,以成完善之书。如一年未能竣事,或宽至二三年内纂成具奏。"在这以后,首先是《广东通志》六十四卷于雍正九年(公元 1731 年)完成,最晚的是《贵州通志》四十六卷,成书于乾隆六年(公元 1741 年),各省通志在这段时间内大致编纂刊印。地处冲要的畿辅地区,从康熙年间开始纂修,雍正十三年(公元1735年)成《畿辅通志》一百二十卷,并图一卷。此书在以后又经重新纂修。

《大清一统志》初修于康熙二十五年(公元1686年),共三百四十二卷;二修于乾隆二十九年(公元1764年),四百二十四卷;三修于嘉庆十六年(公元1811年),共五百六十卷,所以今本称之为《嘉庆重修一统志》。此书记清代疆域、政区情况,首为京师,然后是直隶、盛京等二统部,各统部冠以地图,次为总叙,再次为分卷详叙各府、厅、州疆域,历史地理,山川物产,风土人情等细目。

《八旗通志》初集二百五十卷,雍正五年(公元1727年)开馆编纂,包括:志(旗分、土田、营建、兵制、职官、学校、典礼、艺文)、表(封爵、世职、八旗大臣、宗人府、内阁大臣、部院大臣、直省大臣、选举)、列传等三个部分,成书于乾隆四年(公元1739年),嘉庆时续修二集为三百五十六卷。

在"钦定"诸书中不能不提到《康熙字典》。此书是康熙四十九年(公元1710年)命张玉书[①]、陈廷敬等三十人编纂的,共四十二卷,以子丑寅卯辰巳午未申酉戌亥十二地支分集。此书据明代梅膺祚《字汇》和张自烈《正字通》两书编成,梅膺祚《字汇》的编排简化了《说文解字》部首,分部二百一十四,部首和字都按笔画排列,不易辨别部首的字则附列于检字表,这对字书编纂是一种创造。张自烈《正字通》体例相同,只是作了补充,扩大了采录书籍的范围。这两种书通俗实用,明末清初盛行一时。《康熙字典》实际上是两书的增订本,收字总数四万七千零三十五,比上述两书多出一

[①] 张玉书,字素存,江苏丹徒人,生于明崇祯十五年,卒于清康熙五十年(1642—1711),《清史稿》卷二百六十七有传。

万多字。释字先音后义,在每个字下面先列《唐韵》、《广韵》等书的反切读音,然后解说这个字的本义,别音、别义和古音均引证古书详其始末。本字用楷体,古体列在字下,重文、别体、俗书、讹字则附于注后。康熙在上谕中曾经指出,此书要"增《字汇》之阙疑,删《正字通》之繁冗",大概他以为此书可以"奉为典常而不易",所以称之为"字典",并冠之以"康熙"名号,实际上书中存在不少错漏讹误,以及不确切的地方,只是由于出于"钦定",无人敢冒违而予以纠正。乾隆年间,王锡侯编《字贯》六十卷,涉及对《康熙字典》贬讥,因而横遭"文字狱"之祸,此后更无人置喙了。道光七年(公元1827年)王引之奉命作《字典考正》十二卷,查出《康熙字典》引书之误即达两千五百八十八条。

《明史》编纂

清代顺治二年(公元1645年)五月,即命内三院大学士洪承畴、冯铨、范文程等人为总裁,仿《通鉴》体纂修《明史》。当时刚刚入关不久,加以明代天启、崇祯年间的实录残缺,虽然下令广搜遗书,但采访不力,所谓纂修只是徒具虚名而已。

康熙四年(公元1665年)重开史馆,命内阁学士徐元文监修,翰林院掌院学士叶方蔼、右庶子张玉书为总裁,征博学鸿儒五十人授翰林院编修等官职,右庶子卢琦等十六人纂修,大规模修史由此开始。撰稿者分为五个组,采取抓阄办法,写成的稿子寥寥无几。这时,清代政权逐渐稳定,抗清斗争转入低潮,有些明代遗臣也参与了《明史》修撰。黄宗羲、顾炎武等人本来就重视修撰明代历史,黄宗羲有《明文海》四百八十二卷、《明史案》二百四十四卷,又辑存有关的书七十五种,但是他们都不应征聘。最后,黄宗羲命其子黄百家、门人万斯同①入京,住在顾炎武的外甥徐元文家中,不受俸,不署衔,以布衣身份参与修史。顾炎武并提出:"窃意此番撰述,止可以邸报为准,粗具草稿,以待后人,如刘昫之《旧唐书》可也。"康熙三十年(公元1691年)完成了初稿四百十六卷,基本上都是由万斯同审阅定稿的。

---

① 万斯同,字季野,浙江鄞县人,生于明崇祯十一年,卒于清康熙四十一年(1638—1702),《清史稿》卷四百八十四有传。

康熙三十三年(公元1694年)又诏令续修,监修总裁张玉书、陈廷敬、王鸿绪①等分别审定志、表、本纪、列传。万斯同又移住王鸿绪家,重订列传稿,到他去世时,已逐渐扩充到四百六十卷。康熙五十三年(公元1714年),王鸿绪删定万斯同列传稿为二百零五卷进呈,雍正元年(公元1723年)又将本纪、志、表部分进呈,全稿三百一十卷,后来以《横云山人史稿》名义刊行,即《明史稿》。

雍正元年七月重开史馆,以隆科多、王硕龄为监修,张廷玉②、朱轼等为总裁,由杨椿、汪由敦、吴麟等人在王鸿绪稿的基础上纂修,并增写了论赞,雍正十三年(公元1735年)全书告成,凡本纪二十四卷,志十五篇七十五卷,表五篇十三卷,列传二百二十卷,目录四卷,共三百三十六卷。乾隆四年(公元1739年)镂版刊行。张廷玉《进明史表》称:"聚官私之记载,核新旧之见闻,签帙虽多,抵牾互见,惟旧臣王鸿绪之史稿,经名人三十载之用心,进在彤围,颁来秘阁,首尾略具,事实颇详,在昔《汉书》取裁于马迁,《唐书》起本于刘昫,苟是非之不谬,拒因袭之为嫌,爰即成编,用为初稿。"

《明史》纂修前后经历了九十年时间,在历代官修史书中是较好的一部,先后秉笔属稿者一百余人。《明史》编纂博采众说,体例谨严。朱彝尊曾先后七次给总裁上书,极言编纂应先定例发凡,徐乾学、徐元文兄弟写成《修史条议》六十一条,王鸿绪继之成《史例议》,汤斌也有《明史凡例议》及《本纪条例》,潘耒、施闰章有《修史议》。主要争论的题目是要不要仿《宋史》立道学传,黄宗羲曾移书史馆表示反对。《明史》所创新例,一是英宗分前、后纪,列景帝纪

---

① 王鸿绪,字季友,号俨斋,又号横云山人,江南娄县(今上海松江)人,生于清顺治二年,卒于雍正元年(1645—1723),《清史稿》卷二百七十一有传。
② 张廷玉,字衡臣,号砚斋,安徽桐城人,生于清康熙十一年,卒于乾隆二十年(1672—1755),《清史稿》卷二百八十八有传。

于中间;二是历志部分增加附图,为其他官修史所无。艺文志先后有多人撰稿,开始有人主张兼收前代典籍,最后定为只著录明代著述。表一般从旧例,新增"七卿"(即六部尚书加都察院都御史)。列传增阉党、流贼、土司。涉及清室先世及南明事迹,则略而不书。编纂的方法也是先编草稿、长编,以备斧削。

《明史》成书后又进行过修订。乾隆四十年(公元1775年)五月,将不雅驯的元代人地名改译,以后又以英宗本纪疏略,命英廉、程景伊、梁国治、和珅、刘镛等人为总裁,将所有明史本纪逐一考核添修,命于敏中、钱汝诚等为总裁进行考证。

清代私人修撰的明史,有谷应泰①《明史纪事本末》八十卷。此书出于官修《明史》之前,所记如成祖设立三卫、亲征漠北、沿海倭寇、议复河套等均较《明史》为详,且多有出入,其中建文逊国一事,则据野史传闻编成。

与清廷准备开史馆纂修《明史》的同时,马骕②撰修了《绎史》一百六十卷,起自上古,迄于秦亡,分作五部:太古三皇五帝十篇,三代夏商西周二十篇,春秋十二公时事七十篇,战国春秋至亡秦五十篇,外录纪天官、地志、名物、制度共十篇,每篇一卷。这书将先秦古史分做一百多个题目,依次纂述,类似纪事本末体,又用世系表、古今人表等纪传体特点作为补充,名物制度有附图,另外还有地图。叙述的方法和以前的史家不同,全部直录史料原文,加以编排,并注明出处,不用自己的话。史料斟酌去取煞费苦心,序中说:"经传子史,文献收存者靡不毕载。传疑而文极高古者亦复弗遗。

---

① 谷应泰,字赓虞,别号霖苍,直隶丰润(今河北丰润)人,生于明万历四十八年,卒于清康熙二十九年(1620—1690)。

② 马骕,字宛斯,一字骢御,山东邹平人,生于明天启元年,卒于清康熙十二年(1621—1673),《清史稿》卷四百八十一有传。

真赝错杂者取其强半附记,全伪者仅存要略而已。汉魏以还,称述古事,兼为采缀,以观异同。若乃全书阙佚,其名仅见,谶纬诸号,尤为繁多,则取笺注之言,类萃之帙,虽非全璧,略窥一斑。又百家所记,或事同文异,或文同人异,互见叠出,不敢偏废,所以疑则传疑,广异闻也。"可见他对史料真伪,时代先后,下过一番甄别工夫。

吴乘权的《纲鉴易知录》成书于康熙五十年(公元 1711 年),共一百零七卷,是当时流传很广的历史课本。其自序称:"观史之不欲,论史之不明,非尽天资迟钝,庸师误人,亦由编辑成书者引导无方而致然也。"此书前编四卷,自三皇五帝至战国周威烈王二十三年以前,材料取自刘恕《通鉴外纪》和金履祥《通鉴前编》;正编五十九卷,战国至五代末,主要根据《通鉴纲目》;续编二十九卷,宋、元部分根据商辂《续通鉴纲目》,明代部分根据朱国标《明纪钞略》。这些底本的共同特点是内容简明。

类似的书,还有《历代通览辑览》,这是乾隆三十二年(公元 1767 年)敕撰之书,在明代李东阳《通鉴纂要》基础上重加编订,共一百二十卷。由于是官修、御批,在科举考试中奉为标准,所以影响也较广泛。

《全唐诗》与唐诗选本

康熙四十四年(公元 1705 年)春,江宁织造、通政使曹寅①奉旨刊刻《全唐诗》,在扬州天宁寺设立了《全唐诗》书局。参加校勘的有侍讲彭定求,编修沈三曾、杨中纳、潘从律、汪士鋐、徐树本、车鼎晋、汪绎、查嗣瑮,庶吉士俞梅等十位翰林。据御制《全唐诗》序,用了约一年半时间,于康熙四十五年(公元 1706 年)十月完成,共九百卷。成书快的主要原因,是有比较好的底本,即明代胡震亨②编纂的《唐音统签》及内府所藏季振宜③所编《唐诗》,再旁采断碑残碣、稗史杂书所载而成。全书共收诗四万八千九百余首,作者二千二百余人。

明代中叶以来,刻印唐诗的人很多,如嘉靖年间朱警刻《唐百家诗》一百八十四卷,蒋孝刻《中唐十二家诗》八十一卷。万历年间,吴琯的《唐诗纪》一百七十卷问世,在搜集和鉴别材料方面下过很大工夫,但是只编出了初唐和盛唐部分。网罗比较全面和完备的是胡震亨《唐音统签》一千三十三卷和季振宜《唐诗》七百十七卷。《唐音统签》一书将诸家诗集按古、今诗体依类编排,集外佚

---

① 曹寅,字子清,号荔轩,又号楝亭,生于清顺治十五年,卒于康熙五十一年(1658—1712)。
② 胡震亨,字孝辕,号赤城山人,海盐人,生于明隆庆二年,顺治二年清兵南下死于避难途中(1568—1645)。
③ 季振宜,字诜兮,号沧苇,扬州泰兴人,生于明崇祯三年,卒于康熙十三年(1630—1674)。

诗、佚句则附在卷末并注明出处,还广泛搜集材料为作者立传。季振宜《唐诗》是在钱谦益[①]稿本的基础上纂辑成书。钱稿以《唐诗纪事》为依据,编次力排严羽《诗话》、高棅《唐诗品汇》的方法,不分初、盛、中、晚,也反对区分正宗、羽翼,一律以时代先后为序。《全唐诗》大体依照季振宜《唐诗》的编排次序编定,中唐、晚唐部分用胡震亨《唐音统签》加以增补,删去了篇末章咒四卷,偈颂二十四卷。

《全唐诗》有二十一条凡例,说明了编辑体例,主要是:不用初盛中晚的传统分法,作者按时代先后为次;有正集的各自成卷,作品少的另编或附入他人集内;每集前有诗人小传;无爵里、世次可考的另编,释、道、外国、名媛、仙、鬼也各自另编;郊庙乐章及乐府诗集汇编为一集;词另编;诗前小传略叙其人历官始末。

《全唐诗》以皇帝、后妃、宗室诸王的诗列在前面,有官爵的则"以登第之年为主,未曾登第及虽登第而无考者,以入仕之年为主。处士则以其卒岁为主,若更无卒岁可考,则就其赠答唱和之人先后附入,其他或同赋一体,或同应省试,并以类相从"。

《全唐诗》卷帙浩繁,它搜罗了唐代三百年间的诗集或单篇诗歌,并且作了校勘,在各种唐诗汇辑本中是最完备的,后人又在此基础上作过一些补遗。日本人上毛河世宁收罗旧籍,兼采《千载佳句》、《文镜秘府论》等书,成《全唐诗逸》三卷,补一百二十多家诗,鲍廷博刻入《知不足斋丛书》。近代王重民《补全唐诗》,据敦煌遗书补诗一百零四首,孙望《全唐诗补逸》二十卷,收八百三十首。

唐诗选集的编纂是当时文坛上的唐宋诗之争的具体反映。

[①] 钱谦益,字受之,号牧斋,常熟人,生于明万历十年,卒于清康熙三年(1582—1664)。《清史稿》卷四百八十四有传。

王士禛①所编有《唐贤三昧集》三卷和《唐人万首绝句选》七卷。王士禛论诗本司空图、严羽之说,创为神韵一派,《唐贤三昧集》所选作品,以王维、孟浩然为主,追求清远、闲淡的意境。序言中称:"严沧浪论诗云:盛唐诸人唯在兴趣,羚羊挂角,无迹可求,透彻玲珑,不可凑拍,如空中之音,相中之色,水中之月,镜中之象,言有尽而意无穷。司空表圣论诗亦云:味在酸碱之外。康熙戊辰春杪,自京师居宝翰堂,日取开元天宝诸公篇什读之,于二家之言,别有会心,录其尤隽永超诣者,自王右丞而下四十二人,为《唐贤三昧集》,厘为三卷。"可见他的选诗准则以及推崇盛唐诗的态度。这种神韵妙悟之说,当时使王士禛声誉日隆,成为一时诗坛盟主。《唐人万首绝句选》从宋代洪迈所编《万首唐人绝句》中选取能够表现神韵特色的部分编成。

另一位诗人朱彝尊②,也是崇唐抑宋的,他辑有《明诗综》一百卷,《词综》三十四卷。朱彝尊曾参与纂修《明史》,著有《曝书亭集》、《经义考》、《日下旧闻》等。

蘅塘退士孙洙③所编的《唐诗三百首》,成书于乾隆二十九年(公元 1764 年),是二百余年来流传最广的一种唐诗选本。孙洙在任江宁府学教授期间,感到当时的启蒙读本《千家诗》"工拙莫辨",于是选"唐诗中脍炙人口之作",共三百余首,作为家塾课本。编选的目的是为了指示学诗门径,内容为学童和一般读者所易于理解,乐于欣赏,音节和谐,易于成诵,从文艺观点来说,则与当时诗坛上

---

① 王士禛,字贻上,号阮亭,又号渔洋山人,新城(今山东桓台)人,生于明崇祯七年,卒于清康熙五十年(1634—1711)。《清史稿》卷二百六十六有传。

② 朱彝尊,字锡鬯,号竹垞,秀水(今浙江嘉兴)人,生于明崇祯二年,卒于清康熙四十八年(1629—1709)。

③ 孙洙,字临西,号蘅塘,江苏无锡人,生于清康熙五十年,卒于乾隆四十三年(1711—1778)。

唐宋诗之争紧密地联系着，孙洙兼取王士禛的《古诗选》、《唐贤三昧集》、《唐人万首绝句选》和沈德潜的《唐诗别裁》为主，参考其他唐诗选本编成。初唐诗选得不多，集中选盛唐诗，这书是唐诗派的一个普及选本，而《千家诗》则是一个带有浓厚宋诗色彩的选本。

清初宋诗派中，查慎行积一生精力补注《苏诗》五十卷，是一个比较完备的苏轼诗集注本。厉鹗有《宋诗纪事》一百卷，也是一部博洽详赡，为士林所重的书。

乾嘉时代流传较广，颇有影响的则是沈德潜[1]编选的《古诗源》、《唐诗别裁》、《清诗别裁》等。在《清诗别裁》凡例中，沈德潜提出："诗必原本性情，关乎人伦日用及古今成败兴坏之故者方为可存，所谓其言有物也。若一无关系，徒辨浮华，又或叫号撞搪以出之，非风人之指矣。尤有甚者，动作温柔乡语，如王次回《疑雨集》之类，最足害人心术，一概不存。"在风格方面，他强调温柔敦厚，说："唐诗蕴藉，宋诗发露。蕴藉则韵流言出，发露则音尽言中。愚未尝贬斥宋诗，而趋向归在唐诗，故所选风调音节，俱近唐贤，从所尚也。"

《古诗源》收唐以前诗七百余首，共十四卷，除《诗经》、《楚辞》外，著名诗篇大都选录在内，而且从一些古籍中辑录了不少民歌谣谚。沈德潜晚年在门人陈明善的协助下，还编了一部《宋金三家诗选》，收苏轼、陆游、元好问诗五百二十余首。他认为诗到唐为极盛时代，宋元以下则"流于卑靡"，精神面貌可嗣唐正轨者，不过这三家而已，所以辑为一集，采择较严。

---

[1] 沈德潜，字确士，号归愚，江南长洲（今江苏苏州）人，生于清康熙十二年，卒于乾隆三十四年(1673—1769)。

古文选本

清代选文注意到文体的归纳,首先分门然后系类,以免列类繁琐。康熙时,储欣纂集《唐宋八大家类选》,分六门三十类:奏疏第一(书、疏、劄子、状、表、四六表),论著第二(原、论、议、辨、解、说、题、策),书状第三(启、状、书),序记第四(序、引、记),传志第五(传、碑、志、铭、墓表),词章第六(箴、铭、哀辞、祭文、赋)。

乾嘉时期,桐城派的文学理论和古文运动应运而生,姚鼐①所编《古文辞类纂》七十五卷,流传很广。姚鼐论文强调义理、考证、文章三者兼备,此书依文体分为十三类:论辨、序跋、奏议、书说、赠序、诏令、传状、碑志、杂记、箴铭、颂赞、辞赋、哀祭,根据文体的渊源流变和文体的特征、性质,重新作了整理归类。所选文章自秦汉至方苞、刘大櫆,体例统一,取舍严谨。序目中说到编纂宗旨,"扬州少年或从问古文法,夫文无所谓古今也,惟其当而已。得其当则六经至于今,其为道也一。知其所以当,则于古虽远而于今取法如衣食之不可释;而不知其所以当,而敝弃于时,则存一家之言,以资来者虽有俟焉。于是以所闻习者,编次论说为《古文辞类纂》。"

与桐城派古文运动同时,与之议论相反的,是李兆洛②所编的

---

① 姚鼐,字姬传,桐城(今安徽桐城)人,生于清雍正九年,卒于嘉庆二十年(1731—1815),《清史稿》卷四百八十五有传。

② 李兆洛,武进人,生于清乾隆三十四年,卒于道光二十一年(1769—1841)。《清史稿》卷四百八十六有传。

《骈体文钞》三十一卷。在书序中说:"自秦迄隋,其体递变,而文无异名。自唐以来始有古文之目,而目六朝之文为骈俪。而为其学者,亦自以为与古文殊路。……文之体至六代而其变尽矣,沿其流极而溯之,以至其源,则其所出者一也。"就是针对桐城派的。李兆洛认为,骈散应合而为一,《骈体文钞》成书于嘉庆二十五年(公元1820年),将文体划分为庙堂之制、奏进之篇,指事述意之作,缘情托兴之作三大门,然后系以各体,共收晚周至隋文章七百七十四篇。此书所选文章多,考辨源流,成为有名的选本。

普及的古文选本,著名的有吴乘权[①]选录的《古文观止》,所选以散文为主,包括从先秦到明朝的文章二百二十二篇,先秦选得最多的是《左传》,汉代选得最多的是《史记》,唐宋选得最多的是韩、柳、欧、苏的文章,主要是便于科举考试作策论用,即使是游记也选带议论性的文章。"观止",本于《左传·襄公二十九年》吴季札观乐时的一句话,意思是说听了这些音乐就不必再听别的了,这里借用来说明所选的是最好的古文。

清代辑佚书,除了编《四库全书》时由《永乐大典》所辑出的以外,凡是《汉书·艺文志》和《隋书·经籍志》所著录的,都从唐宋以来的类书以及历代经籍注疏中辑出多种。主要有严可均《全上古三代秦汉三国六朝文》七百四十六卷,马国翰《玉函山房辑佚书》七百六十卷六百三十二种,王谟《汉魏遗书钞》一百零八种,以及黄奭《逸书考》、洪颐煊《经典集林》、孔森《通德遗书所见录》、袁钧《郑氏逸书》、任大椿《小学钩沉》等。

嘉庆十三年开全唐文馆,严可均[②]不在馆,他发奋开始收集唐

---

① 吴乘权,字楚材,浙江山阴人。
② 严可均,字景文,号铁樵,浙江乌程(今湖州)人,生于清乾隆二十七年,卒于道光二十三年(1762—1843),《清史稿》卷四百八十二有传。

代以前的文章，用了二十多年时间，于道光十四年（公元1834年）编成《全上古三代秦汉三国六朝文》十五集，收有二千四百余人的作品，其中上古三代十六卷，秦一卷，汉六十三卷，后汉一百零六卷，三国七十五卷，晋一百六十七卷，宋六十四卷，齐二十六卷，梁七十四卷，陈十八卷，后魏六十卷，北齐十卷，后周二十四卷，隋三十六卷，先唐文一卷，附不知朝代者五十四人于书末。全书照《全唐文》体例，不载诗，所收文章按朝代编次，文章较多的作者，按文体分类。自序称："唐之文盛矣哉，唐以前要当有总集。斯事体大，是不才之责也。""广收三分书与夫收藏家秘籍，金石文字，远而九译，旁及释道鬼神，起上古迄隋，鸿裁巨制，片言单辞，网弗综录。"严可均充分利用前人编纂的文集，如梅鼎祚《历代文纪》、张溥《汉魏六朝百三家集》等书，但是他作了详密的考订，而且为每一作者写了小传。

关于金石学方面的资料汇编，王昶所纂《金石萃编》一百六十卷是继承宋代洪适《隶释》、《隶续》统绪，规模空前的一部集大成的书。编者用了一生的精力，收集了从先秦到辽、金的金石文字资料，以石刻为主，每件在标题之下详记形制、尺寸及所在地点，然后是录文，录文凡篆、隶文字，都"摹其点画，加以训释"，题额、碑阴、碑侧的文字也都加以著录，然后列举有关论述包括王昶本人的按语。

毕沅与阮元

在清代学术史上，有一批官僚、学者一身二任的人物，乾隆时先后督抚陕甘、河南、湖广的毕沅①是其中之一。毕沅勤于治学，博通经史，他延揽学者名流，形成了以"人才幕府"为特征的学术团体，数十年间校勘、辑佚、撰述了不少书籍。

毕沅传世的著作，刊行二十余种，大都收在他辑印的《经训堂丛书》里。他对经学的注意力，放在文字、音韵、训诂之学。对诸子也有很大兴趣，如《墨子集注》，"遍览唐宋类书、古今传注所引，正其讹谬，又以知闻疏通其惑。"《老子道德经考异》，"所见《老子》注本不下百余种，其佳者数十本，唯唐傅奕多古字古言，为世所希传，故就其本互加参校。间有不合于古者，则折衷众说，以定所是。"毕沅注重古籍版本，校正《吕氏春秋》、考注《夏小正》，都广为收罗，参见各家，明其异同，择善从之。在地理之学方面，校注《山海经》，以后又辑佚书《晋书地道记》及不知名撰者的《晋太康三年地志》两书，在这基础上，对《晋书·地理志》作了补证。此外还收集到宋代宋敏求的《长安志》，整理校订，重刊问世。

毕沅及其幕府最主要的成就，是编纂《续资治通鉴》。清代初年，徐乾学编有《资治通鉴后编》，由万斯同、胡渭、阎若璩等人排比

---

① 毕沅，字秋帆，一字纕蘅，江南镇洋(今江苏太仓)人，生于清雍正八年，卒于嘉庆二年，(1730—1797)，《清史稿》卷三百二十二有传。

正史成书。毕沅有志于续书，约集幕府宾客重加修订，成书二百二十卷。当时正在纂修《四库全书》，宋元时代的佚书陆续从《永乐大典》中辑出多种，如李焘《续资治通鉴长编》、李心传《建炎以来系年要录》等，见闻比前人为广，而且幕府学者云集，章学诚等参与商定义例，王昶[①]与之讨论著书宗旨，邵晋涵、孙星衍协助校订，钱大昕、瞿中溶复勘全书，洪亮吉通释地理，所以这部书成为诸家续鉴中最好的一种。其不同于《资治通鉴》之处，是直录旧史之文，唯有剪裁取舍而无改写之笔，唯有叙事而无评论。全书分为宋纪一百八十二卷，元纪三十八卷，并撰《考异》附在正文之下，以辨正史实之虚实和史料之真伪。邵晋涵、章学诚还建议定名为《宋元事鉴》，毕沅主张明确续书之旨，称《续资治通鉴》，认为书之优劣不在名目异同，可以由后人作出评价，不必避"通鉴"之名。

关于体例方面，章学诚主张编纂通史，推崇郑樵《通志》，主张改造纪传、编年二体，而仿会要门目定著别录，"使人于编年之中，隐得纪传班部"。毕沅则认为是续书而不是改作，没有采纳这一意见。王昶主张史寓褒贬的"春秋"大义，毕沅也没有同意，而认为"据事直书，善恶自见"。作为本书的总纂，毕沅倾注了自己的心血，对纂修宗旨、体例，资料编排，以至书名，都反复商讨，一一确定。可见毕沅不仅治学严谨，还罗致学者，荟萃人才，在编纂方面也是很有眼光和见地的。

《续资治通鉴》原经邵晋涵最后阅定，据章学诚在去世前一年病中口授的邵与桐别传中讲到，经邵晋涵审定的稿本并没有刊行。毕沅生前只刻成一百零三卷，死后因家被籍没，书稿散乱，嘉庆六

[①] 王昶，字德甫，号述庵，人称兰泉先生，江苏青浦人，生于清雍正二年，卒于嘉庆十一年(1724—1806)。

年(公元1801年)桐乡冯集梧得到稿本,续刊一百一十七卷,始成全书。于是所刊是否邵晋涵订成本,成为一桩有争议的公案。冯集梧曾约请钱大昕[1]为本书写序,钱大昕以纪传编年之书只能由编者本人写序为由婉辞,并说:"今秋帆既未有序,身殁之后,先生得其遗稿续成之,大序但志刊刻始末,不言其撰述之旨,最为得体。"

先秦两汉古籍的注疏,以及《说文》、《尔雅》中保存了大量古代词汇的训解文字。到了清代,汉学兴起,吴派惠栋笃守汉人训诂,皖派戴震不专守汉人家法,但对汉唐旧注还是很重视的。这些旧注、训解散见各书,查找费时,戴震在四库全书馆时和安徽学政朱筠都曾有过把经籍中训诂和小学书中的字义汇为一编的想法。最后,是阮元[2]组织人力完成了《经籍纂诂》一书。

阮元历任封疆大吏,提倡汉学,督学浙江时编纂《经籍纂诂》,在江西刻过《十三经注疏》,在广东刻过《皇清经解》,在清代学术史上有其一定地位。此书纂辑经过,据钱大昕《经籍纂诂》序称,阮元"在馆阁日,与阳湖孙渊如、大兴朱少白、桐城马鲁陈相约分纂,钞撮群经,未及半而中辍"。乾隆六十年(公元1795年),调任浙江学政不久,开始编纂,嘉庆二年正月二十二日集诸生于崇文书院分修,三年八月成一百十六卷(包括其中卷帙繁多,分为上下者),四年十二月刻成。其编纂方法为"分籍纂训,以韵归字",先由何兰汀、朱为弼等三十三人分头摘抄有关古籍正文和传注中的注释文字,如《易·乾》子夏传的:"元,始也",《论语》郑氏注:"恂恂,恭顺

---

[1] 钱大昕,字晓征,一字辛楣,号竹汀,江苏嘉定人,生于清雍正六年,卒于嘉庆九年(1728—1804),《清史稿》卷四百八十一有传。

[2] 阮元,字伯元,号芸台,江苏仪征人,生于清乾隆二十九年,卒于道光二十九年(1764—1849)。《清史稿》卷三百六十四有传。

貌"、"纯,读为缁"等等。《史记》等书引用古书的异文,如《尚书·尧典》"克明俊德",《史记·五帝纪》为"能明驯德"。古籍和汉碑中的假借字,也都作了抄录。然后按照《佩文韵府》排列次序,分别编入每一字之下,一字数音的按其音读分入各韵,并因字义不同各作解释。最后由臧庸主持定稿。这书收罗完备,除训解外并收例句,反映了当时学术研究的成果。对于僻奥难解的词句,汉代以来注家没有说清楚的,也旁征曲喻求得其本义的确解。

清代学者治音韵训诂之学卓有成就,其主要代表人物应属段玉裁①以及王念孙②、王引之③父子。他们都善于发凡起例,从纷繁的古书中探求"条例",以弄清古文字的音读训诂,订正古书中的错误。段玉裁为《说文解字》作注。王念孙撰《广雅疏证》,对张揖《广雅》一书进行校勘和训释,校正了隋代曹宪所作音释,改错讹五百八十字,补脱文四百九十字,删衍文三十九字,文字颠倒错乱一百三十二处等等,还广征博引阐释了《广雅》的内容。阮元说他"凡汉以前仓雅古训,皆搜括而通证之。谓训诂之旨本于声音,就古音以求古义,引申触类,扩充于《尔雅》、《说文》之外,似乎无所不达,然声音文字部分之严,则一丝不乱,此乃借张揖之书以纳诸说,实多张揖之所未及知者,而亦为惠氏定宇、戴氏东原所未及。"

王引之撰《经传释词》十卷、《经传述闻》三十二卷。《经传释词》取材于九经三传及西汉时古书中的虚词,穷源竟委,参校异同,解说其意义及作用。它与康熙年间刘淇所编《助字辨略》相比,内

---

① 段玉裁,字若膺,江苏金坛人,生于清雍正十三年,卒于嘉庆二十年(1735—1815),《清史稿》卷四百八十一有传。

② 王念孙,字怀祖,号石臞,江苏高邮人,生于清乾隆九年,卒于道光十二年(1744—1832),《清史稿》卷四百八十一有传。

③ 王引之,字伯申,生于清乾隆三十一年,卒于道光十四年(1766—1834),《清史稿》卷四百八十一有传。

容更加丰富,体例也更为统一。对于所收的每一个字,先说明用法,然后引书证明,再加以解释。引用其父王念孙的说法,则加"家大人曰"如何。唯取材范围有限,"易晓者则略而不论",故所收只有一百六十个字。阮元在序中说他积二十年之功才撰就此书。《经义述闻》也是研究古书中音韵训诂并订正其脱讹的,以述其父念孙之说而名。

阮元治学途经,主张通过音韵训诂弄清古书的意义,但是他和段玉裁、王念孙父子不谈"义理"的做法不同,而是把音训看做寻求"义理"的门径,"门径苟误,跬步皆歧,安能升堂入室乎?或者但求名物,不论圣道,又若终年寝馈于门庑之间,无复知有堂室矣。"

《四库全书》

《四库全书》是清代乾隆年间官修的一部规模庞大的丛书,完成于1782年。历代封建王朝收藏的秘府典籍,往往由于朝代的更替而亡佚,唯独这部收罗我国古代典籍最为丰富的《四库全书》,先后曾抄录了七份副本,两百年来,虽然历经变乱,遭到很大损失,却仍有完整的保存。

纂修《四库全书》,被称为有清一代的"文治"盛举。乾隆三十七年(公元1772年)正式开馆纂修,集中了大批人力物力,历时十年,始告完成。根据《四库全书总目》著录,收入《四库全书》的有三千四百六十一种书,共七万九千三百零九卷;存目的有六千七百九十三种书,九万三千五百五十一卷。可以说,乾隆以前中国古代的重要书籍,基本上都包括在内,元代以前的书籍更为完备。这一万多种书籍,按照古代传统的经史子集四部分类办法作了系统的编排,每一种书都写了提要,论述"各书大旨及著作源流"、"列作者之爵里"、"考本书之得失",以及"文字增删,篇帙分合"的辨订等等。这是这次大规模整理古籍的一项主要成果。

当然,也不能不看到,《四库全书》是乾隆皇帝钦定的书,他不仅为了"稽古右文",重视学术文化,以粉饰太平,同时也为了统一思想,实行文化专制,即所谓"寓禁于征"。凡是思想内容对于封建统治者不利,或者他们认为价值不高的书籍,则不予收录。明末清初的大批稗官野史以及其他书籍,还以"诋触"、"违碍"、"谬于是非"等罪名,遭到查禁销毁,或者窜改,以至面目全非。据姚觐元《禁书总目》统计,约共两千余种,实际恐不止于此。应该承认,《四库全书》的编纂,既整理和保存了大批文献资料,同时也是封建统治者用以摧残文化的措施。查禁书籍的事,历代多有,于清为烈。清代开国以来,康、雍、乾三朝屡兴文字狱,同时又开博学鸿儒科,广求遗书,表彰理学,编纂书籍,校勘十三经和廿一史等等,目的都是为了统一言论和思想所实施的文化政策。禁书不是从《四库全书》开始,但是通过编纂《四库全书》,确实使禁书的范围扩大化了。

从学术思潮的影响来看,乾隆时代汉学勃兴,校勘之学、辑佚之风披靡一时,唐宋以来官修的各种类书,已不能适应要求。乾隆三十七年下诏求书,就讲到康熙年间纂修的《古今图书集成》一书,"引用诸编,率属因类取裁,势不能悉载原文,使阅者沿流溯源,一一征其来处。"安徽学政朱筠提出开馆校书的四项建议,其一就是从明代纂修的《永乐大典》中辑出佚书。《永乐大典》收集了许多世所少见的古书,按书名或篇名的韵目分编,乾隆皇帝认为它割裂原文,不出类书窠臼,要求按经史子集四部校辑成书,汇为一编,并定名为《四库全书》。可见,《四库全书》的纂修,是从校办《永乐大典》开始的。

从《永乐大典》辑出的书,收入《四库全书》的有三百八十五种,四千九百二十六卷,存目的一百二十七种。这些书大都是失传已久的佚书,以史籍为例,邵晋涵[①]所辑出的薛居正《旧五代史》一百五十卷,就列为正史。又如汉代刘珍等人编撰的《东观汉纪》,辑出二十四卷;李焘的《续资治通鉴长编》,辑出了五百二十卷,等等。

---

① 邵晋涵,字与桐,号二云,余姚人,生于清乾隆八年,卒于嘉庆元年(1743—1796),《清史稿》卷四百八十一有传。今人黄云眉撰《邵二云先生年谱》,见《史学杂稿订存》。

邵晋涵所辑《旧五代史》，为了恢复原书本来面目，不擅自变动原书的体例，曾定了十五条凡例。如梁、唐、晋、汉、周断代为书，如陈寿《三国志》之体，他仍按时代分编，以还其旧。《永乐大典》按韵目求字，割裂原书，邵晋涵则就《玉海》辨其篇第，只就《永乐大典》辑其佚文，并注明卷数和页码，残缺者采《册府元龟》、《太平御览》、《资治通鉴》、《五代会要》等书补充，也注明了出处。但是，作为正史刊行时，因各史俱无此例，这些附注都被删去了。

抄辑《永乐大典》，以周永年①出力最多。周永年首创"儒藏说"，主张把儒家典籍荟集为一套丛书，以免散失，《四库全书》可以说是这一主张的具体体现。《四库全书》编成以后，辑佚风气盛行，陆续抄出许多佚书，使不少古籍赖以恢复本来面目。

除了自《永乐大典》辑佚以外，《四库全书》还收入了内廷藏书，即所谓"内府本"三百余种，清代开国以来官修诸书二百余种，其他，则为各省采进本、私人进献本及通行本。私人献书抄录副本后将原书发还，献书最多的如浙江鲍士恭、范懋柱、汪启淑，江苏马裕四家，各赏《古今图书集成》一部；献书一百种以上的，各赏《佩文韵府》一部。

《四库全书》收录的标准，概括说来有以下几种：

一、应刻之书，即"择其中罕见之书，有益于世道人心者，寿之梨枣，以广流传。"这些书除了收入《四库全书》以外，还要用活字版刊行。据不完全统计，"钦定"的"武英殿聚珍版"有一百三十余种。

二、应抄之书，所谓"有裨实用之书"，"选派誊录，汇缮成编，陈之册府"。即收入《四库全书》之内。

三、存目之书，虽关系世道人心，有裨实用，而其中"有俚浅讹

———————
① 周永年，字书昌，历城（今山东济南）人，《清史稿》卷四百八十一有传。

谬"之言，仅存其名于总目。既不抄录又不存目的是些什么书呢？有的内容有违碍之处，有的则是因人废言，释道二教的经谶章咒，以及倚声填调、剧词小曲也都排斥在外。

《四库全书》的编次，虽说沿袭传统的经史子集四部，但是分类和子目都比过去详尽，经部十类，史部十五类，子部十四类，集部五类，每类之前有小序，子目之后有按语，扼要地说明这一类书的源流，以及分这一类目的理由。对于有些书的归类，经过研究作了变更或调整。这就使得浩如烟海的古籍有了一个系统而完整的体系，时至今日，仍可作为检索古籍所使用的一种方便的工具。

在校勘工作方面，《四库全书》也吸收了历代的研究成果。自汉代刘向父子校理群书以来，历代都有校勘书籍之事，但大都是考证文字异同，著录分类而已。《四库全书》总纂纪晓岚[①]，参加纂修、校勘的如戴震、邵晋涵、周永年、姚鼐等人，都是学有专长的知名之士，而纪晓岚博学多识，编纂《四库全书》始终其事，全书体例是他一手所定。

《四库全书》纂修之初，乾隆皇帝即命令仿照宁波范氏天一阁建筑的式样，建造了四座藏书阁，以备储存此书之用。这就是大内的文渊阁，盛京的文溯阁，圆明园的文源阁，承德避暑山庄的文津阁。以后又再缮录了三部，分别贮藏在扬州的文汇阁，镇江的文宗阁，杭州的文澜阁。各阁所藏均为钞本，整齐划一，插架美观。

《四库全书》入藏后，又多次重加校勘，发现错误，随时改正。过去有人认为，书中有错漏及空白页，是编书和缮录草率所致。孟森《选印四库全书评议》一文讲到：章椿柏（章太炎之兄）曾对他说，

---

① 纪昀，字晓岚，一字春帆，直隶献县人，今沧县崔尔庄有故居遗址，生于清雍正二年，卒于嘉庆十年(1724—1805)，《清史稿》卷三百二十有传。

文澜阁补钞之时，见书中误字常在首页首字，这是因为馆臣缮本进呈之时，故意留在一定处所的，以便皇帝指出，表示"天纵圣明"，万一皇帝未指出来，馆臣也不敢再改了。这种情况可能有，但是有许多事例说明，乾隆皇帝对于书中错漏之处，要求还是很严格的，有了错字要罚俸，有的还要赔补。以文津阁书为例，乾隆五十二年五月在避暑山庄偶然发现了书中有错谬之处，随即命令随行人员重加校勘更正，另派在京大小官员二百多名，除年老的大学士不派以外，分别校阅文渊、文源二阁之书，每人每天两函，限期两月完成。校出一二错字者随时挖改，"如有语句违碍，错乱简编，及误写庙讳，并缮写荒谬，错乱过多，应行换五页以上者，再随报进呈。"这次校阅的结果，发现了李清《诸史同异录》一书中说顺治和崇祯有四事相同，指为悖谬。因而从《四库全书》中抽换销毁了十一种书，以备抄之书补入。乾隆五十三年又复查文津阁书，由纪晓岚率领一批校勘人员前往避暑山庄，"查出誊写错落、字句偏谬各书六十一部，漏写《永乐大典》书三部，坊本抵换者一部，漏写遗书八部，缮写未全者三部，坊本抵换者四部，排架颠倒书四十六部，匣面错刻漏刻及书签误写者共三十部。其遗漏抵换诸书，请交武英殿、翰林院处查寻底本，俟回京赔写；其应换刻匣面，俟赔写书完后，仍赴热河，携带工料，亲自监阅抽改。"

但是，校书如扫落叶，错误难以尽除。乾隆五十六年七月，又发现文津阁书《扬子法言》卷一首篇有空白两行，经核对，是将晋、唐及宋人注释者名氏漏写了，其他书内也发现一二错字，便对总纂纪晓岚、陆锡熊大加申斥。乾隆五十七年，陆锡熊又被派往盛京重校文溯阁书，纪晓岚则复勘文津阁书。复查结果，文津阁书仅经部即又签出空白舛误一千余条。经过这三次复校，乾隆五十九年春又发现文源阁书《盐铁论》缺写卷末杂论一篇时，调取文津阁书查对,发现每卷首叶漏写"明张之象注"一行,于是乾隆皇帝也说:"保无鲁鱼潜犹伏,譬芳尘埃扫又生"。比较起来,文溯阁书陆锡熊[①]仅仅校了四分之一,便"病以寒卒"了。文渊、文源二阁书复校时签出错误较少,文津阁书屡经纪晓岚勘校,改正了许多错误,都已另外缮写抽换。乾隆皇帝归政后,住在热河行宫,经常翻阅,遇有错误随时缮改。过去有人认为文津阁书错误很多,其实发现的错误既已改正。所以,文津阁书应该说是经过校勘的善本。

文津阁书于民国四年(公元 1915 年)由当时北洋政府内务部运到北京,先庋藏在古物保存所,后拨交京师图书馆收藏。京师图书馆原在方家胡同,1929 年新馆建成(即后来的北京图书馆),因收藏文津阁书的缘故,所在街道也定名为文津街。

文渊阁书在 1933 年随古物南迁运到上海,以后又迁到重庆,现存台北。

文溯阁书 1914 年运存北京,1925 年运回沈阳,现存甘肃省图书馆。

文源阁书 1860 年英法联军纵火焚烧圆明园时全毁。

文宗阁书和文汇阁书,均于 1853—1854 年太平天国起义期间在战火中焚毁。文澜阁书当时也已散失,1880 年重建文澜阁后,已陆续收集钞补齐全。

[①] 陆锡熊,字健南,上海人,《清史稿》卷三百二十附纪昀传。

大 事 年 表

公元前 13—11 世纪		殷墟甲骨卜辞。
前 841	西周共和元年	《史记·十二诸侯年表》始于本年。
前 799—前 766	宋戴公时	正考父校《商颂》十二篇于周太师。
前 722	鲁隐公元年	《春秋》记载始于本年。
前 540	鲁昭公二年	晋韩宣子聘鲁,观书于太史氏,见《易象》与鲁《春秋》。
前 479	鲁哀公十六年	孔子卒
前 239	秦王政八年	吕不韦使宾客人人著所闻,成《吕氏春秋》。
前 217	秦始皇三十年	睡虎地秦墓竹简随葬于本年。
前 212	秦始皇三十五年	李斯奏请史官非秦纪皆烧之,非博士官所职,天下敢有藏《诗》、《书》、百家语

			者,悉诣守卫杂烧之。所不去者医药、卜筮、种树之书。
前 168	西汉	文帝十二年	马王堆汉墓帛书、竹简随葬于本年。
前 165		文帝十五年	阜阳双古堆汉墓竹简随葬于本年。
前 141 以前		景帝末年	鲁恭王刘余在孔子故宅发现壁中藏书。
前 140—前 118		武帝初年	临沂银雀山汉墓竹简随葬,大致在这几年间。
前 139		建元元年	刘安献《淮南子》于朝。
前 91		延和二年	司马迁论次先人旧闻,作《太史公书》百三十篇。
前 51		甘露三年	汉宣帝诏诸儒讲五经同异于石渠阁。
前 26		河平三年	刘向校中秘书。
8	新	始建国元年	王莽颁《符命》四十二篇。
18		天凤五年	扬雄卒。
56	东汉	中元元年	光武帝颁图谶于天下。
62		永平五年	班固任兰台令史,撰

			本朝史事。
79		建初四年	汉章帝诏令诸儒会白虎观讲论五经同异。
83		建初八年	班固撰《汉书》。
88		章和二年	王充撰《论衡》。
100		永元十二年	许慎撰《说文解字》。
105		元兴元年	蔡伦奏上所造纸。
110		永初四年	刘珍等校书东观。
136		永和元年	伏无忌等校书东观。
175		熹平四年	蔡邕等奏请正定五经文字，刻石立于洛阳太学门外。
194		兴平元年	应劭撰《风俗通》。
200		建安五年	荀悦撰《汉纪》。
241	曹魏	正始二年	以古文、篆、隶三体刻《尚书》、《春秋》、《左氏传》石经，立洛阳太学门外。
249		正始十年	何晏、王弼卒。
277	西晋	咸宁三年	向秀卒。
279		咸宁五年	汲冢竹书出土。
284		太康五年	杜预卒。
297		元康七年	陈寿卒。
312		永嘉六年	郭象卒。
320	东晋	太兴三年	孔衍卒。

324		太宁二年	郭璞卒。
404		元兴三年	桓玄下令废竹简,代之以纸。
429	刘宋	元嘉六年	裴松之注《三国志》。
444		元嘉二十一年	刘义庆卒。
445		元嘉二十二年	范晔卒。
487	南齐	永明五年	沈约撰《宋书》。
516	梁	天监十五年	徐勉等编纂《华林遍略》。
522	北魏	正光三年	崔鸿撰《十六国春秋》。
527		孝昌三年	郦道元卒。
531	梁	中大通三年	昭明太子萧统卒。
532		中大通四年	刘勰卒。
536		大同二年	陶弘景卒。
537		大同三年	萧子显卒。
551	北齐	天保二年	魏收撰《魏书》。
572		武平三年	祖珽等编纂《修文殿御览》。
583	陈	至德三年	陆德明撰《经典释文》。
621	唐	武德四年	令狐德棻奏请修梁、陈、北齐、北周、隋五代史。
622		武德五年	欧阳询修《艺文类聚》。

629	贞观三年	设史馆重修五代史,魏徵总知其务。
631	贞观五年	颜师古考定五经文字。
638	贞观十二年	高士廉上《氏族志》。
640	贞观十四年	魏徵撰《类礼》。
641	贞观十五年	于志宁、李淳风等续修五代史志,后编入《隋书》。
642	贞观十六年	魏王李泰上《括地志》。
643	贞观十七年	李延寿撰《北史》。
646	贞观二十年	唐太宗诏修《晋书》。
652	永徽三年	颜扬庭上其父颜师古《匡谬正俗》。
653	永徽四年	颁孔颖达《五经正义》于天下,每年明经令依此考试。
656	显庆元年	许敬宗、李义府编纂《东殿新书》。
661	龙朔元年	李善注《文选》。
664	麟德元年	玄奘卒
668	总章元年	释道世编纂《法苑珠林》。
676	仪凤元年	李贤上所注《后汉书》。

680	永隆元年	李淳风注释五曹、孙子等十部算经。
710	景龙四年	刘知几撰《史通》。
714	开元二年	柳冲等刊定《大唐姓族系录》。
720	开元八年	吴兢上《贞观政要》。
727	开元十五年	徐坚撰《初学记》。
732	开元二十年	徐坚、李锐等撰《大唐开元礼》。
739	开元二十七年	张九龄等撰《唐六典》。
743	天宝二年	石台孝经刻石。
746	天宝五年	李翰撰《蒙求》。
760	乾元三年	元结编《箧中集》。
762	宝应元年	王冰编定《素问》。
777	大历十二年	颜真卿撰《韵海镜原》。
801	贞元十七年	贾耽撰《贞元十道录》。
803	贞元十九年	杜佑撰《通典》。
813	元和八年	李吉甫撰《元和郡县图志》。
837	开成二年	郑覃进石壁九经一百六十卷。
868	咸通九年	王玠刻印卷子本《金刚经》。

932	后唐	长兴三年	冯道奏请依石经文字刻九经印板。
940	后蜀	广政三年	赵崇祚编《花间集》。
945	后晋	开运二年	刘昫撰《唐书》(即《旧唐书》)。
961	北宋	建隆二年	王溥撰《唐会要》、《五代会要》。
963		乾德元年	窦仪撰《重详定刑统》颁行(即《宋刑统》)。
967		乾德五年	范旻上其父范质撰《五代通录》。
971		开宝四年	刊印《大藏经》。
973		开宝六年	薛居正监修梁唐晋汉周书(即《旧五代史》)。
977		太平兴国二年	李昉等撰修《太平御览》、《太平广记》、《文苑英华》。
986		雍熙三年	徐铉等校定《说文解字》,国子监刊印。
987		雍熙四年	乐史撰《太平寰宇记》。
988		端拱元年	校正刊印孔颖达《五经正义》。
994		淳化五年	诏选官分校《史记》、

		《汉书》、《后汉书》三史,并刊印。
998—1022	宋真宗时	陈彭年重修《广韵》。
1005	景德二年	撰修《册府元龟》。
1008	大中祥符初年	命戚伦、陈尧佐等人校修《道藏》。
1035	景祐二年	校正医书局设立。编《崇文总目》。
1041—1048	庆历年间	毕昇发明泥活字。
1045	庆历五年	开设书局,改撰《唐书》。
1053	皇祐五年	欧阳修撰《五代史记》。
1061	嘉祐六年	校印宋、齐、梁、陈、魏、北齐、北周七史。
1066	治平三年	司马光受诏修史,后赐名《资治通鉴》。
1070	熙宁三年	宋绶、宋敏求辑《唐大诏令集》。
1075	熙宁八年	王存等撰《元丰九域志》。颁王安石《三经义》于学官。
1078—1085	元丰年间	颁印《武经七书》。
1094	绍圣元年	除王安石《字说》之禁。
1118	至和元年	薛昂奏编王安石遗

文。

1135	南宋	绍兴五年	胡安国撰《春秋传》。
1136		绍兴六年	朱震撰《周易集传》（即《汉上易传》）。
1162		绍兴三十二年	郑樵卒。
1168		乾道四年	朱熹编《程氏遗书》。
1172		乾道八年	朱熹编《资治通鉴纲目》、《八朝名臣言行录》。
1173		乾道九年	朱熹撰《伊洛渊源录》、袁枢撰《通鉴纪事本末》。
1175		淳熙二年	朱熹、吕祖谦合编《近思录》。
1183		淳熙十年	李焘撰《续资治通鉴长编》。
1195		庆元元年	朱熹纂《楚辞集注》。
1202		嘉泰二年	俞鼎孙、俞经同编《儒学警悟》。
1204		嘉泰四年	杨万里撰《诚斋易传》。
1211		嘉定四年	徐天麟撰《西汉会要》。
1221		嘉定十四年	王象之撰《舆地纪胜》。

1236	蒙古	太宗八年	耶律楚材奏在燕京、平阳设编修所、经籍所。
1273	元	至元十年	司农司编撰《农桑辑要》。
1281		至元十八年	郭守敬制定《授时历》。
1291		至元二十八年	《至元新格》颁行。
1303		大德七年	《大元一统志》成书。
1313		皇庆二年	王祯撰《农书》。
1323		至治三年	《大元通制》颁行。
1330		至顺元年	鲁明善撰《农桑衣食撮要》。
1331		至顺二年	虞集等纂修《皇朝经世大典》。
1343		至正三年	脱脱奏请设局修辽、宋、金三史。
1369	明	洪武二年	诏修《元史》，宋濂、王祎总裁。
1373		洪武六年	刘惟谦编定《大明律》。孔克表、刘基编《群经类要》。
1394		洪武二十七年	刘三吾等删定《孟子节文》。
1397		洪武三十年	刘寅撰《武经七书直解》。

1408	永乐六年	解缙等纂修《永乐大典》成书。
1414	永乐十二年	胡广等奉敕编《四书五经大全》、《性理大全》。
1461	天顺五年	李贤等重修《大明一统志》。
1497	弘治十年	李东阳等修《大明会典》。
1522—1566	嘉靖年间	洪楩编刊《清平山堂话本》。
1552	嘉靖三十一年	李时珍撰《本草纲目》。
1595	万历二十三年	朱载堉撰《乐律全书》。
1604	万历三十二年	陈邦瞻撰《宋史纪事本末》、《元史纪事本末》。
1621	天启元年	谈迁撰《国榷》。
1627	天启七年	徐光启撰《农政全书》。
1628	崇祯元年	张岱撰《石匮藏书》。
1636	崇祯九年	徐光启等编定《崇祯历书》。
1637	崇祯十年	宋应星撰《天工开物》。

1638		崇祯十一年	陈子龙等编《皇明经世文编》。
1639		崇祯十二年	顾炎武撰《天下郡国利病书》、《肇域志》。
1646	清	顺治三年	冯梦龙卒。
1672		康熙十一年	卫周祚建议各省纂修地方志。
1676		康熙十五年	黄宗羲撰《明儒学案》。
1682		康熙二十五年	顾炎武卒。
1684		康熙二十七年	修《清会典》。
1705		康熙四十四年	曹寅刻《全唐诗》。
1710		康熙四十九年	纂修《渊鉴类函》。张玉书、陈廷敬等纂修《康熙字典》。
1711		康熙五十年	张玉书等纂修《佩文韵府》。
1716		康熙五十五年	陈梦雷纂修《古今图书集成》。
1739		乾隆四年	《明史》刊印。
1740		乾隆五年	《大清律例》颁行。
1747		乾隆十二年	编纂"三通"。
1764		乾隆二十九年	孙洙编《唐诗三百首》。
1767		乾隆三十二年	纂修《历代通鉴辑览》。

1769	乾隆三十四年	沈德潜卒。
1782	乾隆四十七年	《四库全书》成书。
1791	乾隆五十六年	十三经刻石,存国子监。
1795	乾隆六十年	阮元纂《经籍纂诂》。
1796	嘉庆元年	王念孙纂《广雅疏证》。
1797	嘉庆二年	毕沅卒。
1798	嘉庆三年	王引之纂《经传释词》。
1834	道光十四年	严可均编《全上古三代秦汉三国六朝文》。

人名索引

B

白居易	17,140,145,172,222
班彪	82,84
班固	58,66,72,74,82-85,
	87,88,114,115,133,
	150,161,165,204,
	251,287,288
班昭	83,86
毕昇	18,19,293
毕沅	275,276,298

C

蔡沉	220
蔡伦	12-14,87,288
蔡邕	86-88,288
曹寅	268,297
长孙无忌	153,160,199
常璩	117,119
巢元方	135,136
陈邦瞻	237,296
陈梦雷	255,256,297
陈彭年	187,188,191,200,293
陈寿	112,113,200,282,288

程颢	217,220
程颐	217,220
褚少孙	72
崔浩	116,152
崔鸿	117,161,289

D

戴德	56,95,96
戴圣	56,95,96
啖助	150,151
道世	129,290
道宣	129,130
董仲舒	58,68,71,79
窦仪	179,292
杜佑	154-156,212-214,
	256,258,291
杜预	33,102,103,105,143,
	148,152,224,288
段玉裁	278,279

F

范成大	211
范宁	102,148
范钦	245

范晔	114,115,289		和峤	107-111
范祖禹	203-205		和凝	18
方回	223		洪迈	223,270
房玄龄	130,145,160,166		洪楩	227,296
冯道	173,291		胡三省	204,205
冯梦龙	227,228,245,297		胡渭	275
			胡震亨	245,268,269
			胡正言	20
G			扈蒙	185,186,200
干宝	104,124,161,162		皇甫谧	124,125,132,133
高棅	269		皇侃	102,148,190
高士廉	145,167,169,290		黄伯思	193
高似孙	198,211		黄昇	222
高诱	52,53		黄宗羲	238,252,253,264,265,297
高仲武	171,172		慧皎	129,130
葛洪	125		慧琳	131
宫崇	93			
谷应泰	239,266		**J**	
顾陶	171			
顾炎武	250,251,264,297		纪昀	283,285
顾元庆	245		季振宜	268,269
顾祖禹	251		贾耽	121,122,210,291
郭京	149		贾公彦	148,190
郭茂倩	221,222		贾逵	62,63,65,101
郭璞	102,111,288		揭傒斯	233
郭守敬	236,249,295		敬播	161
郭象	103,104,288			
			K	
H				
何承天	115		柯维骐	237
何去非	194		孔安国	21,61,64,68,102,105,148
何休	97,148			
何晏	102,288		孔颖达	14,147,148,160,190,

人名索引

	199,290,292
孔至约	135
孔　子	5,11,17,21,22,27-30,
	32-35,37-43,45,58,
	59,61,64,68,70,95,
	101,103,107,151,212,
	216,219,286,287

L

李百药	116,159
李　焘	206-208,276,281,294
李德林	157,159
李鼎祚	149,217
李　昉	185,186,292
李　翰	16,146,291
李吉甫	122,123,209,291
李　善	138,290
李时珍	248,296
李　泰	121,150,290
李心传	193,208,276
李延寿	159-163,200,290
李义府	160,168,290
李兆洛	272,273
李　贽	238
郦道元	120,289
林　宝	168
林　亿	194
凌濛初	228
令狐楚	171
令狐德棻	144,158-162,167,289
刘　安	51,52,287
刘　攽	203
刘　敞	140,203,216
刘　德	61-63,74
刘　恕	192,203,204,267
刘　熙	67
刘羲叟	197,204
刘　向	12,29,44,45,61,63,
	73-78,95,96,108,
	124-126,195,241,
	283,287
刘孝标	126
刘　勰	138,139,142,164,289
刘　歆	5,12,44,61,63,74,
	76-78,80,83,125
刘　昫	175,264,265,292
刘义庆	125,126,289
刘　昭	114,251
刘　珍	86-88,137,281,288
刘知几	145,148,155,158,159,
	161,164,165,168,
	254,291
柳　冲	168,291
鲁明善	231,295
陆　澄	119
陆德明	105,106,204,219,289
陆龟蒙	172,244
陆锡熊	284,285
吕不韦	49,51,70,286
吕　才	135,145,166,168
吕夏卿	197
吕祖谦	217,220,225,230,294
罗贯中	226

M

马端临	21,212-214,257,258
马 融	62,63,95,97,101,102
马 骕	266
马 续	83
毛 苌	62
毛 亨	62
毛 晋	245
梅鼎祚	274
梅膺祚	262
梅 赜	105

O

欧阳忞	209,210
欧阳修	175,186,190,193,195,
	197-201,216,221,293
欧阳玄	233,236
欧阳询	143-145,158,289

P

裴松之	113-116,126,142,
	162,289
裴 骃	114,150
裴子野	116
彭叔夏	186,187
普 济	183

Q

钱大昕	258,276,277
钱谦益	245,269
钱士升	237
钱惟演	187,188,200,221
潜说友	211
谯 周	88,112
屈 原	26,76
全元起	133
全祖望	253

R

任 昉	120
孺 悲	29,40
阮 元	275,277-279,298
芮挺章	171

S

僧 祐	128,129,139
邵晋涵	276,277,281-283
邵 雍	217,218
沈德潜	271,297
沈 括	18,19
沈 约	115-117,126,139,
	222,250,289
叔孙通	73
束 皙	109,110
司马彪	88,114
司马光	21,201-207,218,293
司马迁	4,5,11,20,26,31,36,
	44,47,50,52,68-72,
	82,88,92,165,212,
	239,287
司马谈	68
宋 濂	235,236,238,295

宋敏求	140,195,197,199,201,223,275,293	王念孙	19,278,279,298
宋 祁	175,191,197,198	王 溥	192,193,200,292
宋 绶	199,201,293	王 圻	242,257
宋应星	247,296	王钦若	183,187,188
苏天爵	225	王实甫	224
孙 奭	188,190	王士禛	269-271
孙 洙	192,270,271,297	王世贞	239,240
		王叔和	132
T		王 肃	101,102,105
		王惟俭	237
谈 迁	238,239,296	王象之	210,294
陶弘景	133,135,289	王 祎	235,295
陶宗仪	244	王引之	263,278,298
脱 脱	233,295	王 隐	115,126,161,162
		王应麟	189
W		王 祯	19,20,231,295
		王志庆	242
万斯同	253,264,265,275	王 洙	140,190,192,237
王安国	192	韦 毂	176
王安石	140,205,207,216,217,222,293	韦 述	159,175
		韦 昭	112,113
王 柏	220	卫 恒	109
王 弼	103-105,143,148,149,217,288	魏伯阳	93
		魏 澹	157,163
王 冰	134,135,291	魏 收	117,118,143,157,163,289
王 昶	274,276		
王 充	8,40,61-63,70,79-81,115,164,288	魏 徵	145,158-160,166,289,290
		毋昭裔	18,174
王 存	209,210,293	吴乘权	267,273
王 彖	134,135	吴 兢	159,165,168,175,291
王 鹗	234,235	吴 均	116
王夫之	251,252		
王鸿绪	265		

吴 淑	185,186,188,189		严 遵	92
吴 缜	199,200		阎若璩	275
X			颜师古	147,148,150,158, 160,290
向 秀	103,104,288		颜真卿	140,242,291
萧 统	15,137-139,172,289		扬 雄	22,52,66,72,79,80, 82,84,164,218,287
萧子显	116,289			
邢 昺	21,190		杨朝英	224
熊 节	220		杨上善	133,134
熊 克	208		杨士勋	148,190
徐光启	247,296		杨衒之	120,121
徐 广	113,162		杨 亿	182,187,188,221
徐弘祖	248		姚 察	159
徐 坚	145,168,291		姚 合	171
徐 锴	191		姚 鼐	272,283
徐 陵	139,172		姚思廉	145,158,159
徐梦莘	193,208		耶律俨	234
徐天麟	193,294		叶隆礼	208
徐 铉	185,186,190,191, 200,292		殷 璠	170-172
			应 奉	88
徐元瑞	181		应 劭	88,113,150,164,288
许敬宗	130,135,145,160, 168,290		余 靖	191,192,197
			俞安期	242,256
许 慎	5,6,13,65,66, 96,191,288		虞 集	230,236,295
			虞世南	143,144
玄 奘	130,226,290		虞 预	126,161
薛居正	174,200,281,292		宇文懋昭	208
荀 勖	107,108,110		元 结	170,291
荀 悦	84,85,87,288		袁 枢	205,206,254,294
Y			**Z**	
严可均	273,274,298		曾公亮	197,198

曾巩	77,192,195,196,254	正考父	11,286
曾慥	222	郑樵	21,212-214,254,258,276,294
张霸	61,62,75		
张岱	239,296	郑玄	3,5,29,62,94-97,101,102,104,105,148,149
张衡	80,88		
张华	108,109,112,124		
张介宾	248	挚虞	109,119,137,167,224
张九龄	154,291	钟嵘	139,170
张溥	274	钟嗣成	223
张起岩	233	周淙	211
张守节	150	周敦颐	216,219,220
张说	145,154	周应合	211
张廷玉	257,265	周永年	282,283
张英	256	周子义	245
张玉书	257,262,264,265,297	朱熹	206,216-220,237,260,294
张载	216,217,219,220		
张仲景	91	朱彝尊	265,270
张自烈	262	朱载堉	249,296
章学诚	253,254,276	祖珽	143,289
赵崇祚	175,292	左丘明	35,63
真德秀	224		

书名索引

B

《八旗通志》 262
《白虎通》 58,164
《白氏经史事类》 145
《百川学海》 244
《北史》 117,120,143,147,
157,159,162,163,192,
201,233,235,290
《北堂书钞》 144,242,256
《本草纲目》 248
《别录》 12,29,78,95,96,108
《博物志》 124

C

《才调集》 176
《苍颉篇》 8
《藏书》 238
《册府元龟》 160,185,187,188,
192,221,282,293
《长洲玉镜》 143,144
《朝野新声太平乐府》 224
《初学记》 18,145,174,242,
256,291

《楚辞》 23,26,77,139,193,271
《船山遗书》 252
《春秋》 19,27,31-35,38,39,
41,49,56,57,62,68,
71,76,83,97,101-103,
110,114,150,151,203,
205,206,216,235,
286,288
《春秋繁露》 46,59,79,97
《春秋左氏经传集解》 102,103
《词综》 270

D

《大藏经》 182,292
《大戴礼记》 5,48,95
《大金国志》 208
《大宋宣和遗事》 225
《大唐三藏取经诗话》 225
《大唐西域记》 130
《大学》 21,218
《道藏》 182-184,229,293
《东汉会要》 193
《读史方舆纪要》 251
《读通鉴论》 252

书名索引 307

E

《尔雅》 9,64-67,80,97,102,
110,144,149,213,
246,277,278

F

《法言》 22,52,79,80,164
《法苑珠林》 129
《范氏二十一种奇书》 245
《方言》 79,80
《风俗通义》 88

G

《纲鉴易知录》 267
《高僧传》 128,129
《高士传》 124
《格致丛书》 245
《公羊传》 33,34,57,58,
76,97,105
《古今图书集成》 20,22,255,
256,281,282
《古今小说》 227
《古今医统正脉全书》 246
《古俪府》 242
《古诗源》 271
《古文辞类纂》 272
《古文观止》 273
《穀梁传》 33,57,76,105
《管子》 10,20,35,44-46,
48,75,78,155

《广弘明集》 129
《广雅》 246,278
《广韵》 191,263,293
《国榷》 238,296
《国秀集》 171
《国语》 9,16,20,23,28,35,
41,71,110,224

H

《韩非子》 20,35,46,47,75,
78,184
《韩诗外传》 56,77
《汉纪》 82,84,85,87,288
《汉书》 40,51,68,73,74,79,
82-85,87,88,92,114,
125,150,154,155,191,
193,235,265,288,292
《汉魏丛书》 245
《汉魏六朝百三家集》 245,274
《河岳英灵集》 170,172
《弘明集》 129
《后汉书》 79,82,84,86-88,
93-95,114,191,
193,292
《花庵词选》 222
《花间集》 175,292
《华林遍略》 142-144
《华阳国志》 112,119
《淮南子》 46,49,51-54,79,
89,92,164,287
《皇览》 142-144
《黄帝内经》 90,92,132,194

J

《畿辅通志》	262
《极玄集》	171
《嘉庆重修一统志》	262
《甲乙经》	132-134
《建炎以来系年要录》	208,276
《今古奇观》	228
《金刚经》	16,17
《金石萃编》	182,274
《金史》	233-236
《津逮秘书》	245
《晋书》	102-104,107,109, 110,112,114,124-126, 137,155,160-162, 192,290
《京本通俗小说》	227
《经传释词》	278
《经传述闻》	278
《经典释文》	64,106,131, 204,219
《经籍纂诂》	277,298
《经训堂丛书》	275
《旌德县志》	19
《景岳全书》	248
《警世通言》	227
《九章算术》	83,89,90
《旧唐书》	105,121,122,135, 138,140,143,145,147, 153,154,159-162, 164,165,167,168,175, 198,199,201,264,292

K

《开元释教录》	129
《康熙字典》	262,263,297
《考工记》	28,63
《孔子家语》	101
《匡谬正俗》	147,290
《括地志》	121,150

L

《老子》	8,45,61,92,93,103, 104,106,128,144,275
《老子指归》	92
《乐府诗集》	221
《乐府新编阳春白雪》	224
《乐府雅词》	222
《乐律全书》	249
《梨园试按乐府新声》	224
《礼记》	29,61,62,72,95, 96,101,110,144,149,218
《历代文纪》	274
《笠泽丛书》	244
《辽史》	233,234,236
《列女传》	77,195
《临安志》	211
《刘白倡和集》	172
《六十种曲》	245
《六韬》	8,47,194
《录鬼簿》	223
《吕氏春秋》	5,9,20,49-54, 89,275
《论衡》	8,61-63,80,81,

　　　　　　　　　　　　164,288
《论语》　　　8,9,17,19-21,34,
　　　　　　39-46,61,64,80,95,
　　　　　　97,101,102,110,144,
　　　　　　149,217-219,277
《洛阳伽蓝记》　　　　　　121

　　　　　　　M

《脉经》　　　　　　　　　132
《脉书》　　　　　　　　89,90
《蒙求》　　　　　16,146,291
《孟子》　　　9,19-21,29,41,
　　　　　　43-46,48,61,217-219
《梦溪笔谈》　　　　　　　18
《秘册汇函》　　　　　　　245
《明儒学案》　　　　　　　252
《明诗综》　　　　　　　　270
《明史》　　22,235,237,239,241,
　　　　　　244,247-249,264-266,
　　　　　　270,297
《明史纪事本末》　　239,266
《明文海》　　　　　　252,264
《明夷待访录》　　　　　　252
《墨子》　　　4,9,20,24,29,32,
　　　　　　44,184
《穆天子传》　　110,111,246

　　　　　　　N

《南齐书》　　　　　　　　116
《南史》　　　113-116,125,126,
　　　　　　133,137-139,142,159,
　　　　　　162,192,200,235

《农桑辑要》　　　　　　　231
《农桑衣食撮要》　　　　　231
《农书》　　　　　19,231,295
《农政全书》　　　　　　　247

　　　　　　　P

《拍案惊奇》　　　　　　　228
《佩文韵府》　　255,257,278,282
《骈体文钞》　　　　　　　273
《骈字类编》　　　　　　　257
《平定罗刹方略》　　　　　260
《平定三逆方略》　　　　　260

　　　　　　　Q

《七略》　　　12,44,78,83,132
《契丹国志》　　　　　　　208
《千家诗》　　　　　　270,271
《千金要方》　　　　　135,136
《箧中集》　　　　　　170,291
《清会典》　　　　　　261,297
《清平山堂话本》　　　　　227
《清诗别裁》　　　　　　　271
《全上古三代秦汉三国六朝文》
　　　　　　　　　　273,274
《全唐诗》　　　　268,269,297

　　　　　　　R

《日书》　　　　　　　　9,90
《日知录》　　　　　　　　250
《儒学警悟》　　　　　244,294

书名索引　　309

S

《三才图会》	242
《三朝北盟会编》	208
《三代遗书》	246
《三国演义》	126,226,227
《三国志》	101-103,112,113, 116,126,142,192,200, 282,289
《三教珠英》	145,172
《沙州图经》	123
《山海经》	5,6,8,77,78,184,275
《剡录》	211
《伤寒杂病论》	91,136
《商君书》	46,47
《上谕内阁》	260
《尚书》	3,4,9-11,19-23, 39,40,49,56,57, 61-64,68,71,75, 95,97,101,105,106, 149,158,254,288
《神医普救》	188
《圣训》	260
《圣证论》	101
《诗经》	8,11,12,23,24,28,56, 62,86,101,139,271
《诗疑》	220
《十六国春秋》	117,161
《十竹斋画谱》	20
《石匮藏书》	239,296
《史记》	10,20,26,28,32,40, 46,47,51,52,68-72, 82-84,87,88,114, 126,150,154,155,191, 235,239,273,278,292
《史通》	161,164,291
《氏族志》	167,168,290
《世本》	35
《世说新语》	125,126
《事类赋》	188
《释名》	67,246
《书集传》	220
《书疑》	220
《水浒传》	226,227
《水经注》	120
《说郛》	245
《说文解字》	5,13,61,65,66, 96,190,262,278,288
《说苑》	45,77,126,195,241
《四库全书》	21,22,255,273, 276,280-284,298
《四十二章经》	128
《宋史》	173,179,183,185, 187-190,192-195,197, 199,201-206,208-212, 214,216-218,220,221,224, 233,234,236,237,253,265
《宋史纪事本末》	237
《宋书》	113-117,125,289
《宋文鉴》	225
《宋刑统》	179,180
《宋元学案》	213,253
《搜神记》	104,124
《素问》	91,132-134,291

书名索引　311

《隋书》　　　　　137,155,157-160,
　　　　　　　　　　　　　192,290
《孙子兵法》　　　　　　　　　47

T

《太平广记》　　　　　185,186,292
《太平寰宇记》　　　　201,209,230
《太平经》　　　　　　　　　93,184
《太平御览》　　　　　5,143,185,187,
　　　　　　　　　188,192,256,282
《太素》　　　　　　　　　　133,134
《太玄》　　　　　　　　　　79,80,218
《唐会要》　　　　　　　160,192,292
《唐类函》　　　　　　　　　242,256
《唐六典》　　　　　　　　　153,154
《唐人万首绝句选》　　　　　270,271
《唐诗别裁》　　　　　　　　　271
《唐诗类选》　　　　　　　　171,195
《唐诗品汇》　　　　　　　　　269
《唐诗三百首》　　　　　　　　270
《唐宋丛书》　　　　　　　　　245
《唐宋八大家类选》　　　　　　272
《唐文粹》　　　　　　　　　　224
《唐贤三昧集》　　　　　　　270,271
《唐音统签》　　　　　　　　268,269
《天工开物》　　　　　　　　　247
《天下郡国利病书》　　　　　　250
《通典》　　　　　　16,154-156,189,
　　　　　　　　　　212-214,242,
　　　　　　　　　　256-259,291
《通鉴纪事本末》　　　　205,206,237
《通志》　　　　　　21,203,212,213,

　　　　　　　　　　　257-259,276
《兔园策府》　　　　　　　　　146

W

《外台秘要》　　　　　　　　134,135
《尉缭子》　　　　　　8,10,47,48,194
《魏书》　　　　　　　112,116-118,120,
　　　　　　　　　　157,163,192,289
《文史通义》　　　　　　　　253,254
《文思博要》　　　　　　　145,166,185
《文献通考》　　　　　　21,212-215,
　　　　　　　　　　　　257-259
《文心雕龙》　　　　　138,139,142,164
《文选》　　　　　　15,18,129,137-139,
　　　　　　　　　　143,144,174,186,
　　　　　　　　　　　　224,290
《文苑英华》　　　　　　　185,186,292
《文章正宗》　　　　　　　　　224
《吴郡志》　　　　　　　　　　211
《吴越春秋》　　　　　　　　　162
《五代会要》　　　　　　173,193,200,
　　　　　　　　　　　　282,292
《五代史记》　　　　　　　　　200
《五灯会元》　　　　　　　　　183
《五经正义》　　　　　15,147-149,190,
　　　　　　　　　　　　199,216
《五十二病方》　　　　　　　　91
《五雅全书》　　　　　　　　　246
《武经七书》　　　　　　　　194,293
《武英殿聚珍版丛书》　　　　　19

X

《西汉会要》　　　　　　　　　193

《西京杂记》	125	《一切经音义》	131
《西昆酬唱集》	221	《伊川易传》	217
《西厢记》	224,245	《伊洛渊源录》	219
《西游记》	226,227	《仪礼》	7-10,29,30,40,
《西州图经》	123		56,62,95,96,101
《习吏幼学指南》	181	《艺文类聚》	16,129,143-145,
《孝经》	61,95,106,148,		185,242,256
	149,219,229	《易通》	216,217
《新唐书》	105,121,122,134,	《绎史》	266
	135,138,140,143,145,	《逸周书》	21
	147,150,153,154,	《音学五书》	250
	159-162,164,165,	《瀛奎律髓》	223
	167,168,170,186,	《永乐大典》	21,22,103,207,
	197-201,235		208,241,242,273,
《新序》	45,77,126,195		276,281,282,284
《新语》	76,77	《舆地广记》	209,210
《修文殿御览》	143,185	《舆地纪胜》	210,230
《徐霞客游记》	248	《玉海》	189,256,282
《续高僧传》	129,130	《玉函山房辑佚书》	273
《续文献通考》	257,258	《玉台新咏》	139,172,176
《续资治通鉴》	275,276	《喻林》	242
《续资治通鉴长编》	206,276,281	《御览诗》	171
《荀子》	9,20,29,46,72,	《渊鉴类函》	255,256,297
	75,77,78,150	《元白继和集》	172
《训纂》	66,79,80	《元朝秘史》	229
		《元和郡县图志》	122,209,230
Y		《元和姓纂》	168
		《元曲选》	223
《盐邑志林》	246	《元史》	204,225,230,231,
《颜氏家训》	147		233-236,295
《弇山堂别集》	239	《元文类》	225
《晏子春秋》	44,45,75	《韵海镜原》	140,242
《阳山顾氏文房》	245		

Z

《战国策》	76,78,195
《肇域记》	251
《正蒙》	217
《正字通》	262,263
《郑志》	97
《中兴间气集》	171,172
《中庸》	21,218,219
《周髀算经》	89
《周官新义》	216
《周官义疏》	260
《周礼》	9,28,95-97,101,154,155,216
《周易》	8,13,14,17,18,40,45,55,79,80,93,95,103-105,110,124,143,144,216,218,245
《周易参同契》	93
《周易述义》	260
《周易折中》	260
《朱批谕旨》	260
《朱子全书》	260
《朱子语类》	220
《诸病源候论》	135,136,194
《竹书纪年》	5,246
《庄子》	45,46,48,103,104,144
《资治通鉴》	21,202-208,218,229,238,252,276,282,293
《资治通鉴纲目》	206,219,237
《子汇》	245
《字汇》	262,263
《左传》	16,20,23,24,28,34,35,47,77,84,97,101,102,110,143,150,203,206,224,273

后 记

　　笔者从事编辑出版工作三十余年,其间还曾经担任过一个书评刊物的编辑,喜欢书籍,也可以说是出于职业的爱好。漫步于书林之中,作为一个读者,自然有着莫大的乐趣,但是对于编辑出版工作者来说,书籍则是自己的工作对象和劳动产品,凝聚着他们的心血和汗水,这种感情恐怕只能是"如鱼饮水,冷暖自知"了。过去接触过不少关于编辑的议论,无非是什么"无名英雄"、"杂家"以及"为他人作嫁衣裳"等等,含义有褒有贬,难以具述。其实,干编辑这一行的用不着自我菲薄,本书绪论中所讲到的,古代的书籍编纂者中许多人的名字早已湮没无闻,他们编书的事迹很少为人所知,但是以书籍形式保存下来的全部文化知识财富,都是通过他们之手才得以流传至今的,说的也就是这个意思。长期以来想在这方面编写一点材料,为同行们说说话,只是面对着书籍的汪洋大海,自知浅学寡识,始终未敢动笔。

　　十三年前,从湖北咸宁文化部干校回到北京,在文物出版社,做的依旧是编辑出版工作,而工作的内容则和过去有所不同。开始接触了大批新出土的文物考古资料,特别是与古代书籍有关的,如银雀山汉墓竹简、马王堆汉墓帛书,以及其他竹木简牍,敦煌、吐鲁番出土的古代写本等等,真是如同进入了一个新的天地,见所未见,闻所未闻。古代书籍的真正面貌,原来并不像从书本上读到或者想象中的那个样子,仿佛刚刚明白,小时候看到的那关圣帝君画像上手捧一本其实不可能存在的线装书在读,是件多么可笑的事。从此,我把业余的主要精力投入到书籍编纂史料的收集和研究上来,先是写一点单篇文章,以后逐渐在结构上形成了一个统一的、有连续性的构思,到1982年间,陆续写成了约二十万字的初稿。初稿一放几年,应该感谢出版系统有些同志的鼓励,也由于从1984年起到文化部古文献研究室工作,得以把它作为自己的研究课题,进行修订补充,同时编制索引和大事年表,选配插图,最后成果就是摆在面前的这部书稿。称之为"史稿",确实因为这只是一次尝试,包括统一体例在内都有待于改进。不能说其中没有笔者的某些个人见解,大部分内容却是史料的纂集和排比。引用前辈学者考订的成果,除了文中注明的以外,限于篇幅未能一一附列书目,至于因袭讹误之处,笔者是不能辞其咎的。说一句"敝帚自珍"的话,首先是这部书稿曾经伴随着我度过了不知多少风雨晨昏,至于其他,只能留请读者评判了。

　　　　　　　　　　1986年10月于北京沙滩红楼